Wissensprozesse und digitale Medien

Band 21

Wissensprozesse und digitale Medien

Band 21

Herausgegeben von
Prof. Dr. Dr. Friedrich W. Hesse

Tatjana Ruf

Gestaltung kognitiver Unterstützungsangebote in multimedialen Lernumgebungen

Entwicklung einer gebrauchstauglichen Benutzerschnittstelle und empirische Evaluation der Nutzung

Logos Verlag Berlin

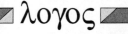

Wissensprozesse und digitale Medien

Herausgegeben von
Prof. Dr. Dr. Friedrich W. Hesse

Institut für Wissensmedien sowie
Universität Tübingen
Abteilung Angewandte Kognitionspsychologie und Medienpsychologie
Konrad-Adenauer-Str. 40
D-72072 Tübingen
email: f.hesse@iwm-kmrc.de

Bibliografische Information der Deutschen Nationalbibliothek

Die Deutsche Nationalbibliothek verzeichnet diese Publikation in der
Deutschen Nationalbibliografie; detaillierte bibliografische Daten sind
im Internet über http://dnb.d-nb.de abrufbar.

ISBN 978-3-8325-3609-1
ISSN 1861-1710

Logos Verlag Berlin GmbH
Comeniushof, Gubener Str. 47,
10243 Berlin
Tel.:   +49 (0)30 / 42 85 10 90
Fax: +49 (0)30 / 42 85 10 92
http://www.logos-verlag.de

Gestaltung kognitiver Unterstützungsangebote in multimedialen Lernumgebungen

Entwicklung einer gebrauchstauglichen Benutzerschnittstelle und empirische Evaluation der Nutzung

Von der Pädagogischen Hochschule Freiburg zur Erlangung des Grades eines Doktors der Philosophie (Dr. phil.) genehmigte Dissertation

von Tatjana Ruf
aus Zell am Harmersbach

Promotionsfach: Erziehungswissenschaft
Erstgutachter: Prof. Dr. Rolf Plötzner
Zweitgutachter: Prof. Dr. Elmar Stahl
Tag der mündlichen Prüfung: 22.11.2013

Danksagung

Zahlreiche Personen haben mich bei der Erstellung dieser Arbeit unterstützt. Dafür bedanke ich mich herzlich!

Ganz besonders bedanke ich mich bei Prof. Dr. Rolf Plötzner, der meine Promotion begleitet hat und sie durch konstruktive Rückmeldungen in zahlreichen Gesprächen stets inhaltlich bereichert hat. Ebenso bedanke ich mich bei Prof. Dr. Elmar Stahl für die Zweitbetreuung meiner Arbeit und seine immer wieder wertvollen Anregungen.

Darüber hinaus gilt mein Dank den Forschern des interdisziplinären Projektverbundes „Adaptierbare und adaptive Multimediasysteme" im Wissenschaftscampus Tübingen, insbesondere Prof. Dr. Alexander Renkl, Prof. Dr. Katharina Scheiter und Prof. Dr. Gottfried Zimmermann, für den stets anregenden Austausch und ihre hilfreichen Rückmeldungen. Benjamin Wassermann danke ich herzlich für seine tatkräftige Hilfe bei der Erstellung der Benutzerschnittstelle und für die Implementierung der multimedialen Lernumgebung, durch die die Benutzerschnittstelle überhaupt erst lauffähig wurde. Dem Wissenschaftscampus Tübingen danke ich sehr für die finanzielle Förderung meiner Arbeit.

Mein Dank gilt außerdem allen Kollegen, die mir bei meiner täglichen Arbeit mit Rat und Tat zur Seite standen. Dr. Sabine Schlag und Cornelia Hauß waren eine wertvolle Hilfe bei der Planung und Auswertung der Studien. Marie Kösters und Stephanie Heinen danke ich für ihre Mitarbeit bei der Auswertung der Prozessdaten. Bianka Breyer, Benjamin Fillisch und Patrick Gewald haben durch ihre Verbesserungsvorschläge und nicht zuletzt durch die Aufrechterhaltung meiner Motivation zur Fertigstellung dieser Arbeit beigetragen.

Ein besonderer Dank gilt meiner Familie, die mich nicht nur während der letzten drei Jahre stets unterstützt hat. Meiner Schwester Patricia Pannach danke ich außerdem herzlich für die sprachliche Korrektur meiner Arbeit. Dieter Maier danke ich ganz besonders dafür, dass er mich die Arbeit auch mal vergessen ließ und mir gleichzeitig den entscheidenden Grund gab, die Dissertation zügig abzuschließen.

Inhaltsverzeichnis

Zusammenfassung

Multimedialen Lernumgebungen wird ein großes Potenzial für das Lernen zugesprochen, doch gleichzeitig stellen sie hohe Anforderungen an die Fähigkeiten der Lernenden. In vielen Fällen sind die Lernenden diesen Anforderungen nicht gewachsen und erreichen nicht die erwünschten Lernerfolge. Beispielsweise führen sie die erforderlichen kognitiven Prozesse beim Lernen in multimedialen Lernumgebungen oft nicht selbständig aus. Kognitive Unterstützungsangebote sollen bei der Durchführung der relevanten kognitiven Prozesse helfen, indem sie die Lernenden dazu anleiten beziehungsweise anregen oder indem sie Möglichkeiten der Externalisierung kognitiver Prozesse anbieten. Sie werden von den Lernenden jedoch selten genutzt.

In der vorliegenden Arbeit wird untersucht, durch welche Gestaltungsmaßnahmen die Nutzungshäufigkeit kognitiver Unterstützungsangebote in multimedialen Lernumgebungen gefördert werden kann. Zur Untersuchung dieser Frage wird zunächst systematisch eine gebrauchstaugliche Benutzerschnittstelle für eine multimediale Lernumgebung entwickelt. Dazu wird eine iterative Vorgehensweise gewählt. Die Gebrauchstauglichkeit der Benutzerschnittstelle wird in drei aufeinander folgenden Studien formativ evaluiert. Um aufgetretene Bedienungsschwierigkeiten zu beseitigen, wird die Benutzerschnittstelle nach jeder Studie überarbeitet und verbessert. Anschließend wird anhand dieser Benutzerschnittstelle in einer experimentellen Studie untersucht, wie sich die Verfügbarkeit von Möglichkeiten der Selbstkontrolle und unterschiedliche Arten der Darbietung kognitiver Unterstützungsangebote auf die Nutzungshäufigkeit der Unterstützungsangebote auswirken. Zur Erfassung der Nutzungshäufigkeit werden unter anderem Blickbewegungen gemessen. Es wird gezeigt, dass eine offenkundige und gleichzeitig unaufdringliche Art der Darbietung die Nutzungshäufigkeit bedeutend steigern kann. Die angebotenen Möglichkeiten der Selbstkontrolle führen in der vorliegenden Arbeit hingegen nicht zu einer häufigeren Nutzung der Unterstützungsangebote. In der Diskussion werden die möglichen Gründe dafür analysiert und aufbauend auf den empirischen Ergebnissen Empfehlungen zur Gestaltung kognitiver Unterstützungsangebote gegeben.

1 Einleitung

Multimediale Lernumgebungen haben in den letzten zehn Jahren eine zunehmende Bedeutung erlangt. Mit dem raschen Fortschritt der Informations- und Kommunikationstechnologien sind sie zu einem festen Bestandteil des Bildungssektors geworden. Die Erwartungen, die mit ihnen verknüpft werden, sind groß. Multimediale Lernumgebungen werden vielfach als geeignet angesehen, Lernprozesse in besonderer Weise zu unterstützen. Die erwarteten Erfolge werden jedoch häufig nicht realisiert. Die Lernenden sind den oft hohen kognitiven Anforderungen, die multimediale Lernumgebungen an sie stellen, in vielen Fällen nicht gewachsen.

Unter multimedialen Lernumgebungen werden im Rahmen dieser Arbeit in sich geschlossene Softwaresysteme verstanden, die Lerninhalte in unterschiedlichen Darstellungsformaten in weitgehend strukturierter Form darbieten, und durch die Lernende mit Hilfe einer Benutzerschnittstelle navigieren können (Hannafin, 1991; Hessel, 2009; Plötzner, 2012; Schulmeister, 2007; Seufert, 2009). Die Lernenden müssen mit den angebotenen Werkzeugen der Benutzerschnittstelle auf die lernzielrelevanten Informationen zugreifen und die dargebotenen Informationen aus den unterschiedlichen Darstellungsformaten aktiv verarbeiten. Dazu müssen sie wichtige Stellen aus den Darstellungen auswählen, die ausgewählten Informationen zu mentalen bildhaften und sprachlichen Modellen anordnen und in ein mentales Gesamtmodell integrieren (Mayer, 2005a; Schnotz & Bannert, 2003). Es hat sich jedoch gezeigt, dass Lernende oft Schwierigkeiten bei der Bedienung einer multimedialen Lernumgebung haben. Ebenso hat sich gezeigt, dass Lernende die erforderlichen kognitiven Prozesse zur Verarbeitung der dargebotenen Informationen oft nicht selbständig ausführen (Ainsworth, 1999, 2006; Bannert, 2007; Dillon & Gabbard, 1998; Dillon & Jobst, 2005; Heiß, 2007; Scheiter & Gerjets, 2007; Schlag, 2011; Seufert, 2003a).

Verschiedene Autoren schlagen vor, bei der Gestaltung multimedialer Lernumgebungen stärker auf eine gute Bedienbarkeit zu achten (Hessel, 2009; Mcknight, Dillon & Richardson, 1996; Soloway et al., 1996). Ein Gütemerkmal dafür ist die Usability beziehungsweise Gebrauchstauglichkeit (DIN EN ISO 9241-11, 1999; Nielsen, 1994). Dieser Begriff und das ihm zugrunde liegende Konzept stammen ursprünglich aus der Forschung zur Mensch-Computer-Interaktion. In den Bildungswissenschaften spielte die Usability lange Zeit eine untergeordnete Rolle. Die Ergebnisse neuerer Studien stützen jedoch die Annahme, dass eine schlechte Usability multimedialer Lernumgebungen zu schlechteren Lernergebnissen führen kann. Wenn sich die Lernenden zu sehr mit der Bedienung der Lernumgebung auseinandersetzen müssen, stehen weniger kognitive Ressourcen zur Verarbeitung der Lerninhalte zur Verfügung (Crowther, Keller & Waddoups, 2004; Hessel, 2009; Scholten-Theuerzeit & Görlich 2007; Tselios, Avouris, Dimitracopoulou & Daskalaki, 2001).

Eine gute Usability stellt jedoch keine Garantie für den Lernerfolg dar (Mayes & Fowler, 1999; Soloway et al., 1996; Squires & Preece, 1996). Um erfolgreich zu lernen, müssen die Lernenden sich aktiv mit den dargebotenen Informationen auseinandersetzen. Eine Möglichkeit, wie die Lernumgebung dabei helfen kann, sind kognitive Unterstützungsangebote. Diese sollen die Lernenden zur Durchführung der relevanten kognitiven Prozesse anleiten oder anregen (Clarebout & Elen, 2006; Jonassen, 1999). Die bisherigen empirischen Ergebnisse zur Lernförderlichkeit kognitiver Unterstützungsangebote stellen sich unterschiedlich dar. In einigen Untersuchungen wirkten sich kognitive Unterstützungsangebote positiv auf den Lernerfolg aus (Bartholomé, Stahl, Pieschl & Bromme, 2006; Clarebout & Elen, 2008, 2009; Gerjets, Scheiter & Schuh, 2005; Heiß, Eckhardt & Schnotz, 2003; Juarez Collazo, Elen & Clarebout, 2012). In anderen wird deutlich, dass die Lernförderlichkeit kognitiver Unterstützungsangebote nicht als selbstverständlich angesehen werden kann und von verschiedenen Faktoren beeinflusst wird (Aleven & Koedinger, 2000, 2001; Aleven, Stahl, Schworm, Fischer & Wallace, 2003; Bartholomé et al., 2006; Clarebout & Elen, 2006; Clarebout, Horz, Elen & Schnotz, 2011; Gerjets et al., 2005; Heiß et al., 2003; Horz, Winter & Fries, 2009; Van der Meij & De Jong, 2011; Schnotz & Heiß, 2009; Schworm & Renkl, 2006). Eine entscheidende Voraussetzung ist die Nutzung der Unterstützungsangebote durch die Lernenden. Ein weitgehend einheitlicher Befund ist jedoch, dass Lernende Unterstützungsangebote in multimedialen Lernumgebungen häufig ignorieren oder nicht in angemessener Weise nutzen (Aleven et al., 2003; Clarebout & Elen, 2006, 2009; Heiß et al., 2003; Horz et al., 2009; Narciss, Proske & Koerndle, 2007; Roll, Aleven, McLaren & Koedinger, 2011; Schuyten & Dekeyser, 2007). Es stellt sich daher die Frage, wie die Nutzung kognitiver Unterstützungsangebote in multimedialen Lernumgebungen gefördert werden kann.

Es wird davon ausgegangen, dass die Nutzung kognitiver Unterstützungsangebote ein komplexer Prozess ist, der sich aus einer Reihe von metakognitiven Prozessen und Entscheidungen zusammensetzt und von unterschiedlichen Faktoren beeinflusst wird (Aleven et al., 2003; Nelson-Le Gall, 1981). Einige der möglichen Einflussfaktoren wurden bereits in verschiedenen Studien untersucht, beispielsweise das Vorwissen der Lernenden (Babin et al., 2009; Bartholomé et al., 2006; Horz et al., 2009; Martens, Valcke & Portier, 1997; Renkl, 2002; Wood & Wood, 1999), motivationale Faktoren (Bartholomé et al., 2006; Clarebout & Elen, 2008, 2009; Huet, Escribe, Dupeyrat & Sakdavong, 2011), die inhaltliche Ausrichtung der Unterstützungsangebote (Aleven & Koedinger, 2000, 2001; Huet et al., 2011; Mäkitalo-Siegl, 2011), Aspekte der Usability (Juarez Collazo et al., 2012), sowie zusätzliche Hinweise und Aufforderungen zur Nutzung der Unterstützungsangebote (Clarebout & Elen, 2008, 2009; Roll et al., 2011; Schwonke et al., 2013; Schworm & Gruber, 2012; Stahl & Bromme, 2009). Die Ergebnisse sind jedoch in vielen Fällen uneinheitlich. Insbesondere bezüglich konkreter Gestaltungsmaßnahmen zur Förderung der Nutzung lassen sich aufgrund der bisherigen Untersuchungen kaum eindeutige Aussagen treffen. Eine weitgehend offene Frage ist beispielsweise, wie sich unterschiedliche Arten der Darbietung kognitiver Unterstützungsangebote auf die Nutzungshäufigkeit auswirken. In den meisten Fällen müssen optionale Unterstützungsangebote über eine Schaltfläche von den Lernenden explizit aufgerufen oder aktiviert werden (z.B. Aleven & Koedinger, 2000, 2001; Bartholomé et al., 2006; Juarez Collazo et al., 2012; Martens et al., 1997; Narciss et al., 2007; Roll et al., 2011). Es ist denkbar, dass eine offenkundigere Art der Darbietung mehr Aufmerksamkeit erzeugen und die Nutzungshäufigkeit somit erhöhen könnte. Eine weitere noch offene Frage betrifft die Auswirkungen von Möglichkeiten der Selbstkontrolle. Möglicherweise nutzen Lernende die Unterstützungsangebote häufiger, wenn ihnen bewusst ist, dass sie Unterstützung benötigen (vgl. Aleven et al., 2003).

Vor diesem Hintergrund ist es das Hauptziel der vorliegenden Arbeit, einen Beitrag zur Beantwortung der Frage zu leisten, mit welchen Gestaltungsmaßnahmen innerhalb einer multimedialen Lernumgebung die Nutzungshäufigkeit kognitiver Unterstützungsangebote gefördert werden kann. Es wird untersucht, wie sich Möglichkeiten der Selbstkontrolle sowie unterschiedliche Arten der Darbietung kognitiver Unterstützungsangebote auf die Nutzungshäufigkeit auswirken. Zur Untersuchung dieser Fragestellung wird eine gebrauchstaugliche Benutzerschnittstelle für eine multimediale Lernumgebung konzipiert und umgesetzt. Dabei werden sowohl Möglichkeiten der Selbstkontrolle als auch unterschiedliche Darbietungsarten für kognitive Unterstützungsangebote entwickelt. Eine gute Gebrauchstauglichkeit der Benutzerschnittstelle wird als Voraussetzung betrachtet, die Nutzungshäufigkeit der Unterstützungsangebote möglichst unbeeinflusst von eventuellen Bedienungsschwierigkeiten untersuchen zu können. Daher wird die Gebrauchstauglichkeit in drei Studien formativ evaluiert. Dazu wird jeweils ein Usability-Test unter Einsatz von lautem Denken und ergänzenden schriftlichen Befragungen durchgeführt. Um aufgetretene Bedienungsschwierigkeiten zu beseitigen, wird die Benutzerschnittstelle nach jeder Studie überarbeitet. Anschließend wird anhand dieser Benutzerschnittstelle in einer zweifaktoriellen experimentellen Studie untersucht, wie sich die Verfügbarkeit von Möglichkeiten der Selbstkontrolle sowie unterschiedliche Arten der Darbietung kognitiver Unterstützungsangebote auf die Nutzungshäufigkeit der Unterstützungsangebote auswirken. Zur Erfassung der Nutzungshäufigkeit werden sowohl Eingabeprotokolle (Logdaten) als auch Blickbewegungsmessungen eingesetzt.

Die Arbeit gliedert sich in zwei Teile. Im theoretischen Teil wird auf die grundlegenden theoretischen Ansätze und empirischen Befunde zum Lernen mit multimedialen Lernumgebungen, zur gebrauchstauglichen Gestaltung multimedialer Lernumgebungen sowie zur Gestaltung, Nutzung und Lernförderlichkeit kognitiver Unterstützungsangebote eingegangen (Kapitel 2-5). Im empirischen Teil werden die Entwicklung und Evaluation einer eigenen Benutzerschnittstelle für eine multimediale Lernumgebung sowie die damit durchgeführte experimentelle Untersuchung der Nutzungshäufigkeit kognitiver Unterstützungsangebote beschrieben (Kapitel 6-12).

Kapitel 2 beschäftigt sich mit den theoretischen Grundlagen und empirischen Befunden zum Lernen mit multimedialen Lernumgebungen. Zu Beginn erfolgt eine inhaltliche Eingrenzung des Begriffs der multimedialen Lernumgebung. Anschließend wird auf Theorien und Prozessmodelle zum Lernen mit multimedialen Lernumgebungen eingegangen. Weiterhin beschäftigt sich das Kapitel mit erwarteten Potenzialen sowie mit Schwierigkeiten, denen Lernende in multimedialen Lernumgebungen begegnen können. Darauf aufbauend werden unterschiedliche Ansätze zur Förderung des Lernens in multimedialen Lernumgebungen vorgestellt. Die beiden für die Arbeit zentralen Ansätze werden in den nachfolgenden Kapiteln genauer betrachtet.

Kapitel 3 beschäftigt sich mit dem Konzept der Usability. Es werden grundlegende Prinzipien der Usability erklärt und ihre Bedeutung für das Lernen mit multimedialen Lernumgebungen anhand theoretischer Überlegungen und empirischer Befunde erläutert. Darüberhinaus werden Methoden zur Erreichung einer guten Usability aufgezeigt und Methoden zur Evaluation von Usability vorgestellt.

In Kapitel 4 wird auf die theoretischen Grundlagen und empirischen Befunde zur Nutzung und Lernförderlichkeit kognitiver Unterstützungsangebote eingegangen. Außerdem wird ein Prozessmodell zur Nutzung von Unterstützungsangeboten vorgestellt. Anschließend werden unterschiedliche Einflussfaktoren auf die Nutzungshäufigkeit ausführlich betrachtet. Darauf aufbauend werden Implikationen der bisherigen Forschungsergebnisse zur Gestaltung von kognitiven Unterstützungsangeboten zusammengefasst. Zum Abschluss des Kapitels werden offene Fragen und Forschungsperspektiven aufgezeigt.

In Kapitel 5 werden die offenen Fragen und Forschungsperspektiven erneut aufgegriffen sowie die zentralen Fragestellungen und Hypothesen der vorliegenden Arbeit herausgearbeitet.

In Kapitel 6 wird die Entwicklung der Benutzerschnittstelle einer multimedialen Lernumgebung beschrieben, mit der die Fragestellungen untersucht werden. Dabei werden die grundlegende Vorgehensweise bei der Entwicklung, der allgemeine Aufbau der Benutzerschnittstelle, die konkreten Gestaltungsmaßnahmen zur Förderung der Nutzungshäufigkeit der Unterstützungsangebote sowie die technische Umsetzung der Benutzerschnittstelle erläutert.

Anschließend werden in den Kapiteln 7-9 drei Studien vorgestellt, mit denen die Gebrauchstauglichkeit der Benutzerschnittstelle formativ evaluiert wurde. Dazu werden jeweils die Evaluationsziele, die Testmaterialien und Untersuchungsinstrumente sowie die Vorgehensweise beschrieben. Anschließend werden jeweils die Ergebnisse der Studie präsentiert. Am Ende jedes Kapitels wird berichtet, inwieweit die Benutzerschnittstelle aufgrund der festgestellten Ergebnisse überarbeitet wurde.

In Kapitel 10 wird eine Vorstudie vorgestellt, die dazu dient die Testmaterialien und Untersuchungsinstrumente der nachfolgenden experimentellen Hauptstudie zu erproben. Zunächst werden die Ziele der Studie genauer erläutert und die Testmaterialien und Untersuchungsinstrumente beschrieben. Anschließend werden die Ergebnisse präsentiert und die Konsequenzen für die Durchführung der Hauptstudie erläutert.

Daran anschließend wird in Kapitel 11 die experimentelle Hauptstudie beschrieben. Diese untersucht die Auswirkungen von Möglichkeiten der Selbstkontrolle und unterschiedlichen Darbietungsarten kognitiver Unterstützungsangebote auf die Nutzungshäufigkeit der kognitiven Unterstützungsangebote. Zunächst werden die Fragestellungen, Hypothesen, Testmaterialien, Untersuchungsinstrumente und die Vorgehensweise erläutert. Anschließend folgt die Präsentation der Ergebnisse.

In Kapitel 12 werden die Ergebnisse dieser Arbeit abschließend diskutiert. Dabei werden die theoretischen und empirischen Erkenntnisse zusammengefasst und ihre Bedeutung für den Forschungsbereich herausgestellt. Außerdem werden praktische Empfehlungen für die Gestaltung kognitiver Unterstützungsangebote in multimedialen Lernumgebungen abgeleitet und ein Ausblick auf die sich aus dieser Arbeit ergebenden weiteren Forschungsfragen gegeben.

I THEORETISCHER TEIL

2 Lernen in multimedialen Lernumgebungen

Das Ziel dieser Arbeit ist es, einen Beitrag zur Forschung zum Lernen in multimedialen Lernumgebungen zu leisten. In diesem Kapitel wird daher zunächst ein Überblick über den Stand der Forschung zu diesem Thema gegeben.

Zu Beginn erfolgt eine inhaltliche Eingrenzung des Begriffs der multimedialen Lernumgebung. Anschließend werden Theorien und Modelle zum Lernen mit multimedialen Lernumgebungen vorgestellt. Darauf aufbauend beschäftigen sich die nachfolgenden Abschnitte mit erwarteten Potenzialen aber auch mit Schwierigkeiten, denen Lernende in multimedialen Lernumgebungen begegnen können. Abschließend werden unterschiedliche Ansätze zur Förderung des Lernens in multimedialen Lernumgebungen zusammenfassend vorgestellt.

2.1 Multimediale Lernumgebungen

Der Begriff der multimedialen Lernumgebung wird in der Literatur nicht immer einheitlich verwendet. Bevor auf die Besonderheiten des Lernens mit multimedialen Lernumgebungen eingegangen wird, soll daher zunächst präzisiert werden, wie multimediale Lernumgebungen im Rahmen dieser Arbeit verstanden werden.

Der Begriff der Lernumgebung hat sich aus Konzepten des entdeckenden, explorativen Lernens heraus entwickelt. Er bezeichnet das gesamte Arrangement der äußeren Lernbedingungen, wie Methoden, Materialien und Medien, sowie die Beziehungen zwischen Lehrenden und Lernenden (Reinmann & Mandl, 2006; Seel, 1991). Im weiteren Sinne wird auch die räumlich-physikalische Umgebung des Lernens darunter verstanden (Gräsel, 2006). Damit ist der Begriff der Lernumgebung eigentlich unabhängig vom technischen Präsentationsmedium. Im englischsprachigen Raum werden unter *learning environments* jedoch in der Regel Softwaresysteme verstanden, die Lernenden einen interaktiven Zugang zu verschiedenartig dargebotenen Lerninhalten bieten (Hannafin, 1991). Im deutschsprachigen Raum spricht man meist speziell von computerbasierten, digitalen, elektronischen, vernetzten, interaktiven, hypermedialen oder eben multimedialen Lernumgebungen, wenn solche Softwaresysteme gemeint sind (z.B. Bannert, Hildebrand & Mengelkamp, 2009; Gräsel, 2006; Mandl, Gruber & Renkl, 2002; Wirth & Leutner, 2006). Die Begriffe stellen dabei keine trennscharfen Bezeichnungen für unterschiedliche Arten von Lernumgebungen dar.

Ein wesentliches Kennzeichen von multimedialen Lernumgebungen ist die Darbietung von Lerninhalten in unterschiedlichen Darstellungsformaten (Mayer, 2005b; Schnotz & Bannert, 2003; Seufert, 2009). Die Darstellungsformate können sich durch die Verwendung unterschiedlicher Zeichensysteme (z.B. Texte und Bilder) oder durch die Ansprache unterschiedlicher Sinne (z.B. Sehsinn und Hörsinn) unterscheiden. Man spricht bei der Darbietung in unterschiedlichen Zeichenformaten von einem multicodalen Angebot und bei der Ansprache unterschiedlicher Sinne von einem multi-modalen Angebot (Weidenmann, 2010).

Mit Hilfe einer Benutzerschnittstelle können die Lernenden auf die verschiedenen Darstellungen zugreifen und so mit der Lernumgebung interagieren. Darüberhinaus können multimediale Lernumgebungen weitere Interaktionsmöglichkeiten anbieten, wie zum Beispiel die Variation von Darstellungen durch die Anpassung von vorgegebenen Parametern oder die Bearbeitung und Anreicherung von Lern-materialien. Die Lernenden können von der Lernumgebung außerdem Rück-meldungen auf spezifische Lernaktivitäten erhalten (Hessel, 2009; Plötzner, 2012; Schulmeister, 2002, 2007).

Multimediale Lernumgebungen sind nicht eindeutig von hypermedialen Lernum-gebungen abgrenzbar. Auch in hypermedialen Lernumgebungen werden Lerninhalte in unterschiedlichen Darstellungsformaten angeboten. Hypermediale Lernum-gebungen bestehen jedoch in der Regel aus weitgehend voneinander unabhängig formulierten Informationseinheiten (Knoten), die über Verweise (Links) nicht-linear miteinander verknüpft werden (Conklin, 1987; Gerdes, 1997; Jonassen, 1993; Kuhlen, 1991; Shneiderman & Kearsley, 1989; Tergan, 2002). Sie sind meist offen gestaltet und weisen eine hochgradige Vernetzung auf. Die Lernenden können sich auf vielen unterschiedlichen Wegen entlang der Verknüpfungen durch das Informationsnetz bewegen, indem sie den Verweisen folgen. Dagegen werden mit multimedialen Lernumgebungen eher Angebote bezeichnet, die in sich geschlossen sind und in denen die Informationen nach didaktischen Gesichtspunkten zu einer weitgehend ko-härenten Gesamtdarstellung angeordnet wurden (Plötzner, 2012). Die Übergänge sind jedoch fließend. Auch in multimedialen Lernumgebungen können den Lernenden unterschiedlich flexible Zugangsmöglichkeiten zu den Informationen eingeräumt werden. Einige Autoren fassen hypermediale Lernumgebungen daher lediglich als eine spezielle Teilmenge von multimedialen Lernumgebungen auf, die sich durch eine stark assoziativ vernetzte Informationsorganisation auszeichnet (Hessel, 2009; Schulmeister, 2007; Unz, 2000).

Im Rahmen dieser Arbeit werden unter multimedialen Lernumgebungen in sich ge-schlossene Softwaresysteme verstanden, die Lerninhalte in unterschiedlichen Dar-stellungsformaten (multicodal und multimodal) in weitgehend strukturierter Form darbieten und auf die die Lernenden mit Hilfe einer Benutzerschnittstelle zugreifen können. Je nach Gestaltung der Lernumgebung können den Lernenden dabei unter-schiedlich flexible Zugangsmöglichkeiten zu den Lerninhalten eingeräumt werden. Dies schließt sowohl linear strukturierte multimediale Angebote mit eher einge-schränkten Interaktionsmöglichkeiten als auch stärker vernetzte multimediale Ange-bote mit ein.

2.2 Modelle zum Lernen mit multimedialen Lernumgebungen

Im Folgenden wird der Lernprozess in multimedialen Lernumgebungen genauer betrachtet. Dabei werden zwei Aspekte berücksichtigt. Zum einen bewegen sich Lernende in einer interaktiven Umgebung, in der sich je nach Gestaltung flexible Zugriffsmöglichkeiten auf die dargebotenen Informationen ergeben können. Die dabei auftretenden Teilprozesse werden in Prozessmodellen zum Lernen in vernetzten Lernumgebungen beschrieben (z.B. Astleitner, 1995; Bannert, 2004, 2007; Schnotz & Zink, 1997). Zum andern verarbeiten die Lernenden Informationen aus unterschiedlichen Darstellungsformaten. Die dabei auftretenden kognitiven Prozesse werden in Modellen zum multimedialen Lernen beschrieben (z.B. Mayer, 2001, 2005b; Schnotz & Bannert, 2003).

Im nachfolgenden Abschnitt werden zunächst einige Modelle zum Lernen in vernetzten Lernumgebungen vorgestellt. Danach wird der Wissenserwerb mit unterschiedlichen Darstellungsformaten genauer betrachtet. Anschließend werden die Prozesse beim Lernen mit multimedialen Lernumgebungen zusammenfassend dargestellt.

2.2.1 Lernen mit vernetzten Lernumgebungen

Das Lernen mit vernetzten Lernumgebungen stellt Lernende grundsätzlich vor zwei Herausforderungen: Sie müssen innerhalb der Lernumgebung die für ihre Lernziele relevanten Informationseinheiten auswählen (Informationssuche) und sie müssen die gefundenen Informationen verarbeiten (Wissenserwerb; Bannert, 2007; Plass, Chun, Mayer & Leutner, 1998). In den Prozessmodellen von Astleitner (1995), Schnotz und Zink (1997) sowie Bannert (2004, 2007) wird genauer beschrieben, welche Teilprozesse ein erfolgreich Lernender dazu ausführen muss.

Astleitner (1995) geht von einem dreistufigen Prozess aus. Im ersten Schritt muss der Lernende die für sein Lernziel relevanten Informationen finden (Zielerreichung). Anschließend muss er sicherstellen, dass er die Informationen wiederfinden kann (Orientierung). Im dritten Schritt muss der Lernende die dargebotenen Informationen verarbeiten und in seine bestehenden Wissensstrukturen integrieren (Wissenserwerb). Diese drei Schritte werden so oft wiederholt, bis das Lernziel erreicht ist.

Schnotz und Zink (1997) explizieren die Aufgabe der Zielerreichung und gehen insgesamt von einem vierstufigen Prozess aus. Zunächst muss das Informationsziel spezifiziert werden. Anschließend startet der Lernende die Informationssuche. Hat er eine Informationseinheit aufgerufen, muss er die Relevanz der gefundenen Informationen hinsichtlich seines Informationsziels bewerten. Sind die Informationen als relevant bewertet worden, setzt der eigentliche Wissenserwerb ein und die Informationen werden verarbeitet.

Bannert (2004, 2007) ergänzt die bisher vorgestellten Prozesse um metakognitive Prozesse der Orientierung und Planung, der Kontrolle und Steuerung, sowie der Evaluation. Nach ihrem Modell analysiert ein erfolgreich Lernender zunächst die Situation, indem er sich fragt, was zu tun ist und welche Ressourcen ihm zur Verfügung stehen. Er legt sein Lernziel fest, zerlegt es in Teilziele und plant seine Vorgehensweise. Anschließend sucht er nach relevanten Informationseinheiten und bewertet die Relevanz der gefundenen Informationen für sein Lernziel. Er extrahiert die für ihn relevanten Informationen und verarbeitet sie. Am Ende der Lernphase evaluiert der Lernende sein Lernergebnis. Alle Aktivitäten werden von ihm permanent überwacht und kontrolliert.

Vergleicht man die dargestellten Modelle miteinander so wird deutlich, dass sie im Kern von einer wiederholten Abfolge der beiden Prozesse Informationssuche und Wissenserwerb ausgehen. Zur Bildung von kohärenten Wissensstrukturen müssen Lernende demzufolge zunächst die Informationen einzelner besuchter Informationseinheiten verstehen, anschließend die Inhalte aufeinanderfolgender Informationseinheiten miteinander verbinden und schließlich die Inhalte der besuchten Informationseinheiten zu einer Gesamtstruktur integrieren (Gerdes, 1997; Heiß, 2007; Plötzner & Härder, 2001; Seufert, 2003b).

In den Modellen bleibt zunächst offen, wie die Informationen einzelner Informationseinheiten verarbeitet werden. Dazu werden im folgenden Abschnitt Theorien zum Lernen mit unterschiedlichen Darstellungsformaten genauer betrachtet.

2.2.2 Lernen mit unterschiedlichen Darstellungsformaten

In den letzten Jahren wurden verschiedene theoretische Modelle vorgeschlagen, die idealtypische Vorgehensweisen zur Verarbeitung unterschiedlich dargestellter Lerninhalte beschreiben. In dieser Arbeit werden die *Kognitive Theorie multimedialen Lernens* (Mayer, 2001, 2005a) und das *Integrierte Modell des Text-Bildverstehens* (Schnotz & Bannert, 2003) als Grundlage herangezogen. Beide Modelle basieren auf der *Theorie der dualen Codierung* von Paivio (1986), nach der sprachliche und bildhafte Informationen in unterschiedlichen Subsystemen verarbeitet werden. Eine weitere wichtige Grundannahme ist die Begrenzung der Kapazität des Arbeitsgedächtnisses sowie der einzelnen Subsysteme (Baddeley, 1986; Chandler & Sweller, 1991). Es wird außerdem davon ausgegangen, dass die Informationen aktiv verarbeitet werden müssen und die Lernenden dazu spezifische kognitive Prozesse ausführen müssen (Wittrock, 1990).

Nach dem Modell von Mayer (2001, 2005b) gelangen Bildinformationen sowie Informationen aus geschriebenem und gesprochenem Text über Augen und Ohren zunächst in das sensorische Gedächtnis (siehe Abbildung 1, Seite 21). Zur weiteren Verarbeitung müssen die Lernenden ihre Aufmerksamkeit auf wichtige Wörter und Bildausschnitte richten (Selektion). Die ausgewählten Wörter und Bildausschnitte werden ins Arbeitsgedächtnis weitergeleitet. Dabei befinden sich bildhafte Informationen im bildhaften Kanal und Informationen aus gesprochenem Text im sprachlichen Kanal. Geschriebener Text wird zunächst über den bildhaften Kanal ins Arbeitsgedächtnis geleitet und danach im sprachlichen Kanal weiter verarbeitet. Dazu müssen die ausgewählten Wörter innerlich versprachlicht werden (Transformation). Gegebenenfalls kommt es zu weiteren Transformationen, wenn aus sprachlichen Informationen Vorstellungsbilder erzeugt werden, oder wenn bildhafte Informationen innerlich versprachlicht werden. Im Arbeitsgedächtnis werden die ausgewählten Informationen strukturiert und zunächst getrennt in mentale bildhafte und sprachliche Modelle überführt (Organisation). Die bildhaften und sprachlichen Modelle werden mit dem Vorwissen aus dem Langzeitgedächtnis in ein mentales Gesamtmodell integriert.

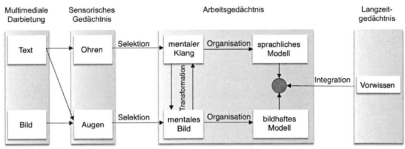

Abbildung 1: Grafische Darstellung der kognitiven Theorie des multimedialen Lernens nach Mayer (2005b)

Die Abfolge der genannten Prozesse ist selten linear. Mayer (2005b) geht außerdem davon aus, dass die Verarbeitung der dargebotenen Text- und Bildinformationen in kleinen Segmenten erfolgt und die Prozesse somit mehrfach auftreten. Darüber hinaus wird angenommen, dass das Vorwissen nicht nur Integrationsprozesse sondern auch Auswahl- und Organisationsprozesse beeinflusst (vgl. Mayer & Moreno, 2003).

Das *Integrierte Modell des Text- und Bildverstehens* von Schnotz und Bannert (2003) verfolgt einen ähnlichen Ansatz. Im Unterschied zur *Kognitiven Theorie multimedialen Lernens* betont dieses Modell jedoch stärker, dass Texte und Bilder auf unterschiedlichen Zeichensystemen basieren. Es wird ein deskriptionaler und ein depiktionaler Repräsentationszweig unterschieden (siehe Abbildung 2, Seite 22). In deskriptionalen Repräsentationen werden Objekte und Sachverhalte durch Symbole beschrieben (z.B. Texte, mathematische Formeln). Symbole sind Zeichen, deren Bezug zum Objekt durch Konventionen festgelegt wird (Peirce, 1906). Die Konventionen müssen erlernt werden. Depiktionale Repräsentationen bestehen aus ikonischen Zeichen (z.B. Bilder). Diese weisen eine strukturelle Ähnlichkeit zu den dargestellten Objekten auf.

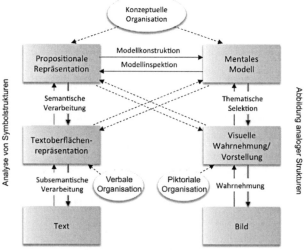

Abbildung 2: Grafische Darstellung des integrierten Modells des Text- und Bildverstehens nach Schnotz und Bannert (2003)

Nach dem Modell von Schnotz und Bannert (2003) erfasst der Lernende beim Lesen eines Textes zunächst die syntaktischen und morphologischen Merkmale. Er erzeugt daraus eine mentale Repräsentation der Textoberflächenstruktur. Diese Repräsentation ermöglicht dem Lernenden eine wortwörtliche Wiedergabe des Textes, auch wenn er den Sinn des Textes nicht verstanden hat. Im zweiten Schritt erfolgt die semantische Analyse. Die Bedeutungen der erfassten Wörter werden aus dem Gedächtnis abgerufen und zu einer propositionalen Repräsentation verarbeitet (Kintsch & Van Dijk, 1978). Diese enthält kleinste, abstrakte Bedeutungseinheiten und ermöglicht dem Lernenden eine sinngemäße Wiedergabe des Textes, auch wenn er noch keine genaue Vorstellung des beschriebenen Sachverhalts hat. Im dritten Schritt konstruiert der Lernende auf Basis der propositionalen Repräsentation und unter Zuhilfenahme des Vorwissens ein mentales Modell des dargestellten Sachverhalts.

Beim Betrachten eines Bildes werden ebenfalls zunächst die Oberflächenmerkmale (z.B. Linien, Flächen, Farben) erfasst und zu einer perzeptuellen mentalen Repräsentation verarbeitet. Diese Repräsentation ermöglicht es dem Lernenden, das Bild aus dem Gedächtnis nachzuzeichnen, ohne die Bildaussage zu verstehen. Um das Bild zu verstehen ist eine semantische Analyse erforderlich. Die einzelnen erkannten Bildelemente werden mit Bedeutungen angereichert und in ein mentales Modell organisiert. Aus dem mentalen Modell können durch Inspektionsprozesse zusätzliche propositionale Repräsentationen generiert werden.

Es besteht somit eine Interaktion zwischen dem deskriptionalen und dem depiktionalen Repräsentationszweig. Durch wechselseitige Ablese- und Konstruktionsprozesse kommt es zu einer sukzessiven Anpassung des mentalen Modells und der propositionalen Repräsentation.

Sowohl im Modell von Mayer (2001, 2005b) als auch im Modell von Schnotz und Bannert (2003) spielt die Durchführung spezifischer kognitiver Prozesse durch die Lernenden eine zentrale Rolle für den Lernerfolg (vgl. Kombartzky, Metz, Plötzner & Schlag, 2009). Wichtige Text- und Bildstellen müssen ausgewählt werden (Selektion). Die ausgewählten Informationen müssen zu mentalen bildhaften und mentalen sprachlichen Modellen strukturiert werden (Organisation). Die mentalen bildhaften und sprachlichen Modelle müssen unter Einbeziehung des Vorwissens zu einem mentalen Gesamtmodell zusammengeführt werden (Integration). Dazu müssen gegebenenfalls sprachliche Repräsentationen in bildhafte Repräsentationen oder bildhafte Repräsentationen in sprachliche Repräsentationen überführt werden (Transformation).

2.2.3 Zusammenfassung der Prozesse beim Lernen mit multimedialen Lernumgebungen

Die dargestellten Modelle zum Lernen mit vernetzten Lernumgebungen und zum multimedialen Lernen beschreiben jeweils idealtypische Vorgehensweisen eines erfolgreich Lernenden. Daraus lassen sich die erforderlichen Prozesse beim Lernen in multimedialen Lernumgebungen wie folgt zusammenfassen: Der Lernende macht sich zunächst mit der Aufgabenstellung und der Lernumgebung vertraut. Er spezifiziert gegebenenfalls sein Lernziel und zerlegt es in Teilziele. Wird ihm durch die Lernumgebung kein Lernweg vorgegeben, sucht er anschließend nach Informationseinheiten, die Informationen für sein Lernziel enthalten. Hat er auf eine Informationseinheit zugegriffen, bewertet er die Relevanz der gefundenen Informationen für sein Lernziel. Werden die Informationen als relevant bewertet, stellt der Lernende im Idealfall sicher, dass er die Informationen wieder finden kann und beginnt mit der Informationsverarbeitung. Dazu wählt er aus den unterschiedlichen Darstellungen wichtige Text- und Bildstellen aus. Die ausgewählten Informationen ordnet der Lernende zu mentalen bildhaften und sprachlichen Modellen und integriert sie unter Einbeziehung seines Vorwissens in ein mentales Gesamtmodell. Dabei stellt er Verbindungen zu den Informationen der bisher besuchten Informationseinheiten sowie zum Gesamtthema her. Anschließend greift er auf die nächste relevante Informationseinheit zu. Die Abfolge aus Informationszugriff und -verarbeitung wiederholt der Lernende so oft, bis sein Lernziel erreicht ist. Um dies zu überprüfen, überwacht und kontrolliert der Lernende permanent seinen Lernfortschritt.

2.3 Begründungen für den Einsatz von multimedialen Lernumgebungen

Multimediale Lernumgebungen werden vielfach als geeignet angesehen, Lernprozesse in besonderer Weise zu unterstützen. Zum einen ergeben sich Potenziale aufgrund der Verwendung unterschiedlicher Darstellungsformate. Zum andern wird erwartet, dass sich die spezifische Struktur von multimedialen Lernumgebungen und der häufig damit verbundene flexible Zugang zu Lernmaterialien positiv auf Lernprozesse auswirkt.

Im nachfolgenden Abschnitt werden zunächst Argumente vorgestellt, die für einen Lernvorteil aufgrund der Verwendung unterschiedlicher Darstellungsformate sprechen. Anschließend werden Potenziale aufgezeigt, die sich aus einem flexiblen Zugang zu Lernmaterialien ergeben können.

2.3.1 Potenziale beim Lernen mit unterschiedlichen Darstellungsformaten

In Abschnitt 2.2.2 wurden theoretische Modelle zur Verarbeitung unterschiedlich dargebotener Lerninhalte beschrieben. Diese legen eine lernförderliche Wirkung von Kombinationen aufeinander bezogener Darstellungen in unterschiedlichen Formaten nahe. Aufgrund der Annahme der dualen Kodierung von Wissensbeständen im Gedächtnis (Paivio, 1986) kann davon ausgegangen werden, dass sich die Verwendung sprachlicher und bildhafter Darstellungen positiv auf das Erinnern von Informationen auswirkt, da der Inhalt sowohl zu einer sprachlichen als auch zu einer bildhaften mentalen Repräsentation verarbeitet wird. Auf der Grundlage der Theorien von Mayer (2005b) sowie von Schnotz und Bannert (2003) kann auch von einer verstehensförderlichen Wirkung ausgegangen werden, da die Informationen aus unterschiedlichen Darstellungen in ein mentales Modell integriert werden und so zu einer vertieften Verarbeitung führen. Diese Annahmen konnten in verschiedenen Studien empirisch belegt werden. Eine Reihe von Arbeiten konnte zeigen, dass die Kombination aus sprachlichen und bildhaften Darstellungen einer rein sprachlichen Darstellung überlegen sein kann (Multimedia-Prinzip, zusammenfassend siehe Fletcher & Tobias, 2005; Mayer, 2001). In einigen Studien konnte außerdem nachgewiesen werden, dass die Verwendung unterschiedlicher Modalitäten zu Lernvorteilen beitragen kann (Modalitätsprinzip, zusammenfassend siehe Low & Sweller, 2005).

Eine differenzierte Begründung für die Lernförderlichkeit von unterschiedlich dargestellten Inhalten bietet Ainsworth (1999, 2006). Sie unterscheidet drei lernförderliche Funktionen von Kombinationen aus unterschiedlichen Darstellungsformaten:

1. Darstellungen können sich gegenseitig ergänzen. Beispielsweise können relevante Informationen auf unterschiedliche Darstellungen verteilt werden. Somit wird verhindert, dass einzelne Darstellungen überfrachtet werden. Darüber hinaus haben unterschiedliche Darstellungsformate unterschiedliche funktionale Eigenschaften und eignen sich daher unterschiedlich gut zur Bearbeitung bestimmter Aufgaben. Texte eignen sich beispielsweise gut zur allgemeinen Erläuterung von Sachverhalten und Begriffen, zur Beschreibung von Bedingungen sowie zur Formulierung von Begründungen. Bilder können räumliche und strukturelle Zusammenhänge gut darstellen, während Animationen räumlich-zeitliche Zusammenhänge aufzeigen können (Seufert, 2003b). In verschiedenen Studien konnte außerdem gezeigt werden, dass sich unterschiedliche Arten von Bildern unterschiedlich gut zur Bearbeitung verschiedener Aufgaben eignen (z.b. Larkin & Simon, 1987; Schnotz & Bannert, 1999).

2. Eine Darstellung kann den Interpretationsspielraum für andere Darstellungen eingrenzen. Beispielsweise können durch Bilder räumliche oder strukturelle Beschreibungen eines Textes präzisiert werden oder in Bildern dargestellte Zusammenhänge durch Texte genauer erläutert werden. Ist ein Lernender mit einem bestimmten Darstellungsformat vertraut, kann ihm das außerdem helfen, eine andere Darstellung in einem ihm unbekannten Format besser zu verstehen.

3. Die Verwendung unterschiedlicher Darstellungsfomate kann zu elaborierteren Wissensstrukturen führen. Indem Lernende Informationen aus unterschiedlichen Darstellungen verknüpfen und zu mentalen Modellen integrieren, erarbeiten sie sich ein vertieftes Verständnis der Lerninhalte (vgl. Mayer, 2001; Schnotz & Bannert, 1999).

Mit diesen Funktionen sind gleichzeitig Bedingungen beschrieben, unter denen Kombinationen unterschiedlicher Darstellungsformate eine lernförderliche Wirkung haben können. Demnach sind höhere Lernerfolge vor allem dann zu erwarten, wenn Darstellungen sich informationell oder funktional ergänzen, wenn sie sich in ihrem Interpretationsspielraum gegenseitig einschränken und wenn Lernende aktiv Verbindungen zwischen unterschiedlichen Darstellungen herstellen (siehe auch Carney & Levin, 2002; Levie & Lentz, 1982).

2.3.2 Potenziale aufgrund des flexiblen Zugangs zu Lernmaterialien

Multimediale Lernumgebungen können Lernenden einen flexiblen und selbstgesteuerten Zugriff auf Lerninhalte bieten. Beispielsweise können sie den Lernenden ermöglichen, sich innerhalb gewisser Grenzen eigene Lernziele zu setzen, eigene Lernwege zu wählen und selbst zu entscheiden mit welchen Darstellungen sie lernen möchten. Daraus ergeben sich verschiedene Potenziale für das Lernen. In der

Literatur werden als Argumente für die Lernförderlichkeit eines flexiblen Zugangs zu Lernmaterialien hauptsächlich die kognitive Plausibilität, die Theorie der kognitiven Flexibilität, die Förderung konstruktiven Lernens, die Adaptierbarkeit der Lernumgebung an persönliche Präferenzen und Vorrausetzungen, sowie die Förderung selbstgesteuerten Lernens angeführt (vgl. Heiß, 2007; Scheiter & Gerjets, 2007; Tergan, 2002). Die Argumente werden meist speziell auf hypermediale Lernumgebungen bezogen. Sie lassen sich jedoch ebenso auf andere multimediale Lernumgebungen anwenden, in denen Lernende den Informationszugriff innerhalb eines gewissen Rahmens selbst steuern können.

Das Argument der kognitiven Plausibilität wurde hauptsächlich in den Anfangsjahren der Forschung zum Lernen mit Hypermedien vorgebracht. Es wurde erwartet, dass die vernetzte Darbietung von Informationen die Integration neuer Inhalte in bestehende Wissensstrukturen fördert (z.B. Jonassen & Grabinger, 1990; Kuhlen, 1991). Diese Erwartung gründete sich auf die Annahme, dass Informationen im Gedächtnis ebenfalls netzwerkartig angeordnet sind (Anderson, 1983; Bush, 1945). Durch die Linearisierung von Lerninhalten würden zahlreiche Verknüpfungen zwischen den Informationseinheiten verloren gehen. Die Chance, dass Lernende Wissensstrukturen aufbauen, welche die Realität adäquat beschreiben, würde dadurch geringer. Bei netzwerkartig verknüpften Informationseinheiten, würde sich diese Chance hingegen erhöhen (Schnupp, 1992).

Von Anfang an wurde das Argument der kognitiven Plausibilität stark kritisiert (z.B. Dillon, 1996). Zum einen kann eingewendet werden, dass die Informationsknoten in Hypermediasystemen nicht mit den Wissensbeständen im Gedächtnis vergleichbar sind (Gerdes, 1997). Letztere können wesentlich komplexer sein und vor allem vielfältige *semantische* Verknüpfungen aufweisen, die in Hypermediasystemen kaum darstellbar sind (Shneiderman & Kearsley, 1989; Whalley, 1990). Die reine strukturelle Ähnlichkeit führt daher nicht zwangsläufig zu bedeutungsvollem Lernen (siehe auch Jonassen, 1993). Zum andern erfolgt die Informationsverarbeitung in vernetzten Lernumgebungen letztlich ebenfalls linear (Schnotz, 1994). Die Linearisierung wird jedoch vom Lernenden vorgenommen und nicht vom Autor. Darüber hinaus werden auch bei linear angeordneten Lernmaterialien nicht-lineare Wissensstrukturen aufgebaut (Schnotz & Zink, 1997).

Ein weiteres Argument für das Lernen in multimedialen Lernumgebungen wird mit der *Theorie der kognitiven Flexibilität* von Spiro, Coulson, Feltovich und Anderson (1988) begründet. Kognitive Flexibilität ist die Fähigkeit flexibel nutzbare Wissensstrukturen zu entwickeln, die an unterschiedliche Situationen angepasst werden können und auf unterschiedliche Aufgabenstellungen anwendbar sind. Es wird angenommen, dass Lernumgebungen, die einen flexiblen und multiperspektivischen Zugang zu Lerninhalten ermöglichen die Entwicklung solcher Wissensstrukturen fördern (Gerjets et al., 2005; Jacobson & Spiro, 1995).

Ein flexibler Zugang zu Lernmaterialien soll darüber hinaus zu einer vertieften Verarbeitung der dargebotenen Inhalte führen. Die aktive Generierung von Beziehungen zwischen einzelnen Informationseinheiten wird als Voraussetzung für die Bildung kohärenter Wissensstrukturen angesehen (Tergan, 2002). Es wird angenommen, dass Lernumgebungen eine solche aktive Verarbeitung fördern, wenn die Beziehungen zwischen den Informationseinheiten nicht explizit vorgeben sind, sondern von den Lernenden selbst hergestellt werden müssen (Jonassen & Grabinger, 1990; vgl. auch Shapiro, 1998).

Durch die Möglichkeit, Lerninhalte selbständig auszuwählen, können Lernende außerdem ihren Lernprozess entsprechend ihrer eigenen Voraussetzungen (z.B. Vorwissen) und Vorlieben (z.B. mediale Präferenzen) gestalten. Sie können sich eigene Lernziele setzen, selbst entscheiden, mit welchen Darstellungen sie lernen möchten, sowie die Reihenfolge, in der sie die Informationseinheiten verarbeiten, selbständig festlegen. Verbunden damit wird insbesondere stark vernetzten Lernumgebungen das Potenzial zugesprochen, das selbstgesteuerte Lernen zu fördern (Azevedo, 2005; Schnotz, Bannert & Seufert, 2001).

2.4 Schwierigkeiten beim Lernen mit multimedialen Lernumgebungen

Im vorangegangenen Abschnitt wurde eine Reihe von Argumenten angeführt, die für eine lernförderliche Wirkung von multimedialen Lernumgebungen sprechen. Die erwarteten Erfolge konnten jedoch häufig nicht realisiert werden (zusammenfassend siehe Ainsworth, 2006; Dillon & Jobst, 2005). Das Lernen mit verschiedenen Darstellungsformaten und der unter Umständen flexible Informationszugriff stellen spezifische Anforderungen an Lernende, denen Sie oftmals nicht gewachsen sind. Die möglichen Schwierigkeiten werden im Folgenden vorgestellt.

2.4.1 *Schwierigkeiten beim Lernen mit unterschiedlichen Darstellungsformaten*

Beim Lernen mit unterschiedlichen Darstellungsformaten müssen die Lernenden sowohl in der Lage sein, die einzelnen Darstellungen zu verarbeiten, als auch Verknüpfungen zwischen den unterschiedlichen Darstellungen herzustellen (Mayer, 2005a; Schnotz & Bannert, 2003). Gelingt ihnen das, so kann von einer behaltens- und verstehensförderlichen Wirkung des Lernens mit verschiedenen Darstellungsformaten ausgegangen werden (vgl. Abschnitt 2.3.1). In zahlreichen empirischen Untersuchungen konnte jedoch gezeigt werden, dass dies nicht immer der Fall ist (zusammenfassend siehe Ainsworth, 1999; Schlag, 2011; Seufert, 2003b).

Lernende haben häufig bereits beim Verarbeiten einzelner Darstellungen Schwierigkeiten. Eine erste Hürde kann schon die Entschlüsselung des verwendeten Zeichensystems sein. In Texten müssen Lernende einzelne Wörter verstehen, in Bildern die dargestellten Objekte erkennen (Friedrich, 2009; Weidenmann, 2006). So kann es Lernenden beispielsweise schwerfallen, die in einer Wetterkarte dargestellten Hoch- und Tiefdruckgebiete zu erkennen, wenn sie nicht mit der verwendeten Symbolik vertraut sind.

Nach dem Entschlüsseln und Erkennen besteht der nächste Schritt in der Erar-beitung der inhaltlichen Aussage (ebd.). Dazu müssen Lernende systematisch Selek-tions- und Organisationsprozesse durchführen (vgl. Abschnitt 2.2.1). Weidenmann (1989) weist jedoch darauf hin, dass Lernende bei Bildern häufig auf der Ebene des Erkennens verbleiben und keine weiteren Verarbeitungsprozesse vornehmen. Zu ähnlichen Schlüssen kommen Friedrich (2009) bezüglich der Verarbeitung von Texten sowie Lowe (2003) und Plötzner et al. (2009) bezüglich der Verarbeitung von Ani-mationen.

Müssen Lernende zwei oder mehr Darstellungen aus unterschiedlichen Formaten in ein mentales Modell integrieren, so können weitere Schwierigkeiten auftreten (Bodemer & Plötzner, 2004; Brünken, Seufert & Zander, 2005; Mayer, 2001). Die Herstellung von Bezügen zwischen verschiedenartigen Darstellungen ist eine große kognitive Herausforderung, die Lernenden insbesondere dann Schwierigkeiten be-reitet, wenn Informationen zwischen unterschiedlichen Zeichensystemen trans-formiert werden müssen (Ainsworth, Bibby & Wood, 2002; Ainsworth, 2006).

Neben der Überforderung der Lernenden durch bestimmte Darstellungen oder Darstellungskombinationen besteht auch die Möglichkeit der subjektiven Unter-forderung. Manche Darstellungsformate, wie zum Beispiel Bilder, werden von Lernenden tendenziell als leicht verständlich eingeschätzt. Die Lernenden investieren weniger mentalen Aufwand als bei vermeintlich schwierigeren Darstellungsformaten und belassen es häufig bei einer eher oberflächlichen Verarbeitung (Illusion des Verstehens; siehe Salomon, 1984; Schnotz & Bannert, 1999; Weidenmann, 1989).

2.4.2 Schwierigkeiten aufgrund des flexiblen Zugangs zu Lernmaterialien

In Abschnitt 2.3.2 wurden verschiedene Potenziale aufgezeigt, die sich aus dem flexiblen Zugang zu Lernmaterialien ergeben können. In empirischen Untersuchungen konnten die erwarteten Lernerfolge jedoch häufig nicht erreicht werden (zusammen-fassend siehe Dillon & Gabbard, 1998; Dillon & Jobst, 2005). Vielfach zeigte sich, dass zusätzliche didaktische Maßnahmen notwendig sind, um die Lernvorteile zu realisieren, oder dass nur Lernende mit hohem Vorwissen und hoher kognitiver Leistungsfähigkeit von den Möglichkeiten profitieren. Die Schwierigkeiten, die in diesem Zusammenhang häufig genannt werden, sind Distraktion, strukturelle und konzeptuelle Desorientierung sowie kognitive Überlastung (Bannert, 2007; Heiß, 2007; Scheiter & Gerjets, 2007; Tergan, 2002).

Das Problem der Distraktion tritt auf wenn Lernende von ihren persönlichen Interessen geleitet durch die Lernumgebung navigieren und von ihrem eigentlichen Lernziel abgelenkt werden (Scheiter & Gerjets, 2007). Bei sehr spezifischen Lernzielen, die eine bestimmte Auswahl an Informationseinheiten erfordern, kann es dabei zu einer Beeinträchtigung des Lernerfolgs kommen (Schorr, Gerjets & Scheiter, 2003). Besteht das Lernziel hingegen darin, ein umfassendes Verständnis des Gesamtthemas zu erlangen, so kann die interessengeleitete Navigation sogar zu einem Lernvorteil führen (Serendipitätseffekt; Conklin, 1987; Hammond, 1993).

Ein weiteres häufig genanntes Problem ist die strukturelle Desorientierung. Das Phänomen ist hauptsächlich unter der Metapher *„Lost in Hyperspace"* bekannt geworden und wird meist speziell im Zusammenhang mit Hypermedien genannt (Conklin, 1987). Dahinter verbirgt sich eine ganze Reihe von Schwierigkeiten. Der Lernende weiß beispielsweise nicht, an welcher Stelle innerhalb der Lernumgebung er sich befindet, wie er zu einer bestimmten Stelle gelangen kann, welche Informationseinheiten er bereits gesehen hat, wie die Verknüpfungsstruktur der Lernumgebung aussieht oder welchen Umfang die Lernumgebung hat. Die Existenz solcher Orientierungsprobleme konnte in verschiedenen Studien nachgewiesen werden (zusammenfassend siehe Heiß, 2007). Die selbständige Auswahl und Sequenzierung von relevanten Informationseinheiten ist nach den Modellen von Astleitner (1995), Schnotz und Zink (1997) sowie Bannert, (2004, 2007) eine der beiden zentralen Aufgaben von Lernenden in multimedialen Lernumgebungen (vgl. Abschnitt 2.2.1.). Es kann daher davon ausgegangen werden, dass mangelnde Kenntnisse über den strukturellen Aufbau der Lernumgebung zu schlechteren Lernleistungen führen können. Bislang gibt es jedoch nur wenige empirische Befunde dazu (z.B. Waniek, Naumann & Krems, 2001; vgl. auch Bannert, 2004, 2007; Heiß, 2007; Unz, 2000).

Die zweite Aufgabe der Lernenden, neben dem Informationszugriff, ist der Wissenserwerb (Bannert, 2004). Die Lernenden müssen die Bedeutung der besuchten Informationseinheiten erschließen, Zusammenhänge zwischen ihnen herstellen und die Informationen in die eigenen Wissensstrukturen integrieren (Gerdes, 1997; Tergan, 2002). Häufig bemühen sich die Lernenden jedoch nicht aktiv oder es gelingt ihnen nur unzureichend, die semantischen Beziehungen zwischen den Informationseinheiten herzustellen (zusammenfassend siehe Heiß, 2007). Dies bezeichnet man als konzeptuelle Desorientierung (Bannert, 2007; Heiß, 2007; Tergan, 2002).

Die kognitive Überlastung lässt sich unter anderem darauf zurückführen, dass neben der Rezeption und Verarbeitung der Inhalte ein großer Teil der kognitiven Kapazität für die Bedienung der Lernumgebung verwendet werden muss (Astleitner, 1997; Conklin, 1987; Kuhlen, 1991; Tergan, 2002). Die Lernenden müssen sich innerhalb der Umgebung zurechtfinden, auf Informationseinheiten zugreifen und gegebenenfalls in eine sinnvolle Reihenfolge bringen. Sie müssen zur Navigation und zum Betrachten der Inhalte mit den dafür vorgesehenen Werkzeugen der Lernumgebung umgehen können. Gegebenenfalls müssen sie die Bedienung erst erlernen. Aus Sicht der *Theorie der kognitiven Belastung* (Chandler & Sweller, 1991) können diese zusätzlichen Aufgaben zu einer Beeinträchtigung des Lernprozesses führen. Diese Annahme konnte in verschiedenen Studien empirisch belegt werden (zusammenfassend siehe DeStefano & LeFevre, 2007; Zumbach & Mohraz, 2008).

2.5 Ansätze zur Förderung des Lernens in multimedialen Lernumgebungen

Angesichts der beschriebenen Schwierigkeiten stellt sich die Frage, wie das Lernen in multimedialen Lernumgebungen geeignet unterstützt werden kann. Grundsätzlich lassen sich ein designorientierter und ein lernerorientierter Ansatz unterscheiden (Seufert, 2009).

2.5.1 Der designorientierte Ansatz

Der designorientierte Ansatz zielt darauf ab, den Lernenden den Informationszugriff und die Informationsverarbeitung durch die Gestaltung der Lernumgebung und des Lernmaterials zu erleichtern. Mit Blick auf die Gestaltung der Lernumgebung wurden in der Vergangenheit vor allem die Auswirkungen unterschiedlicher Strukturierungen sowie unterschiedlicher Navigations- und Orientierungshilfen erforscht (zusammenfassend siehe DeStefano & LeFevre, 2007; Dillon & Jobst, 2005; Heiß, 2007; Müller-Kalthoff, 2006).

Bezüglich der Strukturierung von multimedialen Lernumgebungen kann festgestellt werden, dass lineare oder hierarchische Strukturen gegenüber assoziativ vernetzten Strukturen Vorteile beim Informationszugriff aufweisen und insbesondere strukturellen Orientierungsproblemen entgegenwirken (z.B. McDonald & Stevenson, 1996; Mohageg, 1992; Van Nimwegen, Pouw & Van Oostendorp, 1999). Eine generelle Überlegenheit einer bestimmten Strukturierungsform hinsichtlich der Informationsverarbeitung hat sich jedoch insgesamt nicht gezeigt. Entweder wurden in den Studien keine signifikanten Unterschiede in den Lernergebnissen festgestellt (z.B. Foltz, 1996; McDonald & Stevenson, 1996; Naumann, 2004) oder es erwiesen sich jeweils unterschiedliche Strukturen als vorteilhaft (z.B. Shapiro, 1998; Simpson & McKnight, 1990). Die Forschungslage deutet insgesamt darauf hin, dass unterschiedliche Strukturen in Abhängigkeit von lernerbezogenen Faktoren, wie Vorwissen, räumlich-visuellen Fähigkeiten oder Aufgabenorientierung, lernförderlich sind. In einer Studie von Shin, Schallert und Savenye (1994) profitierten beispielsweise Lernende mit niedrigem Vorwissen von einer hierarchischen Struktur. Lernende mit hohem Vorwissen kamen sowohl mit einer vernetzten Struktur als auch mit einer hierarchischen Struktur gleichermaßen gut zurecht.

Neben unterschiedlichen Strukturierungen wird auch der Einfluss verschiedener Navigations- und Orientierungshilfen wie Inhaltsverzeichnissen, grafischen Übersichten oder Metaphern erforscht (für einen Überblick siehe Heiß, 2007; Müller-Kalthoff, 2006). Die Befundlage ist jedoch nicht eindeutig. Chen und Rada (1996) stellten in ihrer Meta-Analyse fest, dass grafische Übersichten vorteilhaft im Hinblick auf die Lernleistung sind, insbesondere gegenüber rein textuellen Übersichten (vgl. auch McDonald & Stevenson, 1998). Dagegen ergaben sich bei Plötzner und Härder (2001) keine besseren Lernleistungen beim Lernen mit einer grafischen Übersicht im Vergleich zum Lernen mit einer alphabetischen Übersicht. In einer Studie von Stanton, Taylor und Tweedie (1992) zeigten sich sogar schlechtere Lernergebnisse beim Lernen mit einer grafischen Übersicht gegenüber dem Lernen ohne Übersicht. Sie schließen daraus, dass nicht jede Übersicht für jede Art von Lernaufgabe geeignet ist (siehe auch Dee-Lucas & Larkin, 1995). Daneben spielen auch lernerbezogene Faktoren wie das Vorwissen eine Rolle. In einer Studie von Möller und Müller-Kalthoff (2000) profitierten beispielsweise Lernende mit niedrigem Vorwissen stärker von einer grafischen Übersicht als Lernende mit hohem Vorwissen. Hinzu kommt die spezifische Gestaltung der Übersicht. Müller-Kalthoff und Möller (2005) konnten zeigen, dass zu reichhaltige Übersichten die Lernenden auch überfordern können. Auch die Studie von Hessel (2009) zeigt, dass nicht nur die Art einer Navigationshilfe sondern auch ihre Gestaltung einen Einfluss auf den Lernprozess hat.

Bei den bisher genannten Studien handelt es sich jeweils um die Untersuchung einzelner Gestaltungs- oder Unterstützungsmaßnahmen. Die Befunde legen jedoch den Schluss nahe, dass nicht nur die An- oder Abwesenheit bestimmter Unterstützungsmaßnahmen für den Lernerfolg ausschlaggebend sein kann, sondern die Gestaltung der Lernumgebung als Ganzes in Abhängigkeit der Aufgabenstellung und Merkmalen der Lernenden. Bereits Mcknight, Dillon und Richardson (1996) plädierten dafür, die Gestaltung der Lernumgebung insgesamt auf die individuellen Eigenschaften der Lernenden und die spezifischen Anforderungen der Lernaufgabe hin auszurichten (vgl. auch Soloway et al., 1996). Ein Gütemerkmal dafür ist die Usability beziehungsweise Gebrauchstauglichkeit (DIN EN ISO 9241-11, 1999; Nielsen, 1994). Dieser Begriff und das ihm zugrunde liegende Konzept stammen ursprünglich aus der Forschung zur Mensch-Computer-Interaktion. Inzwischen findet das Konzept auch vermehrt im Rahmen der Bildungswissenschaften Anwendung (z.B. Hessel, 2009; Scholten-Theuerzeit & Görlich, 2007; Schudnagis & Womser, 2002; Tselios, Avouris, Dimitracopoulou & Daskalaki, 2001). Der Grundgedanke ist, eine Lernumgebung insgesamt so zu gestalten, dass die Lernenden möglichst wenig kognitive Ressourcen zur Bedienung der Lernumgebung benötigen, und sich stattdessen auf die Verarbeitung der dargebotenen Informationen konzentrieren können.

Das Konzept spielt im Rahmen dieser Arbeit eine zentrale Rolle und wird im nachfolgenden Kapitel daher ausführlich vorgestellt.

Bezüglich der Gestaltung des Lernmaterials hat die Forschung in der Vergangenheit zahlreiche Empfehlungen und Prinzipien hervorgebracht, deren lernförderliche Wirkung empirisch nachgewiesen werden konnte. Zu nennen sind hier beispielsweise Maßnahmen zur Gestaltung von instruktionalen Texten, wie die Gliederung in Abschnitte, die Verwendung von thematischen Überschriften oder die Hervorhebung wichtiger Informationen. Maßnahmen zur Gestaltung von Bildern sind beispielsweise die vereinfachte Darstellung des Bildes, die Hervorhebung wesentlicher Bildelemente oder Hinweise zur Verarbeitung des Bildes (Bildüberschriften, Legenden, Nummerierungen). Einen Überblick über die verschiedenen Gestaltungsprinzipien einzelner Darstellungsformate bietet Ballstaedt (1997). Auch zum Lernen mit Kombinationen verschiedener Darstellungsformate liegen Gestaltungsprinzipien vor (für eine Übersicht siehe Mayer, 2005c). Sie basieren meist auf der Theorie der kognitiven Belastung (Chandler & Sweller, 1991) oder auf der Theorie des multimedialen Lernens (Mayer, 2001, 2005a).

2.5.2 Der lernerorientierte Ansatz

Designorientierte Maßnahmen können das Lernen in multimedialen Lernumgebungen zwar erleichtern und unterstützen, um erfolgreich zu lernen müssen Lernende sich jedoch aktiv mit den dargebotenen Informationen auseinandersetzen. Im Zentrum des lernerorientierten Ansatzes steht daher die Frage, über welche Fähigkeiten Lernende verfügen müssen, um in multimedialen Lernumgebungen erfolgreich zu lernen und wie diese Fähigkeiten an die Lernenden vermittelt werden können. Mit dieser Frage beschäftigt sich die Lernstrategieforschung.

Eine Lernstrategie ist nach Streblow und Schiefele (2006, S. 353) eine „Abfolge von effizienten Lerntechniken, die zielführend und flexibel eingesetzt werden, zunehmend automatisiert ablaufen, aber bewusstseinsfähig bleiben." Eine Lerntechnik ist dabei als einzelne Methode zu verstehen, wie zum Beispiel das Markieren wichtiger Textstellen. Meist werden kognitive und metakognitive Lernstrategien sowie Strategien für das Ressourcenmanagement unterschieden (Streblow & Schiefele, 2006; Wild & Schiefele, 1994). Kognitive Lernstrategien dienen der Aufnahme, Verarbeitung und Speicherung von Informationen. Dazu gehören beispielsweise Wiederholungs-, Elaborations- und Organisationsstrategien. Metakognitive Lernstrategien dienen der Planung, Überwachung und Regulation von Lernaktivitäten. Sie umfassen beispielsweise die Festlegung von Lernzielen und Lernschritten, die Überprüfung des eigenen Lernfortschritts sowie die Anpassung des Lernverhaltens beim Auftreten von Schwierigkeiten. Strategien für das Ressourcenmanagement beeinflussen den Lernprozess in indirekter Weise. Beispielhafte Aktivitäten sind die Gestaltung einer günstigen Arbeitsumgebung, die Planung und das Management der Arbeitszeit sowie die Organisation von Lerngruppen.

Empirisch erprobte Lernstrategien liegen inzwischen für verschiedene Darstellungsformate von Informationen vor. Einen Überblick zum Stand der Forschung bieten Mandl und Friedrich (2006) sowie Plötzner, Leuders und Wichert (2009). Mandl und Friedrich betrachten vor allem Strategien für das Lernen mit Texten. Plötzner et al. (2009) betrachten darüber hinaus Strategien für das Lernen mit Kombinationen unterschiedlicher Darstellungsformate, wie Texte, Bilder und Animationen. Die Strategien orientieren sich an einem gemeinsamen Rahmenmodell (Kombartzky et al., 2009). Auf der Grundlage der Theorien von Mayer (2005b) sowie Schnotz und Bannert (2003) wurden die Selektion, die Organisation, die Integration und die Transformation von Informationen als grundlegende kognitive Prozesse beim Lernen mit unterschiedlichen Darstellungsformaten identifiziert. Diese Prozesse sollen in den Strategien systematisch angeregt werden. In verschiedenen Untersuchungen konnte demonstriert werden, dass der Lernerfolg durch die Anwendung der Strategien bedeutend gesteigert werden kann (z.B. Kombartzky, Plötzner, Schlag & Metz, 2010; Schlag & Plötzner, 2009; Schlag, 2011).

Neben der Wirksamkeit der Lernstrategien stellt sich die Frage nach ihrer Vermittlung. Wie können Lernende dazu angeregt werden beim selbständigen Lernen in multimedialen Lernumgebungen die genannten Prozesse auszuführen? Friedrich und Mandl (1997, 2006) unterscheiden grundsätzlich zwei Arten von Fördermaßnahmen:

- Bei direkten Fördermaßnahmen werden Strategien in Form von vorgeschalteten Trainingseinheiten explizit gelehrt und geübt. Diese Art der Förderung dient vorrangig dem Erlernen bislang unbekannter Strategien.

- Bei indirekten Fördermaßnahmen werden die strategischen Prozesse durch Unterstützungsangebote angeregt, die in die Lernumgebung integriert sind, beispielsweise in Form von Lernfragen. Diese Art der Förderung dient vorrangig der Aktivierung bereits bekannter Strategien.

Es liegt nahe, die beiden Ansätze zu kombinieren, um die jeweils spezifischen Vorteile zu nutzen (siehe Bannert, 2003). In dieser Arbeit wird der Schwerpunkt jedoch auf die Gestaltung von integrierten Unterstützungsangeboten gelegt. Die unterschiedlichen Formen solcher Unterstützungsangebote, ihre Nutzung und ihre Auswirkungen auf den Lernerfolg werden ausführlich in Kapitel 4 vorgestellt.

2.6 Zusammenfassung zum Lernen in multimedialen Lernumgebungen

Multimediale Lernumgebungen sind in sich geschlossene Softwaresysteme, die Lerninhalte in unterschiedlichen Darstellungsformaten anbieten und durch die Lernende innerhalb vorgegebener Grenzen selbständig navigieren können (Hannafin, 1991; Hessel, 2009; Plötzner, 2012; Schulmeister, 2007; Seufert, 2009). Beim Lernen in multimedialen Lernumgebungen müssen die Lernenden auf die für ihre Lernziele relevanten Informationseinheiten zugreifen, die dort dargebotenen Informationen in den unterschiedlichen Darstellungen aktiv verarbeiten und die Informationen verschiedener Informationseinheiten miteinander verknüpfen (Astleitner, 1997; Bannert, 2007; Mayer, 2005a; Schnotz & Bannert, 2003; Schnotz & Zink, 1997).

Aufgrund des häufig flexiblen Informationszugriffs und des Angebots unterschiedlicher Darstellungen wurden multimedialen Lernumgebungen große Potenziale für das Lernen zugesprochen. Die erwarteten Lernerfolge konnten jedoch häufig nicht realisiert werden. Es hat sich gezeigt, dass Lernende oft Schwierigkeiten haben sich in einer Lernumgebung zurechtzufinden, die Werkzeuge für den Informationszugriff zu bedienen, Informationen aus unterschiedlichen Darstellungen zu verarbeiten und Informationen aus unterschiedlichen Informationseinheiten sinnvoll zueinander in Beziehung zu setzen (Ainsworth, 1999, 2006; Dillon & Gabbard, 1998; Dillon & Jobst, 2005; Scheiter & Gerjets, 2007; Schlag, 2011; Seufert, 2003a).

Um diesen Schwierigkeiten zu begegnen werden verschiedene Ansätze der Förderung untersucht. Bei den designorientierten Maßnahmen steht die Gestaltung des Lernmaterials beziehungsweise der Lernumgebung im Vordergrund. Bezüglich der Gestaltung des Lernmaterials hat die Forschung in der Vergangenheit zahlreiche Empfehlungen und Prinzipien hervorgebracht (z.B. Ballstaedt, 1997; Mayer, 2001). Bezüglich der Gestaltung der Lernumgebung wurden vor allem einzelne Gestaltungs- und Unterstützungsmaßnahmen wie zum Beispiel unterschiedliche Strukturierungen sowie unterschiedliche Orientierungs- und Navigationshilfen erforscht. Die Befundlage ist jedoch uneinheitlich (DeStefano & LeFevre, 2007; Dillon & Jobst, 2005; Heiß, 2007; Müller-Kalthoff, 2006).

Verschiedene Autoren schlagen vor, die Gestaltung der Lernumgebung insgesamt auf eine gute Bedienbarkeit hin auszurichten. Damit rückt das Konzept der Usability beziehungsweise Gebrauchstauglichkeit als ein allgemeines Gütemerkmal der Gestaltung technischer Systeme in den Fokus (Hessel, 2009; Mcknight et al., 1996; Soloway et al., 1996).

Bei den lernerorientierten Maßnahmen geht es um die Frage, mit welchen Strategien Lernende in multimedialen Lernumgebungen erfolgreich lernen können und wie diese Strategien vermittelt werden können. In der Vergangenheit wurden Lernstrategien für unterschiedliche Darstellungen von Informationen entwickelt und erprobt (Mandl & Friedrich, 2006; Plötzner et al., 2009). Bei der Frage nach ihrer Vermittlung lassen sich zwei Ansätze unterscheiden. Der direkte Ansatz zielt darauf ab, Strategien explizit zu lehren und zu trainieren. Der indirekte Ansatz zielt darauf ab, strategisch kognitive Prozesse durch Unterstützungsangebote anzuregen, die in die Lernumgebung integriert werden (Friedrich & Mandl, 1997, 2006).

Diese Arbeit legt den Schwerpunkt auf den indirekten Ansatz und geht der Frage nach, wie integrierte Unterstützungsangebote gestaltet werden können um ihre Nutzung zu fördern. Kapitel 4 beschäftigt sich daher mit den unterschiedlichen Formen solcher Unterstützungsangebote sowie ihrer Nutzung und Lernförderlichkeit.

Um diese Fragestellung weitestgehend unbeeinflusst von eventuellen Bedienungs-schwierigkeiten untersuchen zu können, wird systematisch eine gebrauchstaugliche Benutzerschnittstelle für eine multimediale Lernumgebung entwickelt. Im nach-folgenden Kapitel wird daher das Konzept der Usability genauer betrachtet, seine Bedeutung für das Lernen in multimedialen Lernumgebungen herausgestellt und aufgezeigt, wie es umgesetzt werden kann.

3 Usability von multimedialen Lernumgebungen

Usability ist ein zentrales Konzept bei der Gestaltung von Interaktionen zwischen Menschen und technischen Systemen. Dieses Konzept und seine Bedeutung für das Lernen in multimedialen Lernumgebungen werden im Folgenden vorgestellt. Zunächst wird eine allgemeine Definition des Begriffs Usability gegeben. Anschließend werden grundlegende Prinzipien der Usability erläutert. Danach wird das Konzept auf die Gestaltung multimedialer Lernumgebungen übertragen und seine Bedeutung für das Lernen herausgestellt. Im Anschluss werden Methoden zur Erreichung einer guten Usability aufgezeigt und abschließend Methoden zur Evaluation von Usability vorgestellt.

3.1 Allgemeine Definition von Usability

Für den Begriff der Usability gibt es verschiedene Definitionen (z.B. Eason, 1984; Nielsen, 1994; Rubin & Chisnell, 2008) sowie eine große Anzahl an synonym verwendeten deutschsprachigen Begriffen. Beispiele sind Benutzerfreundlichkeit, Bedienbarkeit, Benutzbarkeit oder Brauchbarkeit. Die deutschsprachige Version der internationalen Norm für die Gestaltung von Mensch-System-Interaktionen DIN EN ISO 9241 übersetzt den Begriff Usability mit Gebrauchstauglichkeit. Die Gebrauchstauglichkeit wird definiert als „das Ausmaß, in dem ein Produkt durch bestimmte Benutzer in einem bestimmten Nutzungskontext genutzt werden kann, um bestimmte Ziele effektiv, effizient und mit Zufriedenheit zu erreichen" (DIN EN ISO 9241-11, 1999). Damit werden fünf Aspekte herausgestellt:

1. Gebrauchstauglichkeit wird aus der Perspektive der Benutzer beurteilt (siehe auch Dumas & Redish, 1999; Shneiderman & Plaisant, 2010).
2. Ein Produkt ist nicht gebrauchstauglich an sich, sondern innerhalb eines bestimmten Kontexts und bezogen auf bestimmte Aufgaben.
3. Gebrauchstauglichkeit setzt voraus, dass bestimmte Ziele mit einer gewissen Vollständigkeit und Genauigkeit erreicht werden können (Effektivität).
4. Gebrauchstauglichkeit bedeutet, dass die Ziele mit einem Minimum an Aufwand erreicht werden können (Effizienz).
5. Gebrauchstauglichkeit schließt mit ein, dass die Benutzer eine positive Einstellung gegenüber der Benutzung des Produkts haben (Zufriedenstellung).

Diese Definition der Gebrauchstauglichkeit eines Produkts wird den folgenden Ausführungen zugrunde gelegt. Parallel zur Gebrauchstauglichkeit wird weiterhin der Begriff Usability verwendet, da es sich dabei auch in der deutschsprachigen Literatur um einen gängigen Begriff handelt und viele weitere Fachbegriffe den Begriff Usability als Bestandteil haben.

3.2 Grundprinzipien der Usability

Entsprechend der Definition der DIN EN ISO 9241-11 (1999) ist Usability ein Qualitätsmerkmal von Produkten, das durch die Effektivität, die Effizienz und die Zufriedenstellung bei der Benutzung eines Produkts bestimmt wird. Zur Erreichung dieser drei Eigenschaften führt die DIN EN ISO 9241-110 (2008) sieben Grundprinzipien der Dialoggestaltung auf, die in einem gebrauchstauglichen System umgesetzt werden sollten:

1. *Aufgabenangemessenheit:* Sie besteht, wenn der Benutzer dabei unterstützt wird, seine Aufgaben zu erledigen. Die Funktionalität und die Dialoggestaltung des Systems müssen sich an den besonderen Eigenschaften der Aufgabe orientieren, statt an der eingesetzten Technologie.

2. *Selbstbeschreibungsfähigkeit:* Ein System ist selbstbeschreibungsfähig, wenn für den Benutzer jederzeit offensichtlich ist, an welcher Stelle innerhalb eines Dialogs er sich befindet, welche Handlungen er vornehmen kann, und wie diese ausgeführt werden müssen. Der Benutzer wird außerdem jederzeit über den Zustand des Systems informiert.

3. *Erwartungskonformität:* Sie ist erreicht, wenn die Bedienung des Systems den Erwartungen des Benutzers sowie allgemein anerkannten Konventionen entspricht.

4. *Erlernbarkeit:* Ein System ist erlernbar, wenn es den Benutzer beim Erlernen der Bedienung unterstützt und anleitet.

5. *Steuerbarkeit:* Der Benutzer sollte weitestgehend die Kontrolle über den Dialogablauf innehaben. Er sollte die Möglichkeit haben, den Dialog zu starten sowie seine Richtung und Geschwindigkeit zu bestimmen.

6. *Fehlerrobustheit:* Das System sollte auf fehlerhafte Eingaben des Benutzers tolerant reagieren. Das Arbeitsergebnis sollte dennoch erreicht werden können, gegebenenfalls mit minimalem Korrekturaufwand seitens des Benutzers. Dazu werden aussagekräftige Fehlermeldungen gegeben.

7. *Individualisierbarkeit:* Ein System ist individualisierbar, wenn die Benutzer die Darstellung von Informationen sowie die Interaktionen an ihre individuellen Fähigkeiten und Bedürfnisse anpassen können.

Die genannten Prinzipien sind nicht vollständig trennscharf und stehen untereinander teilweise in einer Wechselbeziehung. Eine hohe Selbstbeschreibungsfähigkeit kann beispielsweise zu einer besseren Erlernbarkeit führen. Eine hohe Aufgabenangemessenheit geht möglicherweise mit einer schlechteren Erlernbarkeit einher. So sind zum Beispiel Systeme die über Kommandosprachen bedient werden zum Teil sehr schwierig zu erlernen. Oft können mit ihnen Aufgaben jedoch sehr viel effizienter ausgeführt werden als mit grafischen Benutzerschnittstellen. Programme, die sowohl eine grafische Benutzerschnittstelle als auch eine Kommandosprache anbieten, ermöglichen es unerfahrenen Benutzern sich zunächst auf einfache Weise mit dem Programm vertraut zu machen und mit zunehmender Expertise die Kommandosprache zu erlernen. Dies verdeutlicht erneut, dass die Gebrauchstauglichkeit jeweils bezogen auf eine spezifische Benutzergruppe und einen spezifischen Anwendungskontext zu beurteilen ist. Je nach Benutzergruppe und Anwendungskontext haben unterschiedliche Grundprinzipien daher eine unterschiedliche Bedeutung und müssen unterschiedlich gewichtet werden (vgl. Niegemann et al., 2008; Sarodnick & Brau, 2011).

3.3 Bedeutung der Usability für das Lernen in multimedialen Lernumgebungen

Usability spielt immer dann eine Rolle, wenn Menschen mit technischen Systemen interagieren. Multimediale Lernumgebungen sind eine spezielle Form von technischen Systemen. Die Benutzer sind in diesem Fall Lernende (vgl. Niegemann et al., 2008; Soloway et al., 1996). Ihr Ziel ist die Erarbeitung von Wissen. Ihre Aufgaben sind der Zugriff auf lernzielrelevante Informationen und die Verarbeitung der Informationen zu einer kohärenten Wissensstruktur (vgl. Kapitel 2).

Entsprechend der Definition der DIN EN ISO 9241-11 (1999) lässt sich die Gebrauchstauglichkeit einer multimedialen Lernumgebung somit als das Ausmaß beschreiben, in dem die Lernenden die Lernumgebung nutzen können um in effektiver, effizienter und zufriedenstellender Weise auf lernzielrelevante Informationen zuzugreifen und diese zu verarbeiten.

Überträgt man die Prinzipien der Dialoggestaltung der DIN EN ISO 9241-110 (2008) auf multimediale Lernumgebungen, so ist eine multimediale Lernumgebung als aufgabenangemessen zu bezeichnen, wenn sie die Lernenden dabei unterstützt, die lernzielrelevanten Informationen zu finden (z.B. durch eine sinnvolle Strukturierung und eine übersichtliche, gut handhabbare Navigation) und sie die Informationen so anbietet, dass sie zur kognitiven Verarbeitung genutzt werden können (z.B. durch gut lesbare und erkennbare Darstellung von Lernmaterialien). Sie ist selbstbeschreibungsfähig, wenn für die Lernenden jederzeit offensichtlich ist, an welcher Stelle innerhalb der Lernumgebung sie sich befinden, welche Handlungen sie dort vornehmen können (z.B. wohin sie von dort aus weiter navigieren können) und wie diese ausgeführt werden müssen. Die Lernumgebung ist erwartungskonform, wenn ihre Bedienung den Erwartungen der Lernenden sowie allgemein anerkannten Konventionen entspricht. Sie ist erlernbar, wenn sie die Lernenden beim Erlernen der Bedienung unterstützt und anleitet. Sie ist steuerbar, wenn die Lernenden weitestgehend die Kontrolle darüber haben, wann sie eine Informationseinheit wieder verlassen und zu welcher Informationseinheit sie als nächstes wechseln. Eine Lernumgebung ist fehlerrobust, wenn die Lernenden bei Eingabefehlern die gesuchten Informationen dennoch finden und nutzen können. Sie ist individualisierbar, wenn die Lernenden die Darbietung der

Informationen sowie die Interaktionen an ihre Bedürfnisse und Fähigkeiten anpassen können.

In der Vergangenheit spielte die Usability bei der Entwicklung multimedialer Lernumgebungen oft eine untergeordnete Rolle. Dabei kann sie durchaus einen Einfluss auf den Lernprozess haben (Mcknight, Dillon & Richardson, 1996; Scheiter & Gerjets, 2007). Eine ungünstige Gebrauchstauglichkeit kann dazu führen, dass Lernende vermehrt kognitive Ressourcen für die Bedienung der Lernumgebung aufwenden müssen. Aus Sicht der *Theorie der kognitiven Belastung* (Chandler & Sweller, 1991) kann sich dies nachteilig auf den Lernprozess auswirken, da weniger kognitive Ressourcen für die Verarbeitung der Informationen zur Verfügung stehen. Im schlechtesten Fall beschäftigen sich die Lernenden nahezu ausschließlich mit der Bedienung der Lernumgebung und setzen sich kaum mehr mit den Inhalten auseinander. Dies zeigte sich beispielsweise in einer Studie von Crowther, Keller und Waddoups (2004). Sie evaluierten die Gebrauchstauglichkeit einer Lernumgebung zum Fachbereich Chemie, indem sie Benutzer dabei beobachteten, wie sie in der Lernumgebung lernten. Sie stellten fest, dass die Benutzer sich hauptsächlich mit dem Erlernen der Bedienung auseinandersetzen mussten und sich kaum mit den Inhalten beschäftigen konnten. Sie kamen daher zu dem Schluss, dass es angesichts der aufgetretenen Usability-Probleme schwierig sei, auch die Lernwirksamkeit der Lernumgebung zu evaluieren. Mit der gleichen Begründung plädieren auch Kim, Brock, Orkand und Astion (2001) dafür, Usability-Probleme zu beseitigen, bevor die Lernwirksamkeit einer Software untersucht wird.

Scholten-Theuerzeit und Görlich (2007) demonstrierten in einer qualitativen Längsschnittstudie, dass die Beseitigung von Usability-Problemen die Durchführung verschiedener Lernaktivitäten erleichtern kann. Eine Gruppe von Grundschülern nutzte eine Übungssoftware zur Laut-Buchstaben-Zuordnung. Beim ersten Erhebungszeitpunkt hatten die Kinder teilweise große Schwierigkeiten beim Bedienen der Software. Sie verstanden beispielsweise verschiedene Symbole nicht, konnten Fehlermeldungen und sonstige Rückmeldungen des Systems nicht lesen und wurden durch einen verzögerten Bildaufbau verwirrt. Die reibungslose Durchführung der Übungen war dadurch eingeschränkt. Die gefundenen Probleme wurden bis zum nächsten Erhebungszeitpunkt überarbeitet. Die Autoren berichten danach von einem wesentlich flüssigeren Ablauf der Übungen.

In experimentellen Studien wurde der Zusammenhang zwischen der Gebrauchstauglichkeit einer Lernumgebung und ihrer Lernwirksamkeit bislang nur wenig untersucht (z.B. Hessel, 2009; Tselios, Avouris, Dimitracopoulou & Daskalaki, 2001). Die Ergebnisse stützen die Annahme, dass eine ungünstige Gebrauchstauglichkeit den Lernprozess negativ beeinflussen kann.

Tselios et al. (2001) verglichen zwei unterschiedliche Lernumgebungen miteinander. Beide Lernumgebungen enthielten die gleichen Lernmaterialien und hatten den gleichen Funktionsumfang. Die Funktionen waren jedoch unterschiedlich gestaltet. Die Gebrauchstauglichkeit der beiden Lernumgebungen wurde von den Lernenden signifikant unterschiedlich bewertet. Es stellte sich heraus, dass diejenigen Lernenden, die mit der besser bewerteten Lernumgebung lernten, auch bessere Lernleistungen zeigten.

Hessel (2009) variierte gezielt die Gestaltung verschiedener Zugriffswerkzeuge innerhalb einer multimedialen Lernumgebung und konnte zeigen, dass bei einer ungünstigen Gebrauchstauglichkeit der Werkzeuge fast kein Wissenserwerb mehr stattfand. Ihre Ergebnisse stellen somit eine mögliche Erklärung dafür dar, warum Untersuchungen zur Wirksamkeit unterschiedlicher Zugriffswerkzeuge so verschieden ausfallen (vgl. Abschnitt 2.5.1). Demnach hat nicht nur die Art des Zugriffswerkzeugs einen Einfluss auf den Lernprozess, sondern auch seine spezifische Gestaltung und damit verbunden seine Gebrauchstauglichkeit.

Eine ungünstige Gebrauchstauglichkeit kann sich zudem negativ auf die Motivation der Lernenden auswirken. Dies bestätigt eine Studie von Hara und Kling (2000), bei der die Ursachen von Stress und Frustration beim webbasierten Fernunterricht einer amerikanischen Universität untersucht wurden. Sie stellten fest, dass technische Probleme zu den hauptsächlichen Ursachen gehörten.

Im *Technology Acceptance Model* (Davis, 1989) wird außerdem davon ausgegangen, dass sich die wahrgenommene Einfachheit der Bedienung auf die wahrgenommene Nützlichkeit eines technischen Systems auswirkt und beide Faktoren sich wiederum auf die Nutzungsabsicht der potenziellen Benutzer auswirken. Die wahrgenommene Nützlichkeit ist die Überzeugung der potenziellen Benutzer, dass die Nutzung eines Systems ihre Leistung tatsächlich verbessern wird. Die wahrgenommene Einfachheit der Bedienung bezieht sich auf die Überzeugung der Benutzer, dass das System leicht zu bedienen ist. Pituch und Lee (2006) konnten zeigen, dass diese Annahmen auch für Lernende in multimedialen Lernumgebungen zutreffen. Zu einem ähnlichen Ergebnis kamen auch Cho, Cheng und Lai (2009). Simon, Treiblmaier und Neumann (2008) stellten ebenfalls fest, dass Lernende die Nützlichkeit und Qualität einer Lernumgebung höher einschätzen, wenn diese einfach zu bedienen zu ist.

Eine einfache Bedienung alleine stellt den Lernerfolg jedoch nicht sicher. Squires und Preece (1996, S. 15) bemerkten sehr treffend: „Just because an interface is easy to use does not mean that it is designed appropiately from an educational perspective." Die Lernumgebung muss den Lernenden darüberhinaus dazu anregen, aktiv kognitive Prozesse durchzuführen (Mayes & Fowler, 1999; Soloway et al., 1996). Insgesamt kann somit davon ausgegangen werden, dass eine gute Gebrauchstauglichkeit den Lernprozess in multimedialen Lernumgebungen begünstigt, aber nicht garantiert. Eine schlechte Bedienbarkeit kann dazu führen, dass sich die Benutzer so sehr mit der Bedienung der Lernumgebung auseinandersetzen müssen, dass der Wissenserwerb kaum noch stattfindet (Crowther et al., 2004; Hessel, 2009; Kim et al., 2001; Scholten-Theuerzeit & Görlich, 2007; Tselios et al., 2001). Außerdem erhöht sich die Wahrscheinlichkeit, dass die Lernenden frustriert werden und aufgeben (Hara & Kling, 2000). Eine gute Bedienbarkeit erhöht hingegen die Wahrscheinlichkeit einer positiven Bewertung der Nützlichkeit durch die Lernenden (Cho et al., 2009; Pituch & Lee, 2006; Simon et al., 2008).

3.4 Methoden zur Erreichung von Usability

Angesichts der Bedeutung der Usability für das Lernen in multimedialen Lernumgebungen stellt sich die Frage, wie Usability erreicht werden kann. In der Literatur zur Gestaltung von Benutzerschnittstellen findet sich häufig die Aussage, dass es kein Patentrezept dafür gibt, in dem Sinne, dass man sich an eindeutige Vorgaben zur Gestaltung halten könnte (z.b. Nielsen, 2006; Richter & Flückiger, 2010; Saffer, 2010; Shneiderman & Plaisant, 2010). Vielmehr werden unter dem Oberbegriff des *Usability-Engineering* Methoden und Vorgehensmodelle zur systematischen Entwicklung gebrauchstauglicher Systeme vorgeschlagen. Dabei wird davon ausgegangen, dass Gebrauchstauglichkeit nur dann erreicht werden kann, wenn die entsprechenden Kriterien in jeder Phase der Software-Entwicklung berücksichtigt werden. Der Prozess des *Usability-Engineering* sollte daher parallel zur Software-Entwicklung laufen und eng damit verzahnt werden (Richter & Flückiger, 2010; Sarodnick & Brau, 2011).

Typische Methoden des *Usability-Engineering* sind die iterative Vorgehensweise, die Anwendung von Gestaltungsprinzipien, Gestaltungsrichtlinien und Entwurfsmustern, die Erstellung von Prototypen der Benutzerschnittstelle sowie die wiederholte prozessbegleitende Evaluation. In den folgenden Abschnitten werden diese Methoden genauer erläutert.

3.4.1 Iterative Vorgehensweise

In allen bisherigen Modellen des *Usability-Engineerings* wird eine iterative Vorgehensweise vorgeschlagen (z.B. DIN EN ISO 9241-210, 2010; Mayhew, 1999; Nielsen, 2006; Sharp, Rogers & Preece, 2002). Dabei werden Phasen der Analyse, der Konzeption, der Entwicklung und der Evaluation in mehreren Zyklen durchlaufen. Am Ende jedes Zyklus steht ein lauffähiges System, das eine bestimmte Teilmenge an Funktionen des späteren Gesamtsystems enthält. Beispielhaft soll hier das Modell von Sarodnick und Brau (2011) vorgestellt werden. Sie unterscheiden vier wesentliche Phasen (siehe Abbildung 3, Seite 43):

1. In der *Analysephase* werden die Rahmenbedingungen für das zu entwickelnde System erfasst. Darunter fallen die Eigenschaften der potenziellen Nutzer, die zu erfüllenden Aufgaben und ihr spezifischer Kontext sowie der Zustand des bisherigen Systems. Aus den Rahmenbedingungen werden Anforderungen an das zu entwickelnde System abgeleitet.

2. In der *Konzeptphase* werden zunächst Arbeitsprozesse modelliert, die mit dem System durchgeführt werden sollen und darauf aufbauend die Funktionalitäten spezifiziert, die das System aufweisen soll. Anschließend wird ein Konzept des Systems erstellt und evaluiert.

3. In der *Entwicklungsphase* werden Prototypen des neuen Systems erstellt und evaluiert. Anschließend werden die Prototypen im eigentlichen System umgesetzt.

4. In der *Einführungsphase* wird das neue System zunächst in einem eingeschränkten Bereich mit ausgewählten Nutzern erprobt (Pilotphase) und anschließend flächendeckend eingeführt.

Die Evaluation stellt in diesem Modell keine eigenständige Phase dar, sondern begleitet den gesamten Prozess. In jeder Phase werden Evaluationsmaßnahmen durchgeführt, die gegebenenfalls zu einer Wiederholung einzelner Phasen oder zu einem Rücksprung in eine der vorhergehenden Phasen führen können.

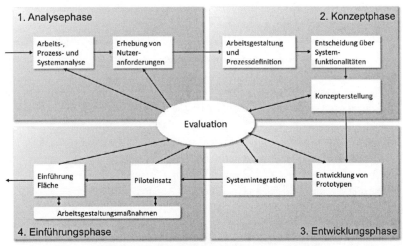

Abbildung 3: Grafische Darstellung des Prozessmodells des
Usability-Engineerings von Sarodnick und Brau (2011)

Ein großer Vorteil der iterativen Vorgehensweise gegenüber einer sequentiellen Vorgehensweise liegt darin, dass bereits sehr früh ein lauffähiges System existiert. Die Implementierung kann bereits beginnen, wenn einzelne, eigenständige Teile des Systems konzipiert wurden. Diese Teilsysteme können evaluiert werden, bevor das Gesamtsystem fertiggestellt ist. Dadurch können Usability-Probleme frühzeitig festgestellt werden und systematisch mit jedem weiteren Zyklus ausgeräumt werden (Dumas & Redish, 1999).

3.4.2 Verwendung von Gestaltungsprinzipien, Gestaltungsrichtlinien und Entwurfsmustern

Gestaltungsprinzipien, Gestaltungsrichtlinien und Entwurfsmuster können bei der Konzeption einer gebrauchstauglichen Benutzerschnittstelle eine wertvolle Hilfestellung sein. Dabei handelt es sich um empirisch erprobte Regeln und Lösungsvorlagen. Es wird in der Literatur zum *Usability-Engineering* jedoch immer wieder darauf hingewiesen, dass die blinde Anwendung nicht zwangsläufig zu einer guten Usability führt (z.B. Richter & Flückiger, 2010; Shneiderman & Plaisant, 2010). Bei jeder Konzeption sind der spezifische Anwendungskontext und die Zielgruppe zu berücksichtigen. Die genannten Hilfsmittel sind zudem häufig auf einer sehr abstrakten Ebene formuliert und daher selten direkt umsetzbar.

Gestaltungsprinzipien sind grundlegende Regeln für die Gestaltung von Benutzerschnittstellen. Dazu gehören die Prinzipien der DIN EN ISO 9241-110 (2008) sowie Nielsens Usability Heuristiken (Nielsen, 1994). Als Beispiel werden hier die *Acht goldenen Regeln* von Shneiderman und Plaisant (2010) vorgestellt:

1. *Nach Konsistenz streben:* Gleiche oder ähnliche Aktionen sollten auf gleiche Weise gestaltet sein. Es sollte auf eine konsistente Terminologie, konsistente Farbgebung und konsistente Abläufe geachtet werden.

2. *Nach universeller Gebrauchstauglichkeit streben:* Die Benutzerschnittstelle sollte für Benutzer mit unterschiedlichen Bedürfnissen und unterschiedlichen Vorkenntnissen geeignet sein.

3. *Informatives Feedback geben:* Das System sollte zu jeder Eingabe eines Benutzers eine Rückmeldung geben und den aktuellen Zustand verständlich erläutern.

4. *Geschlossene Dialoge gestalten:* Sequenzen von Aktionen sollten in Gruppen angeordnet werden, die einen klar definierten Anfang, einen Mittelteil und ein klar definiertes Ende haben.

5. *Fehler vermeiden:* Das System sollte möglichst so gestaltet sein, dass der Benutzer wenig Fehler machen kann.

6. *Aktionen reversibel gestalten:* Der Benutzer sollte von ihm ausgeführte Aktionen rückgängig machen können.

7. *Dem Benutzer die Kontrolle zugestehen:* Das System sollte dem Benutzer das Gefühl vermitteln, dass er die Kontrolle über das System hat.

8. *Das Arbeitsgedächtnis entlasten:* Bei der Gestaltung von Dialogen sollten dem Benutzer alle benötigten Informationen für einen bestimmten Schritt zur Verfügung gestellt werden. Es sollte nicht erwartet werden, dass sich der Benutzer Informationen über mehrere Dialogabschnitte hinweg merkt.

Die konsequente Einhaltung dieser Prinzipien kann dabei helfen, gebrauchstaugliche Benutzerschnittstellen zu gestalten. Da die Prinzipien sehr allgemein gehalten sind, sind sie auf alle Anwendungskontexte gleichermaßen anwendbar. Bezogen auf ein spezifisches Entwicklungsprojekt bedürfen sie jedoch in der Regel einer Konkretisierung (Nielsen, 1994; Richter & Flückiger, 2010; Shneiderman & Plaisant, 2010). Wie sieht beispielsweise eine informative Rückmeldung aus? Verschiedene Benutzergruppen könnten durchaus einen unterschiedlichen Informationsbedarf haben. Wie viel Kontrolle muss einem Benutzer zugestanden werden, um ihm das Gefühl zu vermitteln, Kontrolle über das System zu haben? Ein Neuling in einem bestimmten Anwendungskontext wird von zu vielen Kontrollmöglichkeiten möglicherweise sogar überfordert.

Neben allgemeinen Prinzipien zur Gestaltung von Benutzerschnittstellen werden häufig Gestaltungsrichtlinien eingesetzt. Diese sind meist spezifischer auf bestimmte Anwendungskontexte ausgelegt. Es muss daher für jedes Entwicklungsprojekt genau geprüft werden, ob die verwendeten Richtlinien für den Anwendungskontext sinnvoll sind. Richtlinien für verschiedene Anwendungskontexte werden meist als Sammlungen von Forschungsinstituten, staatlichen Institutionen oder Unternehmen herausgegeben (z.B. U.S. Dept. of Health and Human Services, 2006).

Bezogen auf ein bestimmtes Entwicklungsprojekt kann es hilfreich sein, einen eigenen Katalog an spezifischen Gestaltungsrichtlinien zu erstellen. Solche Kataloge helfen dabei, bewährte Lösungen zu dokumentieren und ein System in konsistenter Weise weiter zu entwickeln. Bei einer iterativen Vorgehensweise kann in späteren Zyklen auf erprobte Gestaltungsrichtlinien früherer Zyklen zurückgegriffen werden.

Eine weitere gute Grundlage für die gebrauchstaugliche Gestaltung von Benutzerschnittstellen stellen Entwurfsmuster dar. Entwurfsmuster sind bewährte Lösungsvorlagen für wiederkehrende Problemstellungen (Gamma, Helm & Johnson, 1994). Sie können als Schablonen für die Umsetzung einzelner Aspekte der Benutzerschnittstelle betrachtet werden, deren konkrete Ausgestaltung dem Designer überlassen bleibt. Entwurfsmuster bieten keine fertigen Lösungen an. Gestalter von Benutzerschnittstellen stehen beispielsweise häufig vor dem Problem, eine große Menge an Informationen auf dem Bildschirm anzuordnen und den Bildschirm dennoch übersichtlich zu halten. Ein häufig verwendetes Entwurfsmuster dafür ist die Untergliederung des Bildschirms in separate Bereiche und die Vergabe von thematischen Überschriften (Tidwell, 2006). Dabei bleibt dem Gestalter die Entscheidung überlassen, in wie viele Bereiche unterteilt wird, nach welchen Kriterien die

Unterteilung erfolgt, wie die Bereiche benannt werden, wie die Unterteilung visuell dargestellt wird und wie die Bereiche auf dem Bildschirm angeordnet werden.

Die Anwendung von Entwurfsmustern hat den Vorteil, dass die Lösungen in der Regel vielfach erprobt sind. Bei Entwurfsmustern, die in vielen unterschiedlichen Kontexten genutzt werden, besteht zudem die Chance, dass die Benutzer mit dem Konzept schon vertraut sind, die Software somit ihren Erwartungen entspricht und sie die Bedienung leichter erlernen. Die Verwendung von Entwurfsmustern stellt daher eine gute Möglichkeit dar, eine hohe Erwartungskonformität und Erlernbarkeit zu erreichen. Inzwischen findet man für verschiedene Anwendungskontexte und Technologien hilfreiche Sammlungen von Entwurfsmustern (z.B. Tidwell, 2006).

3.4.3 Erstellung von Prototypen der Benutzerschnittstelle

Noch bevor ein lauffähiges System existiert, können verschiedene Aspekte der Benutzerschnittstelle mittels einfacher Prototypen simuliert und evaluiert werden. Diese Vorgehensweise wird in vielen Werken zur Gestaltung und Evaluation von Benutzerschnittstellen empfohlen, da Prototypen eine gute Möglichkeit darstellen, Stärken und Schwächen des eigenen Entwurfs frühzeitig festzustellen (z.B. Dumas & Redish, 1999; Mayhew, 1999; Nielsen, 1994; Richter & Flückiger, 2010; Rubin & Chisnell, 2008; Saffer, 2010).

Die einfachste und schnellste Form sind gezeichnete Papierprototypen. Dabei wird der grundsätzliche Aufbau der Benutzerschnittstelle auf Papier skizziert. Um einen Dialogablauf zu simulieren, wird für jeden möglichen Zustand innerhalb des Dialogs eine Zeichnung erstellt und durch die einzelnen Zeichnungen geblättert. Papierprototypen stellen somit eine gute Möglichkeit dar, mit wenig Aufwand verschiedene Entwürfe der Benutzerschnittstelle zu erstellen und auch bereits zu evaluieren. Papierprototypen werden häufig in der frühen Konzeptionsphase eingesetzt (Snyder, 2003).

Um eine höhere Darstellungstreue zu erzielen und somit auch den optischen Eindruck der Benutzerschnittstelle zu simulieren, können digitale Entwürfe mit Grafikprogrammen wie beispielsweise *Photoshop* oder *Illustrator* erstellt werden. Dialogabläufe können dabei ebenfalls durch die Erstellung und Anzeige mehrerer Einzelbilder simuliert werden.

Sowohl bei Papierprototypen als auch bei Entwürfen mit Grafikprogrammen kann die Interaktivität des Programms nur simuliert werden, indem eine Person die Reaktionen der Software fingiert und nach einer Benutzeraktion die entsprechende Zeichnung oder den entsprechenden grafischen Entwurf zeigt (*Wizard-of-Oz-Technik*). Um eine Situation zu erreichen, die dem späteren Programmablauf näher kommt, können Attrappen (*Mock-ups*) der Benutzerschnittstelle erstellt werden. Dazu gibt es spezielle, häufig frei verfügbare Hilfsprogramme (z.B. *Pencil, Mockingbird, Mockflow*), die vorgefertigte Benutzerschnittstellenelemente anbieten und die einfache Erstellung von

Dialogabläufen ermöglichen. In der Regel sind dazu keine Kenntnisse von Programmiersprachen nötig. Der Nachteil dieser Programme ist, dass zum Teil ausschließlich mit den vorgefertigten Elementen gearbeitet werden kann und somit keine hohe visuelle Darstellungstreue zum späteren Produkt erreicht werden kann. Um diesen Nachteil zu umgehen muss man mit komplexeren Programmen wie beispielsweise *Flash* arbeiten.

3.4.4 Prozessbegleitende Evaluation

Aufgrund des Fehlens von allgemeingültigen Vorgaben zur Gestaltung von gebrauchstauglichen Benutzerschnittstellen kommt der Evaluation eine zentrale Bedeutung zu. Dies zeigt sich in allen bisherigen Modellen des *Usability-Engineerings* (z.B. DIN EN ISO 9241-210, 2010; Mayhew, 1999; Nielsen, 1994; Sharp et al., 2002).

Idealerweise findet die Evaluation prozessbegleitend über alle Phasen der Entwicklung statt. Dadurch können Usability-Probleme frühzeitig erkannt und systematisch ausgeräumt werden. Erfolgt die Evaluation erst ganz am Ende einer Softwareentwicklung, sind Probleme meist nur mit sehr hohem Aufwand zu beheben (Sarodnick & Brau, 2011).

Je nachdem in welcher Phase eines Zyklus sich die Entwicklung befindet können unterschiedliche Evaluationsverfahren zum Einsatz kommen. Einen Überblick über die verschiedenen Evaluationsverfahren bietet der folgende Abschnitt.

3.5 Evaluation von Usability

Die Methoden der Usability-Evaluation lassen sich grob in zwei Gruppen aufteilen: analytische und empirische Methoden. Bei den analytischen Methoden wird die Gebrauchstauglichkeit von Experten beurteilt, die versuchen, sich in die potenziellen Nutzer hinein zu versetzen. Die analytischen Methoden werden daher auch als expertenzentrierte Methoden bezeichnet. Bei den empirischen Methoden werden die Informationen durch die Beobachtung und Befragung von Benutzern erhoben. Sie werden daher auch als nutzerzentrierte Methoden bezeichnet (Dumas & Redish, 1999; Sarodnick & Brau, 2011; Shneiderman & Plaisant, 2010).

Neben der verwendeten Methode lassen sich auch die Ziele einer Evaluation unterscheiden. Summative Evaluationen haben zum Ziel, die Gebrauchstauglichkeit eines Systems insgesamt zu bewerten, um es mit anderen Systemen vergleichen zu können (z.B. mit dem vorherigen System oder einem Konkurrenzprodukt). Dazu werden überwiegend quantitative Daten erhoben. Bei formativen Evaluationen besteht das Ziel darin, Usability-Probleme, die bei der Benutzung der Software auftreten können, aufzudecken und Empfehlungen für Verbesserungen zu liefern. Dazu werden überwiegend qualitative Daten erhoben (Hegner, 2003; Sarodnick & Brau, 2011; Tullis & Albert, 2008).

Um einen Einblick in die Vorgehensweise der analytischen Verfahren zu bekommen, werden in den folgenden beiden Abschnitten die heuristische Evaluation und der *Cognitive Walkthrough* kurz vorgestellt. Anschließend werden die beiden empirischen Verfahren der schriftlichen Befragung und des Usability-Tests (auch Benutzertest genannt) beschrieben, die im Rahmen dieser Arbeit eingesetzt wurden.

Einen guten Überblick sowie weiterführende Hinweise und praktische Anleitungen zu diesen und anderen Verfahren bieten Sarodnick und Brau (2011) sowie Hegner (2003). Einen ausführliche Darstellung der Erhebung und Interpretation verschiedener Messgrößen der Usability erhält man bei Tullis und Albert (2008).

3.5.1 Heuristische Evaluation

Die heuristische Evaluation gehört zu den analytischen Methoden. Dabei untersucht eine Gruppe von Experten eine Software und versucht Verstöße gegen festgelegte Gestaltungsprinzipien (Heuristiken, siehe Abschnitt 3.4.2) zu finden. Die Experten bemühen sich dabei, die Sichtweise der potenziellen Nutzer einzunehmen. Sie benötigen daher neben ihrer Expertise im Bereich der Usability ein gewisses Maß an domänenspezifischem Wissen.

Die Untersuchung der Software erfolgt explorativ. Das Ergebnis ist eine Liste von Verstößen gegen bestimmte Gestaltungsprinzipien, die Hinweise auf mögliche Usability-Probleme geben können (Hegner, 2003; Sarodnick & Brau, 2011).

Die heuristische Evaluation eignet sich grundsätzlich sowohl zur summativen als auch zur formativen Evaluation. Meist wird sie in den frühen Phasen der Softwareentwicklung zur formativen Evaluation eingesetzt. Das Verfahren ist kostengünstig, schnell und liefert in der Regel qualitativ hochwertige Ergebnisse. Der Nachteil ist allerdings, dass die Experten nur versuchen können, sich in die Benutzer hineinzuversetzen. Möglicherweise stoßen die echten Benutzer auf andere Probleme (Hegner, 2003; Niegemann et al., 2008; Nielsen, 1994; Sarodnick & Brau, 2011).

3.5.2 Cognitive Walkthrough

Der *Cognitive Walkthrough* ist ebenfalls eine analytische Evaluationsmethode. Er basiert auf einer Analyse der möglichen Arbeitsabläufe der Benutzer (Polson, Lewis, Rieman & Wharton, 1992; Wharton, Rieman, Lewis & Polson, 1994). Zunächst werden typische Aufgabenstellungen und ideale Arbeitsabläufe bei der Benutzung einer Software definiert. Anschließend durchlaufen Experten die definierten Arbeitsabläufe und versuchen anhand der Gestaltung des Dialogs einzuschätzen, wie wahrscheinlich es ist, dass die späteren Benutzer diesen Abläufen folgen werden. Dazu müssen die Experten möglichst die Sichtweise der Benutzer einnehmen. Kritische Stellen im Dialog, bei denen sich Abweichungen vom idealen Arbeitsablauf abzeichnen, werden festgehalten. Im Anschluss werden für diese Stellen Alternativlösungen erarbeitet. Der *Cognitive Walkthrough* ist damit eine typische Methode der formativen Evaluation.

Der wesentliche Vorteil dieser Methode ist, dass sie bereits in einer frühen Phase der Entwicklung eingesetzt werden kann, ohne dass ein lauffähiges System existieren muss. *Cognitive Walkthroughs* können auch mit Papierprototypen durchgeführt werden. Ein Nachteil besteht hingegen darin, dass die Einschätzung der Experten bezüglich der Entscheidungen der Benutzer möglichweise nicht immer zutrifft (Hegner, 2003; Sarodnick & Brau, 2011).

3.5.3 Schriftliche Befragungen

Die schriftliche Befragung zählt zu den empirischen Methoden. Den Benutzern einer Software werden Fragebögen vorgelegt, anhand derer sie eine subjektive Bewertung verschiedener Aspekte der Benutzerschnittstelle abgeben sollen. Die Fragebögen können als alleinstehende Instrumente oder als ergänzende Informationsquellen zu einem Usability-Test eingesetzt werden (Dumas & Redish, 1999). In jedem Fall müssen die Benutzer bereits Erfahrungen im Umgang mit der Software gesammelt haben.

Ein wesentlicher Vorteil bei schriftlichen Befragungen ist die relativ schnelle und kostengünstige Durchführung. Sie können außerdem in jeder Phase der Entwicklung eingesetzt werden. Je nach Entwicklungsphase und Evaluationsziel können die Fragen spezifisch auf einzelne Aspekte des Systems zugeschnitten werden. Darüber hinaus besteht die Möglichkeit, Fragen zu stellen, die über die Benutzung der Software hinaus gehen, beispielsweise zu Gestaltungsalternativen (Hegner, 2003; Niegemann et al., 2008; Sarodnick & Brau, 2011).

Ein entscheidender Nachteil von Fragebögen ist, dass die Bewertungsfreiheit der Benutzer auf zuvor ausgewählte Bereiche eingeschränkt wird. Probleme, die in anderen Bereichen auftreten, werden nicht erfasst. Zudem basieren die Bewertungen der Benutzer auf ihrer Selbstwahrnehmung und ihrem Erinnerungsvermögen. Dadurch können Verzerrungen zustande kommen (Hegner, 2003; Sarodnick & Brau, 2011).

Je nach Ausprägung des Fragebogens sind summative oder formative Evaluationen möglich. Zur summativen Evaluation werden meist standardisierte Fragebögen mit vorgegebenen Antwortformaten eingesetzt. Es empfiehlt sich hierbei, auf wissenschaftlich erprobte Instrumente zurückzugreifen, deren Reliabilität und Validität empirisch nachgewiesen wurde. Zur formativen Evaluation ist es sinnvoll, auch offene Antwortformate zuzulassen, um genauere Informationen und konkrete Hinweise auf Verbesserungsmöglichkeiten zu erhalten. Zudem kann es von Vorteil sein, einen selbst entwickelten Fragebogen einzusetzen, der spezifisch auf das jeweilige Projekt hin ausgerichtet ist (Hegner, 2003; Niegemann et al., 2008; Sarodnick & Brau, 2011).

Insbesondere mit Blick auf die Evaluation von Lernumgebungen wird zum Teil kritisiert, dass die gängigen Instrumente zu allgemein sind und nicht die spezifischen Bedürfnisse von Lernenden berücksichtigen (Mayes & Fowler, 1999; Squires & Preece, 1996; Zaharias & Poylymenakou, 2009).

In der Vergangenheit wurde eine Vielzahl standardisierter und wissenschaftlich erprobter Fragebögen zur Evaluation der Usability entwickelt. Je nachdem welche Definition zugrunde gelegt wird, fokussieren die Instrumente auf verschiedene Aspekte der Usability. Einige der bekanntesten Fragebögen werden im Folgenden kurz vorgestellt.

ISONORM

Der Fragebogen ISONORM 9241/110-S (Prümper & Anft, 1993, 2010a, 2010b) orientiert sich an den sieben Grundprinzipien der Dialoggestaltung nach DIN EN ISO 9241-110 (2008). In der Kurzform des Fragebogens bewerten die Benutzer 21 Items anhand bipolarer Skalen. Diese Variante eignet sich lediglich zur summativen Evaluation, da keine konkreten Hinweise auf bestimmte Mängel gewonnen werden. Zur formativen Evaluation liegt eine Langform des Fragebogens vor. Sie enthält 35 Items in sieben Skalen. Zu jeder Skala muss zusätzlich angegeben werden, wie bedeutend der Bereich für die eigene Tätigkeit ist. Außerdem werden die Benutzer gebeten zur Veranschaulichung ein Beispiel zu beschreiben.

IsoMetrics

IsoMetrics (Gediga, Hamborg & Düntsch, 1999; Gediga, Hamborg & Willumeit, 1998) orientiert sich ebenfalls an den sieben Grundprinzipien der DIN EN ISO 9241-110 (2008), deren Erfüllung mit 90 bipolaren Items überprüft wird. Der Fragebogen liegt in einer Kurzform zur summativen Evaluation und einer Langform zur formativen Evaluation vor. In der Langform müssen die Benutzer die Bedeutung jedes Items für sich gewichten und ein Beispiel zur Veranschaulichung angeben. Damit ist die Langform sehr zeitaufwändig in der Erhebung. IsoMetrics hat jedoch den Vorteil, dass damit eine detaillierte Liste von Usability-Problemen erstellt werden kann (vgl. Sarodnick & Brau, 2011). IsoMetrics wurde außerdem intensiver statistischer Validierung erzogen und erwies sich als reliabel und valide sowohl für die summative als auch die formative Evaluation (Gediga et al., 1999).

QUIS

QUIS (Chin, Diehl & Norman, 1988) stellt neben den pragmatischen Qualitäten des Systems die Zufriedenheit der Benutzer stark in den Vordergrund. Der Fragebogen arbeitet mit gegensätzlichen Wortpaaren, zwischen denen jeweils Abstufungen bestehen. QUIS enthält neun voneinander unabhängige Subskalen für unterschiedliche

Aspekte der Benutzerschnittstelle (z.B. Layout, Fehlermeldungen, Lernbarkeit). Der Fragebogen liegt in einer Langform mit 122 Items und einer Kurzform mit 41 Items vor. QUIS wurde in einer Vielzahl von Projekten bereits eingesetzt, und es liegen inzwischen Versionen für unterschiedliche Anwendungsbereiche vor (Shneiderman & Plaisant, 2010). Für die Grundform konnten Chin et al. (1988) eine hohe Reliabilität des Fragebogens aufzeigen.

AttrakDiff

Auch AttrakDiff (Hassenzahl, Burmester & Koller, 2003) fokussiert gleichermaßen auf pragmatische und hedonische Qualitäten. Der Fragebogen misst vier verschiedene Konstrukte der Nutzerzufriedenheit mit insgesamt 28 Items. Die Items bestehen aus gegensätzlichen Wortpaaren, zwischen denen Abstufungen bestehen. Der Fragebogen kann sehr schnell ausgefüllt werden, liefert jedoch keine Hinweise auf konkrete Usability-Probleme sowie Verbesserungsmöglichkeiten. AttrakDiff eignet sich daher eher für die summative als für die formative Evaluation (vgl. Sarodnick & Brau, 2011).

System Usability Scale

Ein weiterer Fragebogen zur summativen Evaluation liegt mit der *System Usability Scale* (SUS, Brooke, 1996) vor. Der Fragebogen kann sehr schnell ausgefüllt werden und eignet sich für unterschiedlichste Arten von Benutzerschnittstellen. Er enthält zehn Aussagen, für die jeweils der Grad der Zustimmung auf einer 5-Punkt-Likert-Skala angegeben wird. Aus den Angaben wird ein Wert berechnet, der zwischen 0 und 100 liegt. Ein Wert von mindestens 70 gilt als akzeptabel, während von einer guten Usability erst bei Werten zwischen 80 und 90 gesprochen wird. Werte über 90 gelten als hervorragend. Der Fragebogen wurde seit seiner Entwicklung in einer Vielzahl von Projekten eingesetzt und mehreren empirischen Validierungen unterzogen (z.B. Bangor, Kortum & Miller, 2008; Borsci, Federici & Lauriola, 2009; Lewis & Sauro, 2009). Aufgrund der sehr allgemein gehaltenen Items eignet sich die SUS allerdings nicht zur formativen Evaluation.

3.5.4 Usability-Test

Der Usability-Test, auch bekannt als Benutzertest, gehört ebenfalls zu den empirischen Methoden und ist wahrscheinlich die bekannteste Methode zur Evaluation von Usability. Bei einem Usability-Test wird ein System anhand realistischer Aufgaben von potenziellen Benutzern erprobt. Die Benutzer werden bei der Durchführung der Aufgaben beobachtet. Eine ausführliche Darstellung der Rahmenbedingungen sowie der Planung und Durchführung von Usability-Tests geben Dumas und Redish (1999) sowie Rubin und Chisnell (2008). Entscheidende Fragen, die zur Durchführung geklärt werden müssen, sind die Zielsetzung des Usability-Tests, die Auswahl der

Teilnehmer, die zu bearbeitenden Aufgaben sowie die zu erhebenden Messgrößen und damit verbunden die verschiedenen Erhebungsmethoden.

Usability-Tests können sowohl zur formativen als auch zur summativen Evaluation eingesetzt werden. Bei der formativen Evaluation werden aus der Beobachtung der Benutzer Schlussfolgerungen über Usability-Probleme und Verbesserungsmöglichkeiten abgeleitet. Bei der summativen Evaluation wird anhand verschiedener erhobener Messgrößen eine Gesamtbeurteilung der Gebrauchstauglichkeit des Systems ermittelt (Sarodnick & Brau, 2011).

Die Teilnehmer des Usability-Tests sollten möglichst aus der Zielgruppe der Software stammen. Bei heterogenen Zielgruppen kann die Definition von Untergruppen mit ähnlichen Eigenschaften sinnvoll sein. Die Teilnehmer sollten das System möglichst noch nicht kennen, da sonst viele Probleme nicht mehr auftreten würden (Dumas & Redish, 1999; Sarodnick & Brau, 2011).

Ein häufig diskutierter Aspekt ist die Frage nach der Anzahl der Teilnehmer. Typischerweise werden Usability-Tests mit sechs bis zwölf Personen durchgeführt (Dumas & Redish, 1999). Nielsen und Landauer (1993) kommen zu dem Ergebnis, dass bereits fünf bis sechs Teilnehmer ausreichen, um durchschnittlich 80 % der vorhandenen Usability-Probleme zu finden (vgl. auch Virzi, 1992). Weitere Teilnehmer liefern in der Regel wenig zusätzliche Erkenntnisse, sondern wiederholen zumeist die Probleme der vorherigen Teilnehmer. In der Analyse von Faulkner (2003) zeigt sich jedoch, dass der Anteil der tatsächlich gefundenen Probleme im Einzelfall deutlich niedriger als 80 % ausfallen kann. Bei fünf Teilnehmern ergibt sich ein Konfidenzintervall von ungefähr 30 %, so dass im schlechtesten Fall nur 50 % der vorhandenen Probleme entdeckt würden. Bei zehn Teilnehmern hingegen werden durchschnittlich etwa 95 % der Probleme gefunden, bei einem Konfidenzintervall von nur noch 13 %. Faulkner empfiehlt daher, immer die maximale Anzahl an Teilnehmern einzusetzen, die aufgrund von Zeitplänen, Budget und Verfügbarkeit möglich ist. Bei heterogenen Zielgruppen empfehlen Dumas und Redish (1999) außerdem mindestens drei Teilnehmer pro Untergruppe.

Zu berücksichtigen sind in diesem Zusammenhang auch die Zielsetzung des Usability-Tests, die Häufigkeit der Durchführung und der Funktionsumfang des getesteten Prototyps. In einem iterativen Entwicklungsprozess werden in der Regel mehrere formative Usability-Tests durchgeführt, bei denen jeweils eine eingeschränkte Menge an Funktionen getestet wird. Dazu reicht bereits eine geringe Anzahl an Teilnehmern pro Iteration. Bei summativen Evaluationen werden hingegen mindestens 50 Teilnehmer empfohlen (Tullis & Albert, 2008).

Ein weiterer wichtiger Aspekt ist die Festlegung der Aufgaben, die im Usability-Test bearbeitet werden. Sie sollten typischen Aufgaben entsprechen, die mit der Software durchgeführt werden. Bei umfangreichen Prototypen ist eine Bearbeitung aller denkbaren Aufgaben meist nicht möglich. In diesem Fall sollten Aufgaben ausgewählt werden, die aufgrund der bisherigen Erfahrungen mit der Software am ehesten zu Usability-Problemen führen können (Dumas & Redish, 1999).

In einem Usability-Test können unterschiedliche Messgrößen zur Beurteilung der Usability herangezogen werden. Tullis und Albert (2008) unterscheiden

- *Leistungsmaße:* Maße der Effektivität und Effizienz der Benutzerschnittstelle, zum Beispiel Anzahl der erfolgreich gelösten Aufgaben, Zeitdauer der Bearbeitung, Anzahl der Fehler;
- *Usability-Probleme:* Alle Ereignisse, die den Benutzer daran hindern, seine Aufgaben zu lösen, Verwirrung stiften oder Fehler produzieren;
- *Selbst-berichtete Kennzahlen:* Subjektive Einschätzungen der Benutzer bezüglich verschiedener Aspekte der Usability, zum Beispiel allgemeine Bewertungen der Aufgabenangemessenheit oder der Selbstbeschreibungsfähigkeit;
- *Verhaltensmaße und physiologische Maße:* Alle verbalen und nonverbalen Verhaltensweisen der Benutzer, die sie während des Usability-Tests äußern, zum Beispiel positive oder negative Kommentare, Fragen, Gestik, Mimik oder Blickbewegungen.

Entsprechend der verschiedenen Messgrößen können bei einem Usability-Test unterschiedliche Erhebungsmethoden zum Einsatz kommen. Üblich sind beispielsweise Videoaufzeichnungen oder Eingabeprotokolle (Logdaten), anhand derer die Handlungen von Benutzern später nachvollzogen werden können. Darüber hinaus kann die Methode des *lauten Denkens* (Ericsson & Simon, 1984) genutzt werden, um mehr über die Vorstellungen und Absichten der Benutzer zu erfahren. Die Aufzeichnungen können anschließend durchsucht werden nach

- verbalen Äußerungen der Verwirrung, des Missfallens oder der Überraschung,
- verbalen Äußerungen über nicht zielführende Vorgehensweisen zur Lösung einer Aufgabe,
- verbalen Äußerungen zu Annahmen und Vorstellungen über die Funktionalität der Lernumgebung, die nicht zutreffen,
- Handlungen, die nicht zur Lösung der Aufgabe führen,
- Aufgaben, die nicht gelöst wurden (vgl. Tullis & Albert, 2008).

Eine weitere Möglichkeit ist die Erfassung von Blickbewegungen. Damit kann beispielsweise herausgefunden werden, welche Elemente von den Benutzern angeschaut werden, in welcher Reihenfolge sie angeschaut werden, wie schnell Elemente Aufmerksamkeit auf sich ziehen, wo Benutzer bestimmte Informationen bevorzugt suchen und ob Informationen nur überflogen oder intensiv gelesen werden. Die Daten lassen sich jedoch nur dann sinnvoll interpretieren, wenn Benutzer bei der

Aufgabenbearbeitung nicht unterbrochen werden, da sich der Verlauf der Blick-bewegungen ansonsten verändert (Sarodnick & Brau, 2011).

Darüber hinaus werden in Usability-Tests häufig Fragebögen zur Erfassung selbst-berichteter Kennzahlen genutzt. Üblich sind beispielsweise Ratingskalen zur Ein-schätzung der subjektiven Schwierigkeit der Aufgaben. Diese Informationen können wertvolle Hinweise auf verbesserungswürdige Bereiche der Benutzerschnittstelle liefern (Dumas & Redish, 1999; Tullis & Albert, 2008).

Ein wesentlicher Vorteil von Usability-Tests ist, dass damit vor allem die Probleme aufgedeckt werden können, die für die tatsächlichen Benutzer relevant sind. Unter Umständen werden auch Probleme in Bereichen entdeckt, die durch Fragebögen nicht abgedeckt werden konnten. Die Probleme lassen sich zudem wesentlich detaillierter beschreiben. Die Reliabilität und Validität hängt jedoch stark von der Auswahl und Anzahl der Teilnehmer, sowie der Gestaltung der Aufgaben ab. Ein Nachteil von Usability-Test ist, dass sie in der Regel mehr Aufwand erfordern als analytische Methoden oder schriftliche Befragungen (Sarodnick & Brau, 2011).

3.5.5 Beurteilung und Vergleich der Evaluationsmethoden

In den vorangegangenen Abschnitten wurden verschiedene Evaluationsmethoden der Gerbrauchstauglichkeit vorgestellt. In der Vergangenheit wurde eine Vielzahl von Studien durchgeführt, um die Effektivität der unterschiedlichen Verfahren mit-einander zu vergleichen. Die Ergebnisse zeigen jedoch kein einheitliches Bild. Einige Studien gestehen dem Usability-Test zu, die meisten Usability-Probleme zu finden, während andere die heuristische Evaluation als das überlegene Verfahren identi-fizierten (Desurvivre, 1994; Jeffries & Desurvire, 1992; Karat, Campbell & Fiegel, 1992). Dabei zeichnet sich jedoch ab, dass die unterschiedlichen Verfahren ver-schiedene Stärken und Schwächen haben, unterschiedliche Arten an Informationen liefern und unterschiedliche Arten von Problemen aufdecken (Fu, Salvendy & Turley, 2002; Karat et al., 1992; Wharton et al., 1994).

Sarodnick und Brau (2011) kritisieren daher den direkten Vergleich von Evaluationsmethoden aufgrund der Anzahl gefundener Usability-Probleme. Sie schlagen ein differenziertes Kriterienraster vor, um Evaluationsmethoden hinsichtlich der spezifischen Anforderungen des eigenen Entwicklungsprojektes zu bewerten und auszuwählen. Dazu gehören sowohl Kriterien mit wissenschaftlicher Relevanz, als auch Kriterien mit praktischer Relevanz. Tabelle 1 (Seite 55) zeigt einen Überblick über die Kriterien und ordnet die vorgestellten Evaluationsverfahren entsprechend der Beurteilungen von Sarodnick und Brau (2011) darin ein. Ein Verfahren kann dabei bezüglich eines bestimmten Kriteriums maximal drei Punkte (+++) erhalten. Demnach schneiden die empirischen Methoden insbesondere bei den wissenschaft-lichen Kriterien gut ab. Da empirische Methoden auf die Befragung und Beobachtung der tatsächlichen Nutzer fokussieren, decken sie nur diejenigen Probleme auf, die für die Nutzer tatsächlich relevant sind und weisen dadurch eine hohe externe Validität auf. Die analytischen Methoden haben teilweise Vorteile bei den praktischen Kriterien. So können heuristische Evaluationen mit weniger Aufwand durchgeführt werden als Usability-Tests.

Letztlich kommt innerhalb eines Entwicklungsprojekts selten nur eine Methode zum Einsatz. Es empfiehlt sich, die Verfahren entsprechend der konkreten Anforderungen einer Entwicklungsphase auszuwählen und gegebenenfalls zu kombinieren, um die jeweiligen Stärken optimal auszunutzen. In der Praxis kommen in den frühen Konzeptionsphasen meist analytische Methoden zum Einsatz. Liegen bereits funktionierende Prototypen vor, empfiehlt es sich mit empirischen Methoden zu arbeiten (Dumas & Redish, 1999; Niegemann et al., 2008; Sarodnick & Brau, 2011; Shneiderman & Plaisant, 2010).

Tabelle 1: Vergleich der Evaluationsmethoden nach Sarodnick und Brau (2011)

	Heuristische Evaluation	Cognitive Walkthrough	Schriftliche Befragung	Usability-Test
Kriterien mit wissenschaftlicher Relevanz				
Externe Validität	++	++	+++	+++
Interne Validität	+++	+	++	+++
Objektivität	+	+	+++	++
Reliabilität	+	++	+++	++
Kriterien mit praktischer Relevanz				
Produktivität	+++	++	+	+++
Materieller Aufwand	++	++	+	+++
Zeitaufwand	+	++	+	+++
Qualifikation der Evaluatoren	++	++	+	+
Detaillierungsgrad	+++	++	+	+++
Flexibilität	+++	+++	+	+++

3.6 Zusammenfassung zur Usability von multimedialen Lernumgebungen

Die Gebrauchstauglichkeit einer multimedialen Lernumgebung kann entsprechend der allgemeinen Definition von Gebrauchstauglichkeit nach DIN EN ISO 9241-11 (1999) als das Ausmaß beschrieben werden, in dem die Lernenden die Lernumgebung nutzen können, um in effektiver, effizienter und zufriedenstellender Weise auf lernzielrelevante Informationen zuzugreifen und die Informationen zu verarbeiten. Effektivität, Effizienz und Zufriedenheit werden durch die Einhaltung von sieben Grundprinzipien erreicht: Aufgabenangemessenheit, Selbstbeschreibungsfähigkeit, Erlernbarkeit, Erwartungskonformität, Steuerbarkeit, Fehlerrobustheit und Individualisierbarkeit (DIN EN ISO 9241-110, 2008).

Um systematisch für eine gute Usability zu sorgen, wurden in der Vergangenheit unter dem Oberbegriff des *Usability-Engineering* verschiedene Vorgehensmodelle und Methoden entwickelt. In allen Modellen wird eine iterative Vorgehensweise vorgeschlagen, die sich durch die wiederholte Abfolge von Analyse-, Konzeptions-, Entwicklungs- und Evaluationsphasen auszeichnet (z.b. DIN EN ISO 9241-210, 2010; Mayhew, 1999; Nielsen, 1994; Sarodnick & Brau, 2011; Sharp et al., 2002). Es empfiehlt sich, mit der Erstellung einfacher Prototypen zu beginnen, um bereits ohne ein lauffähiges System Aspekte der Benutzerschnittstelle simulieren und evaluieren zu können (Dumas & Redish, 1999; Mayhew, 1999; Nielsen, 1994; Richter & Flückiger, 2010; Rubin & Chisnell, 2008; Saffer, 2010; Snyder, 2003). Bei der Konzeption können Gestaltungsprinzipien, Gestaltungsrichtlinien und Entwurfsmuster hilfreich sein. Sie bieten jedoch keine allgemeingültigen Vorgaben, mit denen sich grundsätzlich gebrauchstaugliche Benutzerschnittstellen verwirklichen lassen. Es muss immer der jeweilige Anwendungskontext und die Benutzergruppe berücksichtigt werden (Richter & Flückiger, 2010; Sarodnick & Brau, 2011; Shneiderman & Plaisant, 2010). Aus diesem Grund kommt der Evaluation im Prozess des *Usability-Engineering* eine zentrale Bedeutung zu. Sie findet idealerweise prozessbegleitend über alle Entwicklungsphasen hinweg statt. Dadurch können Usability-Probleme frühzeitig festgestellt und systematisch ausgeräumt werden (Dumas & Redish, 1999; Mayhew, 1999; Nielsen, 1994; Sarodnick & Brau, 2011; Sharp et al., 2002).

Zur Evaluation der Usability existieren unterschiedliche Methoden mit jeweils spezifischen Stärken und Schwächen. Analytische Methoden, wie die heuristische Evaluation und der *Cognitive Walkthrough*, sind meist schnell und kostengünstig durchführbar. Da sie ohne ein lauffähiges System durchgeführt werden können, bieten sie bereits in der frühen Konzeptionsphase die Möglichkeit Usability-Probleme aufzudecken. Sie basieren allerdings auf der Einschätzung von Experten, die versuchen, sich in die potenziellen Nutzer hinein zu versetzen. Es ist daher möglich, dass die gefundenen Probleme für die tatsächlichen Nutzer keine Relevanz haben, oder dass die tatsächlichen Nutzer auf andere Probleme stoßen. Empirische Methoden, wie die schriftliche Befragung und der Usability-Test, basieren dagegen auf der Beobachtung und Befragung von potenziellen Benutzern. Sie weisen daher eine höhere externe Validität auf. Usability-Tests sind jedoch relativ aufwändig in der Durchführung. Sie erfordern eine sorgfältige Vorbereitung hinsichtlich der Auswahl der Teilnehmer, der Gestaltung der Aufgaben und der Wahl der Erhebungsinstrumente (Dumas & Redish, 1999; Rubin & Chisnell, 2008; Sarodnick & Brau, 2011). Es empfiehlt sich, die Evaluationsmethode entsprechend den Anforderungen der jeweiligen Entwicklungsphase auszuwählen (Dumas & Redish, 1999; Niegemann et al., 2008; Sarodnick & Brau, 2011; Shneiderman & Plaisant, 2010). Eine hilfreiche Grundlage dazu bietet das Kriterienraster von Sarodnick und Brau (2011).

Eine ungünstige Gebrauchstauglichkeit kann dazu führen, dass Lernende vermehrt kognitive Ressourcen für die Bedienung einer multimedialen Lernumgebung aufwenden müssen. Dadurch kann der Lernprozess negativ beeinflusst werden (Crowther et al., 2004; Hessel, 2009; Kim et al., 2001; Scholten-Theuerzeit & Görlich, 2007; Tselios et al., 2001). Darüberhinaus kann sich eine schlechte Bedienbarkeit negativ auf die Motivation und Nutzungsabsicht der Lernenden auswirken (Cho et al., 2009; Hara & Kling, 2000; Pituch & Lee, 2006; B. Simon et al., 2008).

Eine gute Gebrauchstauglichkeit stellt jedoch keine Garantie für den Lernerfolg dar (Mayes & Fowler, 1999; Soloway et al., 1996; Squires & Preece, 1996). Um erfolgreich zu lernen, müssen die Lernenden sich aktiv mit den dargebotenen Informationen auseinandersetzen. Eine Möglichkeit, wie die Lernumgebung dabei helfen kann, stellen kognitive Unterstützungsangebote dar.

In der vorliegenden Arbeit werden Methoden des *Usability-Engineerings* eingesetzt, um systematisch eine gebrauchstaugliche Benutzerschnittstelle für eine multimediale Lernumgebung zu entwickeln. Dadurch sollen günstige Voraussetzungen dafür geschaffen werden, dass sich die Lernenden auf die Durchführung der erforderlichen kognitiven Prozesse zur Verarbeitung der dargebotenen Lerninhalte und insbesondere auf die Benutzung der kognitiven Unterstützungsangebote konzentrieren können. Mit Blick auf die Fragestellung dieser Arbeit soll die Nutzungshäufigkeit kognitiver Unterstützungsangebote möglichst unbeeinflusst von eventuellen Bedienungsschwierigkeiten untersucht werden können.

4 Kognitive Unterstützungsangebote in multimedialen Lernumgebungen

Das Lernen in multimedialen Lernumgebungen stellt insgesamt hohe Anforderungen an die Lernenden. Bisherige Forschungsergebnisse zeigen, dass Lernende diesen Anforderungen zum Teil nicht gewachsen sind (zusammenfassend siehe Ainsworth, 1999, 2006; Dillon & Gabbard, 1998; Dillon & Jobst, 2005). Beispielsweise führen sie die erforderlichen kognitiven Prozesse zur Verarbeitung unterschiedlich dargestellter Informationen oft nicht selbständig aus.

Eine mögliche Fördermaßnahme ist die Integration kognitiver Unterstützungsangebote. Verschiedene Untersuchungen belegen, dass die adäquate Nutzung solcher Unterstützungsangebote den Lernerfolg steigern kann. Gleichzeitig wird deutlich, dass Lernende Unterstützungsangebote in multimedialen Lernumgebungen häufig ignorieren oder nicht in angemessener Weise nutzen (zusammenfassend siehe Aleven, Stahl, Schworm, Fischer & Wallace, 2003; Clarebout & Elen, 2006).

Diese Arbeit beschäftigt sich mit der Frage, wie die Nutzungshäufigkeit von kognitiven Unterstützungsangeboten in multimedialen Lernumgebungen gefördert werden kann. Im vorliegenden Kapitel wird daher der aktuelle Stand der Forschung zu diesem Thema zusammenfassend dargestellt.

Zunächst werden kognitive Unterstützungsangebote näher beschrieben und von anderen Formen der Unterstützung in multimedialen Lernumgebungen abgegrenzt. Anschließend werden Forschungsergebnisse zur Lernförderlichkeit kognitiver Unterstützungsangebote zusammengefasst. In diesem Zusammenhang wird auch auf Bedingungen und Einflussfaktoren der Lernförderlichkeit eingegangen. Die angemessene und häufige Nutzung durch die Lernenden wird dabei als eine wichtige Bedingung herausgestellt. Mit Blick auf die Förderung der Nutzung wird danach ein Prozessmodell der Nutzung von Unterstützungsangeboten vorgestellt. Es folgt eine ausführliche Betrachtung unterschiedlicher Einflussfaktoren. Darauf aufbauend werden Implikationen der bisherigen Forschungsergebnisse zur Gestaltung von kognitiven Unterstützungsangeboten zusammengefasst. Zum Abschluss werden offene Fragen und Forschungsperspektiven aufgezeigt.

4.1 Kognitive Unterstützungsangebote

Kognitive Unterstützungsangebote helfen bei der Durchführung spezifischer kognitiver Prozesse, indem sie Lernende dazu anleiten beziehungsweise anregen oder indem sie Möglichkeiten der Externalisierung kognitiver Prozesse anbieten (Clarebout & Elen, 2006; Jonassen, 1999). In multimedialen Lernumgebungen können kognitive Unterstützungsangebote beispielsweise dazu dienen, die Selektion, die Organisation, die Integration und die Transformation unterschiedlich dargestellter Informationen systematisch zu fördern. Die möglichen Formen solcher Unterstützungsangebote sind vielfältig. Die Bandbreite umfasst

- *Instruktionale Erklärungen und Hinweise* (z.B. Bartholomé, Stahl, Pieschl & Bromme, 2006; Renkl, 2002; Roll, Aleven, McLaren & Koedinger, 2011).
- *Lernfragen und Prompts* (Aufforderungen zu bestimmten Aktivitäten und Vorgehensweisen; z.B. Gerjets, Scheiter & Schuh, 2005; Heiß, Eckhardt & Schnotz, 2003; Schworm & Renkl, 2006).
- *Annotations-, Visualisierungs- und Experimentierwerkzeuge* (z.B. Chen, Hwang & Wang, 2012; Narciss, Proske & Koerndle, 2007).

Die unterschiedlichen Formen kognitiver Unterstützungsangebote lassen sich zudem nach ihrer inhaltlichen Ausrichtung unterscheiden. Sie können eher instrumentell oder exekutiv ausgelegt sein (Aleven, McLaren, Roll & Koedinger, 2006; Huet, Escribe, Dupeyrat & Sakdavong, 2011; Puustinen & Rouet, 2009). Teilweise wird auch von funktionsorientierten und operativen Unterstützungsangeboten gesprochen (Babin, Tricot & Mariné, 2009; Dutke & Reimer, 2000). Exekutive oder operative Unterstützungsangebote zeigen explizit Lösungswege und Vorgehensweisen, oder bieten fertige Lösungen an. Instrumentelle oder funktionsorientierte Unterstützungsangebote helfen bei der selbständigen Suche nach dem richtigen Lösungsweg oder der optimalen Vorgehensweise.

Die Nutzung der Unterstützungsangebote ist den Lernenden entweder freigestellt oder von der Lernumgebung zwingend vorgegeben. Im ersten Fall wird meist von nicht-eingebetteten oder optionalen Unterstützungsangeboten, im zweiten Fall von eingebetteten oder obligatorischen Unterstützungsangeboten gesprochen (Clarebout & Elen, 2006; Heiß et al., 2003; Narciss et al., 2007). Die Begriffe eingebettet und nicht-eingebettet sind insofern nicht ganz eindeutig, als auch nicht-eingebettete Unterstützungsangebote in die Lernumgebung integriert sind. Die Integration erfolgt jedoch so, dass die Lernenden darüber entscheiden können, die Unterstützungsangebote in ihren Lernprozess einzubeziehen oder nicht. Häufig müssen nicht-eingebettete Unterstützungsangebote durch eine Schaltfläche explizit aufgerufen werden (z.B. Juarez Collazo, Elen & Clarebout, 2012; Narciss et al., 2007). In Übereinstimmung mit Heiß et al. (2003) wird im Folgenden von obligatorischen und optionalen anstelle von eingebetteten und nicht-eingebetteten Unterstützungsangeboten gesprochen.

Neben kognitiven Unterstützungsangeboten können multimediale Lernumgebungen eine große Vielfalt an weiteren Unterstützungsangeboten enthalten. Sie werden im Folgenden kurz vorgestellt, um sie von kognitiven Unterstützungsangeboten abzugrenzen. Clarebout und Elen (2006) unterscheiden in ihrem Übersichtsartikel die Kategorien Informationsquellen, Werkzeuge für den Informationszugriff, Werkzeuge zur Wissensmodellierung, Werkzeuge zur Leistungsunterstützung,

Kommunikations- und Kollaborationswerkzeuge sowie Elaborationswerkzeuge. Darüber hinaus können multimediale Lernumgebungen auch metakognitive Unterstützungsangebote enthalten (Winters, Greene & Costich, 2008). Für die folgende Übersicht wurde das Schema von Clarebout und Elen (2006) daher um die Kategorie der metakognitiven Unterstützungsangebote erweitert:

- *Informationsquellen* bieten Lernenden zusätzliche Informationen an, zum Beispiel in Form von Glossaren (z.B. Gräsel, Fischer & Mandl, 2001), Hilfeseiten (z.B. Horz, Winter & Fries, 2009), Links zu externen Webseiten oder sonstigem zusätzlichen Text-, Bild- und Videomaterial (z.B. Narciss et al., 2007).

- *Werkzeuge für den Informationszugriff* unterstützen bei der Suche nach Informationen. Typische Werkzeuge sind Suchmaschinen (z.B. Xie & Cool, 2006), Inhaltsverzeichnisse oder grafische Inhaltsübersichten (z.B. Müller-Kalthoff & Möller, 2005) oder vorgegebene Lernpfade (z.B. Hagemans, Van der Meij & De Jong, 2012; Shin, Schallert & Savenye, 1994).

- *Werkzeuge zur Wissensmodellierung* helfen den Lernenden über ihren Lernprozess zu reflektieren. Sie bieten eine Möglichkeit, das erlernte Wissen festzuhalten und Verbindungen zwischen verschiedenen Konzepten darzustellen, beispielsweise in Form von semantischen Netzwerken (z.B. Fischer, Troendle & Mandl, 2003) oder Lerntagebüchern (z.B. Schwonke, Nückles, Hauser, Berthold & Renkl, 2005).

- *Werkzeuge zur Leistungsunterstützung* übernehmen die Durchführung wiederkehrender algorithmischer Arbeiten, so dass sich die Lernenden stärker auf die übergeordneten kognitiven Prozesse konzentrieren können. Ein typisches Beispiel ist das Angebot eines Rechners (z.B. Clarebout & Elen, 2009).

- *Kommunikations- und Kollaborationswerkzeuge* ermöglichen den Informationsaustausch und die Zusammenarbeit mit anderen Lernenden. Mögliche Werkzeuge sind beispielsweise Foren (z.B. Lust, Elen & Clarebout, 2013), Chats (z.B. Fischer et al., 2003) oder Videokonferenzen.

- *Elaborationswerkzeuge* bieten zusätzliche Aufgaben und Übungen an, bei denen die Lernenden ihre Kenntnisse und Fähigkeiten anwenden und vertiefen können (z.B. Lust et al., 2013; Narciss et al., 2007).

- *Metakognitive Unterstützungsangebote* helfen bei der Durchführung metakognitiver Prozesse, wie der Planung, Überwachung und Evaluation des eigenen Lernfortschritts (Winters et al., 2008). Die Unterstützung erfolgt häufig durch Prompts (Aufforderungen und Hinweise zu bestimmten Aktivitäten oder Vorgehensweisen z.B. Bannert et al., 2009; Bannert & Reimann, 2011; Bannert, 2003).

Im nachfolgenden Abschnitt werden ausschließlich Untersuchungen berichtet, die sich mit der Lernförderlichkeit kognitiver Unterstützungsangebote befassen. Auf die Potenziale anderer Formen von Unterstützungsangeboten wird an dieser Stelle nicht weiter eingegangen.

4.2 Lernförderlichkeit kognitiver Unterstützungsangebote

Die aktive Durchführung spezifischer kognitiver Prozesse spielt eine zentrale Rolle für den Lernerfolg in multimedialen Lernumgebungen (Mayer, 2001, 2005a; Schnotz & Bannert, 2003). Lernende haben jedoch häufig Schwierigkeiten, die relevanten Prozesse selbständig durchzuführen (Ainsworth, 1999, 2006; Dillon & Gabbard, 1998; Dillon & Jobst, 2005). Wenn Lernende durch direkte Fördermaßnahmen (beispielsweise durch Strategieanweisungen von Lehrpersonen; siehe Friedrich & Mandl, 1997, 2006) zur Durchführung der relevanten kognitiven Prozesse angeleitet werden, zeigen sich meist deutlich bessere Lernergebnisse (Mandl & Friedrich, 2006; Plötzner, Leuders & Wichert, 2009). Beim Lernen in multimedialen Lernumgebungen sind die Lernenden jedoch häufig auf sich gestellt. Gelingt es auch durch indirekte Maßnahmen, wie die Integration kognitiver Unterstützungsangebote, die Durchführung der relevanten kognitiven Prozesse so anzuregen, dass der Lernerfolg gesteigert werden kann? Der Überblicksartikel von Aleven et al. (2003) sowie einige neuere Studien bieten Belege für diese Vermutung (Bartholomé et al., 2006; Clarebout & Elen, 2008, 2009; Gerjets et al., 2005; Heiß et al., 2003; Juarez Collazo et al., 2012). Es wird jedoch ebenfalls deutlich, dass die Lernförderlichkeit kognitiver Unterstützungsangebote nicht als selbstverständlich angesehen werden kann und von verschiedenen Faktoren beeinflusst wird (Aleven & Koedinger, 2000, 2001; Aleven et al., 2003; Bartholomé et al., 2006; Clarebout & Elen, 2006; Clarebout et al., 2011; Gerjets et al., 2005; Heiß et al., 2003; Horz et al., 2009; Van der Meij & De Jong, 2011; Schnotz & Heiß, 2009; Schworm & Renkl, 2006).

Im folgenden Abschnitt werden zunächst Untersuchungen vorgestellt, die für die Lernförderlichkeit kognitiver Unterstützungsangebote sprechen. Anschließend wird auf mögliche Grenzen und Einflussfaktoren näher eingegangen.

4.2.1 Belege für das lernförderliche Potenzial kognitiver Unterstützungsangebote

Aleven et al. (2003) berichten von fünf Studien, in denen die Nutzung kognitiver Unterstützungsangebote mit besseren Lernergebnissen einherging. Beispielsweise zeigte sich in der Studie von Renkl (2002) eine positive Wirkung instruktionaler Erklärungen. Die Lernumgebung enthielt ausgearbeitete Beispiele zur Wahrscheinlichkeitsrechnung. Der Experimentalgruppe standen zusätzlich instruktionale Erklärungen zur Verfügung. Diese bestanden in einer knappen Angabe des jeweils angewandten Prinzips. Auf Wunsch konnten die Lernenden eine ausführlichere Erklärung anfordern, bei der auch die Anwendung des Prinzips gezeigt wurde. Die Experimentalgruppe erzielte im Nachtest deutlich bessere Ergebnisse als die Kontrollgruppe. Dieser Effekt zeigte sich insbesondere bei Transferaufgaben.

Auch in neueren Studien finden sich Belege für die Wirksamkeit kognitiver Unterstützungsangebote. Gerjets, Scheiter und Schuh (2005) berichten von einer positiven Wirkung von Aufforderungen zur Selbsterklärung. Ihre Lernumgebung enthielt unvollständig ausgearbeitete Beispiele und Erklärungen zur Kombinatorik. Die Aufgabe der Lernenden war es, die Lösungen der Beispiele zu vervollständigen. In der Experimentalgruppe wurden Prompts eingesetzt, um die Lernenden zu spezifischen Selbsterklärungsaktivitäten anzuregen. Lernende in der Experimentalgruppe waren erfolgreicher beim Lösen der Aufgabenstellungen als Lernende in der Kontrollgruppe. Eine anschließende Kontrolle des Lernerfolgs fand jedoch nicht statt.

Bei Bartholomé et al. (2006) zeigte sich ein positiver Zusammenhang zwischen der Nutzung kontextsensitiver Hinweise und der Problemlöseperformanz der Lernenden. Die Aufgabe der Lernenden war es, innerhalb einer multimedialen Lernumgebung Pflanzen mit Hilfe eines Entscheidungsbaums zu bestimmen. Zu jeder Entscheidung standen den Lernenden zusätzliche instruktionale Hinweise zur Verfügung. Die Nutzung dieser Hinweise ging mit einem höheren Anteil korrekt getroffener Entscheidungen einher. Eine anschließende Kontrolle des Lernerfolgs fand nicht statt.

Clarebout und Elen (2008, 2009) boten Lernenden unterschiedliche Unterstützungsangebote innerhalb einer Lernumgebung zu Fettleibigkeit an. Unter anderem waren kognitive Unterstützungsangebote in Form von Interpretationshilfen für Bilder enthalten. Eine Experimentalgruppe erhielt die Unterstützungsangebote sowie zusätzliche Hinweise zur Funktionalität und Nützlichkeit der Angebote. Eine weitere Experimentalgruppe erhielt die Unterstützungsangebote ohne die zusätzlichen Hinweise. Die Kontrollgruppe erhielt keine Unterstützungsangebote. Beide Experimentalgruppen erzielten signifikant bessere Lernergebnisse als die Kontrollgruppe. Zwischen den beiden Experimentalgruppen ergaben sich keine signifikanten Unterschiede.

Juarez Collazo et al. (2012) boten innerhalb einer multimedialen Lernumgebung zur Bedeutung von Wasser zusätzliche Lernfragen an. Die häufigere Nutzung der Lernfragen korrelierte positiv mit dem Lernerfolg.

Diese verschiedenen Beispiele zeigen, dass kognitive Unterstützungsangebote unterschiedlicher Art den Lernerfolg steigern können. Ihr Potenzial wird jedoch nicht immer ausgeschöpft. Im nachfolgenden Abschnitt werden Grenzen und Einflussfaktoren aufgezeigt.

4.2.2   Grenzen und Einflussfaktoren der Lernförderlichkeit kognitiver Unterstützungsangebote

Die bloße Verfügbarkeit kognitiver Unterstützungsangebote führt nicht zwangsläufig zu effektiverem Lernen. Aufgrund bisheriger Forschungsergebnisse lassen sich zumindest drei Gruppen von Einflussfaktoren auf die Lernförderlichkeit nennen (Aleven et al., 2003; Clarebout & Elen, 2006):

- Nutzung der Unterstützungsangebote durch die Lernenden,
- Eigenschaften der Unterstützungsangebote,
- Eigenschaften der Lernenden.

Nutzung der Unterstützungsangebote durch die Lernenden

Um das Potenzial kognitiver Unterstützungsangebote auszuschöpfen, müssen Lernende die Angebote tatsächlich nutzen (Aleven et al., 2003; Clarebout & Elen, 2006; Perkins, 1985). So banal diese Voraussetzung klingen mag, so wenig wird sie in der Realität erfüllt. In Überblicksartikeln und neueren empirischen Studien finden sich zahlreiche Belege dafür, dass Lernende Unterstützungsangebote häufig nicht oder nicht in angemessener Weise nutzen (z.B. Aleven et al., 2003; Clarebout & Elen, 2006, 2009; Heiß et al., 2003; Horz et al., 2009; Narciss et al., 2007; Roll et al., 2011; Schuyten & Dekeyser, 2007). Dabei werden vor allem drei Verhaltensweisen berichtet:

- Lernende ignorieren Unterstützungsangebote häufig.
- Lernende nutzen Unterstützungsangebote nur oberflächlich.
- Lernende neigen zu einem exekutiven Hilfesucheverhalten und vermeiden insbesondere instrumentelle Unterstützungsangebote.

So erklären beispielsweise Aleven und Koedinger (2000, 2001) warum Lernende in ihren Studien nicht von der Verfügbarkeit kontextsensitiver Hinweise profitierten. Die Lernumgebung enthielt Aufgabenstellungen aus dem Bereich der Geometrie. Bei Schwierigkeiten konnten die Lernenden Hinweise zur Lösung der Aufgabenstellung anfordern. Die Hinweise lagen in mehreren Abstufungen vor, beginnend mit eher instrumentellen hin zu stärker exekutiven Hinweisen. Wenn die Lernenden mit einem Hinweis nicht weiterkamen, konnten sie die nächste Stufe anfordern. Die letzte Stufe kam der richtigen Lösung bereits sehr nahe. Die Untersuchung ergab, dass sich die Lernenden kaum mit den instrumentellen Hinweisen auseinandersetzten. Wenn sie die Unterstützungsangebote überhaupt verwendeten, klickten sie meist in schneller Abfolge durch alle Hinweise bis sie die letzte Stufe erreichten. Diese unangemessene Nutzung der Unterstützungsangebote führte nicht zu den gewünschten Lernergebnissen.

In einer weiteren Studie mit der beschriebenen Geometrie-Lernumgebung verwendeten Roll et al. (2011) den *Help Tutor,* ein Zusatzprogramm, das den Lernenden eine Rückmeldung zu der unangemessenen Nutzung der Unterstützungsangebote gab.

Sie erreichten damit, dass sich die Lernenden stärker mit den instrumentellen als mit den exekutiven Hinweisen auseinandersetzten. Insgesamt wurden die Unterstützungsangebote jedoch weiterhin wenig genutzt. Das Lernen mit dem *Help Tutor* führte somit ebenfalls nicht zu besseren Lernergebnissen. Die Autoren vermuten zudem, dass die Lernenden durch die Auseinandersetzung mit den Rückmeldungen des *Help Tutors* zu sehr von ihrer eigentlichen Lernaufgabe abgelenkt und kognitiv überlastet wurden.

Doch auch die häufigere Nutzung von kognitiven Unterstützungsangeboten führt nicht automatisch zu besseren Lernergebnissen. In der bereits vorgestellten Untersuchung von Clarebout und Elen (2008, 2009) zeigten sich zwar Unterschiede im Lernerfolg zwischen den Experimentalgruppen und der Kontrollgruppe. Allerdings wurden keine Unterscheide zwischen den beiden Experimentalgruppen gefunden, obwohl eine der beiden Experimentalgruppen die Unterstützungsangebote signifikant häufiger nutzte. Clarebout und Elen vermuten, dass ein bestimmter Schwellenwert in der Differenz der Nutzungshäufigkeit überschritten werden muss, bevor ein Unterschied in den Lernergebnissen sichtbar wird.

In der Untersuchung von Narciss et al. (2007) fand sich ebenfalls kein Zusammenhang zwischen der häufigeren Nutzung kognitiver Unterstützungsangebote und dem Erfolg der Lernenden. Die Lernumgebung enthielt Material zu verschiedenen Lerntheorien und bot Unterstützung unterschiedlicher Art an. Unter anderem waren auch kognitive Unterstützungsangebote enthalten. Alle vorhandenen Unterstützungsangebote wurden insgesamt nur sehr wenig genutzt. Die häufigere Nutzung der Unterstützungsangebote führte nicht zu besseren Lernergebnissen. Es werden keine Angaben darüber gemacht, ob die Lernenden die Angebote in angemessener Weise nutzten. Folgt man der Argumentation von Clarebout und Elen (2008, 2009), so lassen sich die Ergebnisse möglicherweise auf einen Bodeneffekt in der Nutzungshäufigkeit zurückführen. Es ist aber auch denkbar, dass der Lernprozess wie in der Untersuchung von Roll et al. (2011) von weiteren Faktoren beeinflusst wurde. Möglicherweise waren die Lernenden von der Fülle an Unterstützungsangeboten überfordert.

Die häufige und angemessene Nutzung der Unterstützungsangebote stellt somit eine wichtige, aber keine hinreichende Voraussetzung für die Lernförderlichkeit dar. Weitere Faktoren können den Lernprozess beeinflussen.

Eigenschaften der Unterstützungsangebote

Bei den Eigenschaften der Unterstützungsangebote geht es im Wesentlichen um die Form der Unterstützung, die inhaltliche Ausgestaltung und die Art der Darbietung innerhalb der Lernumgebung. Renkl (2002) entwickelte eine Reihe von Prinzipien, die speziell für den Einsatz instruktionaler Erklärungen beim Lernen mit ausgearbeiteten Beispielen gedacht sind (SEASITE Prinzipien, *Self-Explanation Activity Supplemented by*

Instructional Explanations). Er konnte zeigen, dass instruktionale Erklärungen, die nach diesen Prinzipien gestaltet sind, positive Effekte haben:

1. *So viel Selbsterklärung wie möglich, so wenig instruktionale Erklärungen wie nötig:* Die Lernenden sollten die Beispiele möglichst selbständig bearbeiten. Instruktionale Erklärungen sollten nur angeboten werden, wenn Verständnisprobleme auftreten.

2. *Angebot von Rückmeldungen:* Die Lernumgebung sollte Rückmeldungen anbieten, um zu verhindern, dass Lernende irrtümlich glauben, alles verstanden zu haben.

3. *Optionale Darbietung:* Die instruktionalen Erklärungen sollten auf Anfrage der Lernenden dargeboten werden. Damit soll sichergestellt werden, dass sie zum richtigen Zeitpunkt erscheinen und für den aktuellen Lernprozess tatsächlich hilfreich sind.

4. *Minimalismus:* Die instruktionalen Erklärungen sollten so kurz wie möglich sein. Sie sollten nicht zu sehr vom Inhalt ablenken, keine Redundanz aufweisen und möglichst schnell zu verarbeiten sein.

5. *Stufenweise Unterstützung:* Wenn die minimalistischen Erklärungen nicht ausreichen, sollten ausführlichere Erklärungen angeboten werden. Die Erklärungen werden somit an das Vorwissen der Lernenden angepasst.

6. *Fokussierung auf Prinzipien:* Die Erklärungen sollten sich inhaltlich auf die Prinzipien des Sachbereichs konzentrieren.

In einer späteren Studie untersuchten Schworm und Renkl (2006) mit Hilfe eines zweifaktoriellen Experiments die Wirkung von instruktionalen Erklärungen und Aufforderungen zur Selbsterklärung. Die instruktionalen Erklärungen erwiesen sich zwar grundsätzlich als lernförderlich, die besten Lernergebnisse erzielte jedoch die Gruppe, die lediglich die Aufforderungen zur Selbsterklärung erhielt. Wurden instruktionale Erklärungen zusätzlich zu den Aufforderungen zur Selbsterklärung angeboten reduzierten die Lernenden ihre Selbsterklärungen. Dies führte zu schlechteren Lernergebnissen. Das Ergebnis von Schworm und Renkl (2006) spricht somit für die Wirksamkeit des ersten SEASITE Prinzips. Die Lernenden sollten möglichst aktiv und selbständig arbeiten.

Aus dem gleichen Grund argumentieren auch andere Autoren für den Einsatz instrumenteller beziehungsweise funktionsorientierter Unterstützungsangebote. Exekutiven oder operativen Unterstützungsangeboten wird kaum eine lernförderliche Wirkung zugeschrieben, da sie die Lernenden nicht zur selbständigen, aktiven Verarbeitung veranlassen (Aleven & Koedinger, 2000, 2001; Aleven et al., 2003; Nelson-Le Gall, 1981; Roll et al., 2011). Gleichzeitig scheint es von wesentlicher Bedeutung zu sein, die instrumentellen Unterstützungsangebote möglichst gut auf die Anforderungen der Lernaufgabe und die erforderlichen kognitiven Prozesse abzustimmen. Van der Meij und De Jong (2011) verglichen Prompts, die explizit dazu aufforderten Beziehungen zwischen unterschiedlichen Darstellungen zu formulieren, mit allgemein formulierten Selbsterklärungsprompts. Die Lernumgebung enthielt Simulationen zu unterschiedlichen physikalischen Phänomenen (z.B. Drehmomenten), mit denen die Lernenden experimentieren konnten. Jede Simulation bestand aus einer schematisch-bildhaften Darstellung, einem Funktionsdiagramm, einer numerisch-tabellarischen Darstellung sowie der passenden mathematischen Formel zu dem jeweils behandelten Phänomen. Um die Phänomene zu verstehen, mussten alle Darstellungen in die Verarbeitung mit einbezogen werden. Die Lernenden, die explizit dazu aufgefordert wurden Beziehungen zwischen den unterschiedlichen Darstellungen zu formulieren, erzielten bessere Ergebnisse als Lernende, die allgemeine Selbsterklärungsprompts erhielten.

Angesichts der möglichen Vielfalt an kognitiven Unterstützungsangeboten sind die Auswirkungen unterschiedlicher Formen und Gestaltungsmerkmale bislang wenig erforscht. So ließen sich beispielsweise keine Erkenntnisse darüber finden, wie Annotations- und Visualisierungswerkzeuge innerhalb multimedialer Lernumgebungen gestaltet sein sollten, um die Lernenden möglichst gut zu unterstützen. Untersuchungen zu Annotationen und Visualisierungen mit Papier und Bleistift legen eine lernförderliche Wirkung solcher Werkzeuge nahe (Van Meter & Garner, 2005; Staub, 2006). In computerbasierten Lernumgebungen konnte die Wirksamkeit bislang nicht demonstriert werden (Narciss et al., 2007; Schwamborn, Thillmann, Opfermann & Leutner, 2011). Dies könnte möglicherweise damit zusammenhängen, dass die bisherigen Prototypen solcher Lernumgebungen die Handlungsmöglichkeiten mit Papier und Bleistift nur unzureichend abbilden. Belege dafür gibt es bisher nicht.

Eigenschaften der Lernenden

Von den Eigenschaften der Lernenden wurde vor allem das Vorwissen als möglicher Einflussfaktor untersucht. Insbesondere Lernende mit niedrigem Vorwissen haben häufig Schwierigkeiten beim Lernen mit multimedialen Lernumgebungen (Dillon & Jobst, 2005; Kalyuga, 2005; Shin et al., 1994). Es wäre daher zu erwarten, dass diese Gruppe von der Nutzung kognitiver Unterstützungsangebote besonders profitiert. Dagegen ist es denkbar, dass Lernende mit besonders hohem Vorwissen keine Unterstützungsangebote benötigen und in ihrem Lernprozess eher davon behindert werden (*Expertise Reversal Effect*; siehe Kalyuga, Chandler & Sweller, 2000). Unter der Annahme, dass die Kapazität des Arbeitsgedächtnisses begrenzt ist (Chandler & Sweller, 1991) kann das Angebot zusätzlicher Hilfen die Verarbeitungskapazität Lernender mit niedrigem Vorwissen jedoch auch übersteigen (vgl. Schnotz & Heiß, 2009). Die empirische Befundlage ist in dieser Hinsicht nicht eindeutig. Es finden sich sowohl Belege für eine positive Wirkung kognitiver Unterstützungsangebote bei

Lernenden mit niedrigem Vorwissen als auch für eine negative Wirkung. Darüber hinaus zeigen sich Hinweise auf Interaktionen mit anderen Faktoren, wie zum Beispiel dem metakognitiven Verhalten der Lernenden und der Schwierigkeit der Lernaufgabe.

Aus dem Überblicksartikel von Aleven et al. (2003) geht zunächst hervor, dass insbesondere Lernende mit niedrigem Vorwissen von einer häufigen Nutzung kognitiver Unterstützungsangebote profitieren. Dies zeigt sich zum Beispiel in der Studie von Renkl (2002). Er identifizierte mit Hilfe einer Clusteranalyse vier unterschiedliche Nutzergruppen. Eine sehr erfolgreiche Gruppe von Lernenden nutzte die angebotenen instruktionalen Erklärungen nur selten. Diese Lernenden zeichneten sich durch ein hohes Vorwissen aus und benötigten die Unterstützungsangebote daher nicht. Die anderen drei Gruppen wiesen ein mittleres bis niedriges Vorwissen auf. Zwei davon nutzten die Unterstützungsangebote ebenfalls nur selten und erreichten mittlere bis niedrige Lernerfolge. Die vierte Gruppe von Lernenden nutzte die Unterstützungsangebote sehr häufig. Von den drei Gruppen mit niedrigem Vorwissen erzielte sie im Durchschnitt das beste Lernergebnis.

Auch in neueren Studien konnte gezeigt werden, dass Lernende mit niedrigem Vorwissen von der Nutzung kognitiver Unterstützungsangebote besonders profitieren. Beispielsweise führten die Aufforderungen zur Selbsterklärung in der bereits vorgestellten Untersuchung von Gerjets, Scheiter und Schuh (2005) insbesondere bei Lernenden mit niedrigem Vorwissen zu einer besseren Leistung beim Lösen der Aufgabenstellungen. Bei Bartholomé et al. (2006) erzielten Lernende mit niedrigem Vorwissen insgesamt sogar eine bessere Leistung als Lernende mit hohem Vorwissen. Die Autoren weisen darauf hin, dass dieses Ergebnis auf die speziellen Eigenschaften der Aufgabenstellung zurückgeführt werden kann. Die Bestimmung von Pflanzen ist sehr komplex und ohne Hilfestellung auch für Lernende mit hohem Vorwissen nur schwer zu bewältigen. Die Lernenden mit hohem Vorwissen nutzten die Unterstützungsangebote jedoch wesentlich seltener als Lernende mit niedrigem Vorwissen.

Neben diesen positiven Ergebnissen zeigten sich in einigen Studien auch negative Auswirkungen kognitiver Unterstützungsangebote für Lernende mit niedrigem Vorwissen. Horz et al. (2009) boten Lernenden in einer problembasierten Lernumgebung zur Kosten- und Leistungsrechnung zusätzliche Informationen in Form von Hilfeseiten und einem Glossar an. Die Experimentalgruppe erhielt darüber hinaus spezifische Hinweise zur Problemlösestrategie sowie zu Informationen aus den Hilfeseiten und dem Glossar. An der Untersuchung nahmen sowohl Studierende eines Anfängerkurses als auch Studierende eines Fortgeschrittenenkurses zur Kosten- und Leistungsrechnung teil. Die Studierenden des Fortgeschrittenenkurses profitierten tendenziell von den Hinweisen, während die Studierenden des Anfängerkurses ohne Hinweise zu besseren Ergebnissen kamen.

In der Untersuchung von Heiß et al. (2003) erhielten zwei Experimentalgruppen Unterstützungsangebote in Form von Lernzielangaben, Zusammenfassungen und Lernfragen. Die Nutzung der Unterstützungsangebote war entweder obligatorisch oder optional. Die Kontrollgruppe erhielt keine Unterstützungsangebote. Die Lernumgebung enthielt Materialien zum Thema „Attribution und soziale Kognition". In den Experimentalgruppen profitierten vor allem Lernende mit hohem Vorwissen von der Verfügbarkeit der Unterstützungsangebote, während Lernende mit niedrigem Vorwissen eher davon behindert wurden. Das Ergebnis erreichte jedoch keine statistische Signifikanz. In weiteren Experimenten wurde demonstriert, dass Lernende mit niedrigem Vorwissen eher von den optionalen als von den obligatorischen Unterstützungsangeboten profitieren (Schnotz & Heiß, 2009). Die Autoren begründen dieses Ergebnis damit, dass Lernende mit niedrigem Vorwissen bei optionaler Darbietung die Nutzung der Unterstützungsangebote an ihre aktuell verfügbare Verarbeitungskapazität anpassen können.

Dies setzt jedoch voraus, dass die Lernenden zu einem günstigen, adaptiven Verhalten überhaupt in der Lage sind. Mit anderen Worten: Ein gewisses Maß an metakognitivem Verhalten ist erforderlich. Die Untersuchung von Clarebout et al. (2011) liefert dafür empirische Anhaltspunkte. In ihrer Studie wurden Unterstützungsangebote ebenfalls optional oder obligatorisch dargeboten. Es handelte sich um Interpretationshilfen zu Bildern innerhalb eines Textes zu Fettleibigkeit. Neben dem Vorwissen wurden die Präferenzen der Lernenden für lernstrategische Aktivitäten mit Hilfe des LIST-Fragebogens erhoben (Lernstrategien im Studium; Wild & Schiefele, 1994). Es ergab sich ein Interaktionseffekt zwischen dem Vorwissen der Lernenden, ihrer Präferenz für lernstrategische Aktivitäten und der Integration der Unterstützungsangebote. Lernende mit niedrigem Vorwissen und einer hohen Präferenz für lernstrategische Aktivitäten erzielten einen höheren Lernerfolg bei optionaler Nutzung der Unterstützungsangebote als bei obligatorischer Nutzung. Das gleiche galt für Lernende mit hohem Vorwissen und einer niedrigen Präferenz für lernstrategische Aktivitäten. Das Vorwissen und die Präferenz der Lernenden für lernstrategische Aktivitäten scheinen einander teilweise zu kompensieren.

4.2.3 Zusammenfassung zur Lernförderlichkeit kognitiver Unterstützungsangebote

Kognitive Unterstützungsangebote haben das Potenzial, den Lernerfolg in multimedialen Lernumgebungen zu steigern (Aleven et al., 2003; Bartholomé et al., 2006; Clarebout & Elen, 2008, 2009; Gerjets et al., 2005; Juarez Collazo et al., 2012). Um das Potenzial auszuschöpfen, müssen Lernende die Angebote aktiv und in angemessener Weise nutzen (Aleven & Koedinger, 2000, 2001; Roll et al., 2011). Die Nutzung stellt jedoch keine hinreichende Voraussetzung dar. Der Lernprozess wird von weiteren Faktoren beeinflusst, wie zum Beispiel Form und Gestaltung der Unterstützungsangebote oder Vorwissen und metakognitives Verhalten der Lernenden. Bislang wurde die Wirkung unterschiedlicher Formen und Gestaltungsmerkmale wenig untersucht. Die bisherigen Befunde deuten darauf hin, dass insbesondere Unterstützungsangebote, die auf die Anforderungen der Lernaufgabe abgestimmt sind und zur selbständigen Erarbeitung anregen eine lernförderliche Wirkung haben (Aleven et al., 2003; Van der Meij & De Jong, 2011; Renkl, 2002; Schworm & Renkl, 2006).

Die Befunde zum Einfluss des Vorwissens sind nicht eindeutig. In einigen Untersuchungen profitierten insbesondere Lernende mit niedrigem Vorwissen von den Unterstützungsangeboten, während sie in anderen nicht davon profitierten. (Aleven et al., 2003; Bartholomé et al., 2006; Clarebout et al., 2011; Gerjets et al., 2005; Heiß et al., 2003; Horz et al., 2009). Die möglichen Interaktionen mit anderen Eigenschaften der Lernenden, Eigenschaften der Unterstützungsangebote oder Eigenschaften der Lernaufgabe wurden bisher wenig untersucht. Die Untersuchungen von Schnotz und Heiß, (2009) sowie von Clarebout et al., (2011) lassen darauf schließen, dass Lernende mit niedrigem Vorwissen durch eine strategische Anpassung der Nutzung der Unterstützungsangebote an ihre aktuellen Verarbeitungskapazitäten von den Unterstützungsangeboten profitieren könnten. Dazu müssen die Unterstützungsangebote optional dargeboten werden.

4.3 Ein Modell zur Nutzung von Unterstützungsangeboten

In Abschnitt 4.2.2 wurde bereits dargelegt, dass Lernende kognitive Unterstützungsangebote selten adäquat nutzen. Es wird allgemein angenommen, dass die Nutzung von Unterstützungsangeboten ein komplexer Prozess ist, der von unterschiedlichen Faktoren beeinflusst wird (Aleven et al., 2003; Karabenick & Newman, 2010; Nelson-Le Gall, 1985). Im Folgenden wird dieser Prozess genauer betrachtet. Aleven et al. (2003) schlagen als Grundlage dazu ein Modell von Nelson-Le Gall (1981) vor, das die Hilfesuche von Lernenden in sozialen Kontexten beschreibt. Sie adaptieren dieses Modell an computerbasierte Lernumgebungen. Zum Zeitpunkt der Erstellung dieser Arbeit ließ sich kein weiteres allgemein anwendbares Modell der Nutzung von Unterstützungsangeboten in multimedialen Lernumgebungen finden. Mercier und Frederiksen (2008) entwickelten eine Variation des Modells, die speziell für problembasierte Lernumgebungen gedacht ist. Aleven, McLaren, Roll und Koedinger (2006) entwickelten ein spezifisches Modell für intelligente tutorielle Systeme. In dieser Arbeit wird das allgemeinere Modell von Nelson-Le Gall (1981) beziehungsweise Aleven et al. (2003) als Grundlage herangezogen. Nach diesem Modell umfasst der Prozess der Nutzung von Unterstützungsangeboten fünf Schritte:

1. *Die Lernenden erkennen, dass sie Unterstützung benötigen.* Dieser Schritt setzt bestimmte metakognitive Kontrollprozesse voraus. Die Lernenden müssen die Schwierigkeit der gestellten Aufgabe beurteilen sowie ihren eigenen Lernfortschritt überwachen. Die Lernumgebung kann ihnen dabei helfen, indem sie Möglichkeiten der Selbstkontrolle anbietet (z.B. Rückmeldungen).

2. *Die Lernenden entscheiden sich, Unterstützung in Anspruch zu nehmen.* Selbst wenn Lernende ihren Unterstützungsbedarf erkannt haben, folgt daraus nicht automatisch eine Entscheidung zur Nutzung von Unterstützung. Die Entscheidung beruht letztlich auf einer Abwägung der wahrgenommenen Kosten gegenüber dem wahrgenommenen Nutzen. Dabei spielen unterschiedliche Faktoren eine Rolle. In sozialen Kontexten wurde beispielsweise festgestellt, dass Lernende häufig nicht nach Hilfe suchen, um nicht als inkompetent zu gelten oder aus Angst, die erbrachte Leistung könnte geringer bewertet werden (Ryan, Pintrich & Midgley, 2001). Auch in multimedialen Lernumgebungen können Lernende die Nutzung von Unterstützungsangeboten unter Umständen als nachteilig ansehen, beispielsweise wenn die Nutzung von Unterstützungsangeboten mit einem Punktabzug versehen wird oder mit höherem Aufwand verbunden ist. Ein höherer Aufwand kann zum Beispiel durch eine schlechte Bedienbarkeit des Unterstützungsangebots entstehen.

3. *Die Lernenden identifizieren potenzielle Unterstützungsangebote.* Multimediale Lernumgebungen können unterschiedliche Formen von Unterstützungsangeboten enthalten (siehe Abschnitt 4.1). Die Lernenden müssen die Angebote finden und gegebenenfalls auswählen, welches Angebot ihrem Unterstützungsbedarf entspricht.

4. *Die Lernenden verwenden Strategien um Unterstützung zu erhalten.* In sozialen Kontexten müssen Lernende dazu eine angemessene Anfrage formulieren. In multimedialen Lernumgebungen ist es in der Regel nicht möglich, natürlichsprachliche Anfragen zu stellen. Die Möglichkeiten der Unterstützungsangebote sind meist eingeschränkter und weniger interaktiv. Die Lernenden müssen die gegebenen Funktionen des Unterstützungsangebots in einer Weise nutzen, so dass ihr Unterstützungsbedarf damit gedeckt wird.

5. *Die Lernenden bewerten ob die Nutzung der Unterstützung erfolgreich war.* Dies erfordert wiederum metakognitive Kontrollprozesse. Die Lernenden müssen abwägen, inwieweit sie durch die Nutzung des Unterstützungsangebots den gewünschten Lernfortschritt erzielt haben. Die Lernumgebung kann hierbei durch Möglichkeiten der Selbstkontrolle helfen. Gegebenenfalls müssen die Lernenden die Unterstützung erneut in Anspruch nehmen oder weitere Unterstützungsangebote nutzen.

Das Modell geht von einem idealen Prozess der Hilfenutzung in sozialen Kontexten aus. In der Realität ist insbesondere in multimedialen Lernumgebungen auch eine andere Reihenfolge der ersten drei Schritte denkbar. Beispielsweise könnte man annehmen, dass die Lernenden in multimedialen Lernumgebungen sich erst dann für die Nutzung von Unterstützungsangeboten entscheiden können, wenn ihnen bekannt ist, dass Unterstützungsangebote zur Verfügung stehen, welche Funktionen sie enthalten sowie welcher Aufwand und welche Vorteile mit der Nutzung verbunden sind. Die Identifikation der Unterstützungsangebote könnte daher auch vor der Entscheidung zur Nutzung stattfinden und die Entscheidung mit beeinflussen. Möglicherweise identifizieren die Lernenden bereits zu Beginn der Lernphase, wenn sie sich mit der Lernumgebung vertraut machen, potenziell verfügbare Unterstützungsangebote, stellen während der Lernphase einen Unterstützungsbedarf fest und entscheiden sich daraufhin direkt für die Nutzung eines der möglichen Angebote (Reihenfolge: 3., 1., 2.). Denkbar ist ebenso, dass sich die Lernenden zuerst ihres Unterstützungsbedarfs bewusst werden, daraufhin verfügbare Unterstützungsangebote in der Lernumgebung identifizieren und danach aufgrund der nun bekannten Unterstützungsangebote eine Entscheidung über die Nutzung treffen (Reihenfolge: 1., 3., 2.).

Insgesamt kann festgehalten werden, dass der Prozess der Nutzung von Unterstützungsangeboten eine ganze Reihe an metakognitiven Prozessen und darauf basierenden Entscheidungen umfasst. Aus der Beschreibung der einzelnen Schritte geht hervor, dass jede dieser Entscheidungen durch verschiedene Faktoren beeinflusst werden kann. Möglicherweise erkennen Lernende ihren Unterstützungsbedarf nicht, weil es ihnen an nötigem Vorwissen oder metakognitiven Fähigkeiten mangelt. Sie entscheiden sich möglicherweise nicht für die Nutzung von Unterstützungsangeboten, weil sie nicht ausreichend motiviert sind. Sie finden eventuell keine passenden Unterstützungsangebote, weil die Lernumgebung entweder keine anbietet, oder die vorhandenen Angebote schlecht auffindbar sind. Möglicherweise sind sich die Lernenden gar nicht darüber bewusst, dass Unterstützungsangebote zur Verfügung stehen. Vielleicht wissen die Lernenden aber auch nicht, in welcher Weise die verfügbaren Funktionen der Unterstützungsangebote für sie hilfreich sind und wie sie aus ihnen den besten Nutzen ziehen können. Mit Blick auf eine mögliche Förderung der Nutzung werden die möglichen Einflussfaktoren im folgenden Abschnitt genauer betrachtet.

4.4 Einflussfaktoren auf die Nutzung von kognitiven Unterstützungsangeboten

In der Vergangenheit wurde eine ganze Reihe von Einflussfaktoren auf die Nutzung von Unterstützungsangeboten in multimedialen Lernumgebungen diskutiert. Sie lassen sich grundsätzlich in vier Gruppen unterteilen (Aleven et al., 2003; Clarebout & Elen, 2006):

1. Eigenschaften der Lernenden
2. Eigenschaften der Unterstützungsangebote
3. Eigenschaften der Lernaufgabe
4. Zusätzliche Maßnahmen zur Förderung der Nutzung

Zu einigen der Faktoren liegen empirische Befunde vor. Zu anderen können lediglich Schlussfolgerungen aufgrund der Erfahrung in anderen Bereichen der Mensch-Computer-Interaktion oder in sozialen Kontexten gezogen werden. In den nachfolgenden Abschnitten werden die Argumente und Ergebnisse zusammengefasst.

4.4.1 Eigenschaften der Lernenden

Vorwissen

Eine Reihe von Untersuchungen berichtet Ergebnisse zum Einfluss des Vorwissens auf die Nutzung von kognitiven Unterstützungsangeboten (Babin et al., 2009; Bartholomé et al., 2006; Horz et al., 2009; Martens, Valcke & Portier, 1997; Renkl, 2002; Wood & Wood, 1999). Überwiegend zeigt sich, dass Lernende mit niedrigem Vorwissen kognitive Unterstützungsangebote häufiger nutzen als Lernende mit hohem Vorwissen. Lediglich Martens et al. (1997) berichten einen umgekehrten Zusammenhang. In ihrer Untersuchung wurde die Häufigkeit der Nutzung allerdings durch eine anschließende Befragung der Teilnehmer erhoben, während in den anderen genannten Studien Logdaten erfasst wurden. Die Angaben der Teilnehmer könnten von der tatsächlichen Nutzungshäufigkeit abweichen. Eine mögliche Erklärung für die häufigere Nutzung durch Lernende mit niedrigem Vorwissen ist, dass die Lernenden aufgrund des mangelnden Vorwissens generell von einem höheren Unterstützungsbedarf ausgehen, als Lernende mit hohem Vorwissen.

Betrachtet man die Qualität und Angemessenheit der Nutzung ergibt sich ein anderes Bild. Wood und Wood (1999) untersuchten die Nutzung kontextsensitiver Hinweise in einer problembasierten Lernumgebung zur Mathematik. Lernende mit niedrigem Vorwissen hatten eine ähnlich hohe Erfolgsquote beim Lösen der Aufgabenstellungen wie Lernende mit hohem Vorwissen, wenn sie die Unterstützungsangebote nutzten. Insgesamt schnitten die Lernenden mit niedrigem Vorwissen jedoch schlechter ab. Eine genauere Analyse ergab, dass Lernende mit hohem Vorwissen die Hinweise zwar insgesamt seltener nutzten als Lernende mit niedrigem Vorwissen. Sie neigten jedoch eher als Lernende mit niedrigem Vorwissen dazu, die Hinweise zu nutzen, nachdem sie einen Fehler gemacht hatten. Lernende mit niedrigem Vorwissen nutzten die Hinweise häufig bereits ohne einen Fehler gemacht zu haben und nur selten nach einem Fehler. Dies spricht dafür, dass Lernende mit hohem Vorwissen ihren Unterstützungsbedarf besser einschätzen und die Nutzung von Unterstützungsangeboten besser an ihren Unterstützungsbedarf anpassen als Lernende mit niedrigem Vorwissen.

Hohes Vorwissen kann jedoch auch dazu führen, dass Lernende ihre Fähigkeiten überschätzen. In der Untersuchung von Bartholomé et al. (2006) schnitten Lernende mit niedrigem Vorwissen insgesamt besser ab als Lernende mit hohem Vorwissen. Sie nutzten die Unterstützungsangebote wesentlich häufiger, was sich im Fall der schwierigen Lernaufgabe (Pflanzenbestimmung) als das günstigere Verhalten erwies. Die Bedeutung der Lernaufgabe wird an späterer Stelle genauer diskutiert.

Insgesamt kann somit festgehalten werden, dass Lernende mit niedrigem Vorwissen Unterstützungsangebote zwar häufiger nutzen, die Nutzung aber nicht immer optimal an ihren Unterstützungsbedarf anpassen. Es gibt Hinweise darauf, dass sie insbesondere in Situationen, in denen sie die Unterstützung am meisten benötigen, selten davon Gebrauch machen (Wood & Wood, 1999). Im Zusammenspiel mit anderen Faktoren können sich jedoch auch für Lernende mit hohem Vorwissen Situationen ergeben, in denen sie ihren Unterstützungsbedarf falsch einschätzen und die Nutzung von Unterstützungsangeboten vermeiden (Bartholomé et al., 2006). Eine Förderung der adäquaten Nutzung scheint somit für beide Gruppen sinnvoll.

Selbstregulatorische Fähigkeiten

Lernende mit hohen selbstregulatorischen Fähigkeiten zeichnen sich dadurch aus, dass sie ihren Lernprozess selbständig planen, kontrollieren, evaluieren und gegebenenfalls anpassen (Winne & Hadwin, 1998). Auch die adaptive Nutzung von Unterstützungsangeboten kann als Ausdruck selbstregulatorischer Fähigkeiten aufgefasst werden (Nelson-Le Gall, 1985). Wie bereits im Modell in Abschnitt 4.3 dargestellt wurde, umfasst der Prozess der Nutzung von Unterstützungsangeboten eine ganze Reihe von Kontrollprozessen, Entscheidungen und Anpassungen seitens der Lernenden. Aus theoretischer Sichtweise sollten Lernende mit besseren selbstregulatorischen Fähigkeiten daher eher in der Lage sein, die Nutzung der Unterstützungsangebote an ihren Unterstützungsbedarf anzupassen (Aleven et al., 2003). Im Kontext multimedialer Lernumgebungen wurde dieser Aspekt bislang nur in wenigen Studien untersucht und der vermutete Zusammenhang wurde nicht empirisch belegt (Clarebout & Elen, 2009; Clarebout, Horz, Schnotz & Elen, 2010; Hartley & Bendixen, 2003). Dies lässt sich möglicherweise auf methodische Schwierigkeiten zurückführen. Die Erfassung selbstregulatorischer Fähigkeiten stellt immer noch ein großes Problem dar. Bei vielen der verwendeten Fragebögen kann eingewendet werden, dass sie eher Präferenzen für bestimmte Lernstrategien oder Wissen über metakognitive Prozesse messen. Diese Angaben der Lernenden können von ihren tatsächlichen Handlungen abweichen (Wirth, 2005). Einige Forscher plädieren daher für eine prozessnahe Erfassung der selbstregulatorischen Fähigkeiten, was in der Praxis mit großem Aufwand verbunden ist (z.b. Greene & Azevedo, 2009).

In den nachfolgend vorgestellten Studien wurden ausschließlich Fragebögen zur Erfassung der selbstregulatorischen Fähigkeiten verwendet. Die Autoren weisen daher darauf hin, dass ihre Aussagekraft bezüglich des Zusammenhangs selbstregulatorischer Fähigkeiten und der Nutzung von Unterstützungsangeboten begrenzt ist.

Hartley und Bendixen (2003) erhoben das Bewusstsein der Lernenden für kognitive und metakognitive Prozesse mit dem *Metacognitive Awareness Inventory* (Schraw & Dennison, 1994). Ihre Lernumgebung enthielt Informationen zum Bakterium Escherichia coli. Es wurden verschiedene Formen der Unterstützung angeboten, beispielsweise ein Glossar, eine Inhaltsübersicht und Selbstkontrollfragen. Hartley und Bendixen (2003) fanden keinen Zusammenhang zwischen dem Bewusstsein der Lernenden für kognitive und metakognitive Prozesse und der Nutzung der Unterstützungsangebote.

Clarebout und Elen (2009) erfassten die Präferenzen von Lernenden für lernstrategische Aktivitäten mit dem *Learning Style Inventory* (LSI; Vermunt, 1992). Ihre Lernumgebung zum Thema Fettleibigkeit bot kognitive Unterstützung in Form von Interpretationshilfen für Texte und Bilder an. Es fand sich kein Zusammenhang zwischen der Präferenz der Lernenden für lernstrategische Aktivitäten und der Nutzung der Unterstützungsangebote.

In einer ähnlichen Studie mit der gleichen Lernumgebung erhoben Clarebout, Horz, Schnotz und Elen (2010) die Präferenz von Lernenden für lernstrategische Aktivitäten mit dem LIST-Fragebogen (Lernstrategien im Studium; Wild & Schiefele, 1994). Sie variierten die Art der Integration der Unterstützungsangebote (optionale vs. obligatorische Nutzung) und fanden einen Interaktionseffekt. Lernende, die eine hohe Präferenz für lernstrategische Aktivitäten angaben, nutzten die Unterstützungsangebote nur oberflächlich, wenn sie zur Nutzung gezwungen wurden. Möglicherweise interferierte die Vorgabe des Systems mit den Absichten der Lernenden. Dies spräche dafür, Unterstützungsangebote bei Lernenden mit hohen Präferenzen für lernstrategische Aktivitäten optional darzubieten.

Aufgrund der beschriebenen methodischen Schwierigkeiten können aus den bisherigen Untersuchungen keine weiteren Rückschlüsse auf den Zusammenhang zwischen den selbstregulatorischen Fähigkeiten und der Nutzung von Unterstützungsangeboten gezogen werden.

Alter

Es finden sich keine Untersuchungen zum Einfluss des Alters auf die Nutzung von Unterstützungsangeboten in multimedialen Lernumgebungen. Untersuchungen zur Hilfesuche in sozialen Kontexten zeigen jedoch, dass die Fähigkeit zur angemessenen

Hilfesuche mit dem Alter zunimmt (Newman & Schwager, 1995; Puustinen, Volckaert-Legrier, Coquin & Bernicot, 2009; Ryan & Pintrich, 1997). Ältere Lernende verfügen in der Regel über bessere metakognitive Fähigkeiten und können ihren Unterstützungsbedarf häufig besser einschätzen. In der Studie von Puustinen et al. (2009) zeigte sich darüber hinaus, dass ältere Schüler ihre Hilfeanfragen expliziter und mit mehr Kontextinformationen formulieren als jüngere Schüler. Sie haben also auch bessere Strategien entwickelt, um Unterstützung zu erhalten. Gleichzeitig finden sich Belege dafür, dass in der frühen Pubertät zunehmend motivationale Faktoren eine Rolle spielen und die Bereitschaft zur Hilfesuche vorübergehend zurückgeht (Marchand & Skinner, 2007; Ryan et al., 2001; Ryan & Pintrich, 1997; Ryan & Shin, 2011).

Geschlecht

Auch der Zusammenhang zwischen dem Geschlecht und der Hilfenutzung wurde bislang hauptsächlich in sozialen Kontexten untersucht. In Schulklassen sind Mädchen meist eher bereit Hilfe zu suchen als Jungen (Ryan, Gheen & Midgley, 1998). Die Unterschiede scheinen jedoch spezifisch für bestimmte Sachbereiche zu sein und von motivationalen Faktoren abhängig zu sein (Aleven et al., 2003).

Im Bereich des computerbasierten Lernens wurde eine einzige Studie gefunden, die sich mit dem Einfluss des Geschlechts auf die Nutzung von Unterstützungsangeboten beschäftigt. Hong und Hwang (2012) untersuchten dies im Rahmen des Lernens mit Computerspielen (*Game-Based Learning*). Es zeigte sich kein signifikanter Unterschied zwischen Mädchen und Jungen. Speziell im Kontext multimedialer Lernumgebungen wurden dazu keine Studien gefunden.

Motivationale Faktoren: Zielorientierung, Arbeitsvermeidung und Interesse

Selbst wenn Lernende ihren Unterstützungsbedarf erkannt haben, entscheiden sie sich häufig gegen die Nutzung von Unterstützungsangeboten. Untersuchungen in sozialen Kontexten zeigen, dass dabei motivationale Faktoren eine Rolle spielen (zusammenfassend siehe Aleven et al., 2003; Schworm & Fischer, 2006). Ein häufig genannter Aspekt ist die Zielorientierung der Lernenden. Dabei wird meist zwischen einer Lernzielorientierung und einer Leistungszielorientierung unterschieden. Eine Lernzielorientierung liegt vor, wenn Personen danach streben, die eigene Kompetenz zu verbessern. Eine Leistungszielorientierung liegt vor, wenn Personen danach streben, besser zu sein als andere, die eigene Kompetenz zu demonstrieren oder Inkompetenz zu verbergen (Dweck, 1986; Elliot, 1999). Leistungszielorientierte Personen vermeiden häufig die Hilfesuche, um nicht als inkompetent zu gelten, oder aus Angst die eigene Leistung könnte geringer bewertet werden. Sie neigen außerdem dazu exekutive statt instrumentelle Hilfe zu suchen, um schneller zu einem Ergebnis zu kommen.

(Arbreton, 1998; Dickhäuser, Butler & Tönjes, 2007; Newman & Schwager, 1995; Ryan et al., 1998, 2001; Ryan & Pintrich, 1997). Das eigene Selbstkonzept kann dabei ebenfalls eine Rolle spielen. Personen mit einem schlechten Selbstkonzept empfinden ihren Unterstützungsbedarf häufig als bedrohlich (Ryan & Pintrich, 1997).

Es ist denkbar, dass unterschiedliche Zielorientierungen die Nutzung von Unterstützungsangeboten in multimedialen Lernumgebungen in ähnlicher Weise beeinflussen wie in sozialen Kontexten. Möglicherweise sind die Unterschiede aufgrund der anonymeren Situation aber weniger ausgeprägt (Aleven et al., 2003). Bislang liegen dazu wenige empirische Befunde vor (Bartholomé et al., 2006; Clarebout & Elen, 2008, 2009; Huet et al., 2011).

Huet, Escribe, Dupeyrat und Sakdavong (2011) untersuchten den Zusammenhang in einer Lernumgebung zur Statistik. Diese enthielt sowohl instrumentelle als auch exekutive Unterstützungsangebote. Eine starke Leistungszielorientierung von Lernenden korrelierte negativ mit der Nutzung der Unterstützungsangebote, insbesondere der instrumentellen Unterstützungsangebote. Dieses Ergebnis stimmt mit den Befunden aus sozialen Kontexten überein.

Clarebout und Elen (2008, 2009) fanden hingegen einen umgekehrten Zusammenhang. In ihrer Studie nahmen lernzielorientierte Lernende seltener Unterstützung in Anspruch, wenn sie nicht durch zusätzliche Hinweise auf die Funktionalität und Bedeutung der Unterstützungsangebote aufmerksam gemacht wurden. Die Lernumgebung enthielt ausschließlich instrumentelle Unterstützungsangebote. Die Autoren vermuten, dass dieses Ergebnis auf die Vorstellungen der Lernenden darüber, wie Lehr- und Lernprozesse funktionieren, zurückgeführt werden kann. In einer früheren Studie gaben Lernende an, Unterstützungsangebote nicht zu nutzen, weil sie diese als Betrugsversuch auffassten (Clarebout, Elen, Lowyck, Van den Ende & Van den Enden, 2004). Möglicherweise hatten die lernzielorientierten Lernenden in der Studie von 2008/2009 eine ähnliche Vorstellung und wollten die Lernaufgabe daher alleine bewältigen. Dafür spricht auch, dass der Zusammenhang nur für Lernende gefunden wurde, die keine zusätzlichen Hinweise zur Funktionalität und Bedeutung der Unterstützungsangebote erhielten. Die Hinweise könnten die Vorstellungen der Lernenden verändert haben.

Bartholomé et al. (2006) fanden keinen Zusammenhang zwischen der Lernzielorientierung von Lernenden und der Nutzung von Unterstützungsangeboten. Dies könnte jedoch auf einen Deckeneffekt zurückzuführen sein. Alle Teilnehmer wiesen eine hohe Lernzielorientierung auf.

In der Studie von Bartholomé et al. (2006) wurde darüberhinaus der Einfluss des Interesses für den Sachbereich und der Tendenz der Lernenden zur Arbeitsvermeidung untersucht. Lernende, die versuchen Arbeit zu vermeiden, nutzen Unterstützungsangebote möglicherweise seltener. Lernende mit hohem Interesse für den Sachbereich streben möglicherweise stärker nach Verständnis und sind dazu eher bereit Unterstützungsangebote zu nutzen. In der Untersuchung zeigte sich jedoch kein Zusammenhang zwischen den beiden Faktoren und der Nutzung von Unterstützungsangeboten. Da die Untersuchung im Rahmen des realen Studienbetriebs stattfand und die Materialien für die Teilnehmer prüfungsrelevant waren ist es denkbar, dass die genannten Faktoren für die Teilnehmer eine untergeordnete Rolle spielten.

Insgesamt zeigt sich somit ein uneinheitliches Bild bezüglich des Einflusses motivationaler Faktoren. Die Erfahrungen aus sozialen Kontexten sowie die Untersuchung von Huet et al. (2011) sprechen dafür, dass lernzielorientierte Lernende eher bereit sind, instrumentelle kognitive Unterstützungsangebote zu nutzen als leistungszielorientierte Lernenden. Die Untersuchungen von Bartholomé et al. (2006) sowie von Clarebout & Elen (2008, 2009) legen allerdings den Schluss nahe, dass die untersuchten Ausprägungen motivationaler Faktoren zu global sein könnten, um den unter Umständen ganz unterschiedlichen und sich überlagernden Motiven Lernender gerecht zu werden.

Epistemologische Überzeugungen

Epistemologische Überzeugungen können als Vorstellungen über die Natur des Wissens und des Wissenserwerbs verstanden werden (Hofer & Pintrich, 1997). Diese Vorstellungen betreffen beispielsweise die Sicherheit des Wissens, die Strukturiertheit des Wissens, die Rechtfertigung des Wissens oder die Quelle des Wissens. Es gibt in der Forschung unterschiedliche Vorschläge und Auffassungen darüber, anhand welcher Dimensionen epistemologische Überzeugungen beschrieben werden können (zusammenfassend siehe Buehl, 2008).

Aleven et al. (2003) wiesen darauf hin, dass epistemologische Überzeugungen einen Einfluss auf die Nutzung von Unterstützungsangeboten haben könnten. So wäre es beispielsweise möglich, dass Lernende mit naiven epistemologischen Überzeugungen ihr Verständnis des Lernmaterials überschätzen und ihren Unterstützungsbedarf dadurch falsch beurteilen. Bisher gibt es nur wenige Studien, die die Zusammenhänge zwischen bestimmten Dimensionen epistemologischer Überzeugungen und der Nutzung von Unterstützungsangeboten untersucht haben.

Hartley und Bendixen (2003) fanden eine positive Korrelation zwischen der Überzeugung von Lernenden, Lernen sei ein schneller Prozess und der Nutzung von Unterstützungsangeboten. Möglicherweise wurden die Unterstützungsangebote als der schnellste Weg zum Lernerfolg betrachtet.

In der Studie von Bartholomé et al. (2006) nutzten diejenigen Lernenden häufiger Unterstützungsangebote, die davon überzeugt waren, Wissen sei eher unstrukturiert und müsse aktiv konstruiert werden. Diese Lernenden waren sich möglicherweise stärker der Schwierigkeiten der gestellten Aufgabe bewusst und nahmen daher stärker einen Unterstützungsbedarf wahr.

Die genannten Untersuchungen liefern bislang nur wenige Hinweise, in welcher Weise epistemologische Überzeugungen die Nutzung von Unterstützungsangeboten beeinflussen können.

Lehrvorstellungen

Clarebout et al. (2004) fanden Hinweise darauf, dass auch die Vorstellungen der Lernenden über Lehre, Unterricht und instruktionale Interventionen eine Auswirkung auf die Bereitschaft zur Nutzung von Unterstützungsangeboten haben können. Ihre Lernumgebung zum Thema Tropenmedizin enthielt Unterstützungsangebote zur Förderung diagnostischer Fähigkeiten. Aus Protokollen lauten Denkens ergab sich, dass die Lernenden die Nutzung der Unterstützungsangebote als einen Betrugsversuch auffassten und sie daher kaum in Anspruch nahmen.

In einer weiteren Studie von Clarebout und Elen (2008) wurden die Vorstellungen Lernender über Unterstützungsangebote in multimedialen Lernumgebungen durch einen Fragebogen erhoben. Die Autoren gingen davon aus, dass die Wahrscheinlichkeit der Nutzung von Unterstützungsangeboten steigt, wenn die Vorstellungen der Lernenden mit der tatsächlichen Funktionalität der Unterstützungsangebote möglichst übereinstimmen. Der vermutete Zusammenhang wurde jedoch nicht gefunden.

4.4.2 Eigenschaften der Unterstützungsangebote

Inhalt der Unterstützung

Insgesamt lässt sich eine Präferenz Lernender für exekutive Unterstützungsangebote feststellen, während instrumentelle Unterstützungsangebote nur selten genutzt werden (Aleven & Koedinger, 2000, 2001; Huet et al., 2011; Mäkitalo-Siegl, 2011). In den Studien von Aleven und Koedinger (2000, 2001) setzten sich die Lernenden beispielsweise kaum mit Hinweisen auseinander, die sie bei der selbständigen Erarbeitung einer Lösung unterstützten. Sie klickten in schneller Abfolge durch alle Hinweise bis sie die richtige Antwort erhielten. Mäkitalo-Siegl (2011) berichtet von einem ähnlichen Verhalten. Sowohl innerhalb einer computerbasierten Lernumgebung, als auch im Klassenzimmer suchten Schüler nahezu ausschließlich exekutive Unterstützung.

Es gibt Hinweise darauf, dass diese Tendenz der Lernenden von ihrer Zielorientierung beeinflusst wird. So zeigte sich beispielsweise bei Huet et al., (2011), dass vor allem Lernende mit einer starken Leistungszielorientierung instrumentelle Hilfe vermeiden.

Die Präferenz Lernender für exekutive Unterstützungsangebote ist grundsätzlich problematisch einzustufen, da sich exekutive Unterstützung im Gegensatz zu instrumenteller Unterstützung kaum als lernförderlich erweist (Aleven & Koedinger, 2000, 2001; Babin et al., 2009; Dutke & Reimer, 2000; Karabenick, 2011; Nelson-Le Gall, 1985). Das Angebot exekutiver Unterstützung sollte daher möglichst vermieden werden, auch wenn Lernende diese Form bevorzugen. Dagegen sollte die Nutzung instrumenteller Unterstützungsangebote gezielt gefördert werden.

Aspekte der Usability: Wahrgenommene Einfachheit der Bedienung und Nützlichkeit

Mit Bezug auf das *Technology Acceptance Model* (Davis, 1989) kann angenommen werden, dass auch Aspekte der Usability einen Einfluss auf die Nutzung von Unterstützungsangeboten haben. Das *Technology Acceptance Model* geht davon aus, dass die wahrgenommene Einfachheit der Bedienung sich auf die wahrgenommene Nützlichkeit eines technischen Systems auswirkt und sich beide Eigenschaften zusammen auf die Absicht zur Benutzung dieses Systems auswirken. Die Absicht zur Benutzung wirkt sich wiederum auf die tatsächliche Nutzung des technischen Systems aus. Die wahrgenommene Nützlichkeit ist die Überzeugung der potenziellen Benutzer, dass die Nutzung eines technischen Systems ihre Leistung tatsächlich verbessern wird. Die wahrgenommene Einfachheit der Bedienung bezieht sich auf die Überzeugung der Benutzer, dass das System leicht zu bedienen ist.

Es gibt Hinweise darauf, dass die Annahmen des *Technology Acceptance Models* auch für multimediale Lernumgebungen zutreffen. Beispielsweise konnten Pituch und Lee (2006) zeigen, dass die wahrgenommene Nützlichkeit und die wahrgenommene Einfachheit der Bedienung einer multimedialen Lernumgebung positiv mit der Nutzungsabsicht der potenziellen Benutzer korreliert. Zu einem ähnlichen Ergebnis kamen auch Cho, Cheng und Lai (2009). Chen et al. (2012) berichten von einem positiven Zusammenhang zwischen der wahrgenommenen Nützlichkeit eines Annotationswerkzeugs für multimediale Lernumgebungen und der Nutzungsabsicht. In allen drei Studien wurden jedoch lediglich Nutzungsabsichten erhoben. Die Auswirkung der Nutzungsabsicht auf die tatsächliche Nutzung konnte somit nicht belegt werden.

Juarez Collazo et al. (2012) untersuchten den Zusammenhang der wahrgenommenen Nützlichkeit und der wahrgenommenen Einfachheit der Bedienung mit der Nutzung von kognitiven Unterstützungsangeboten. Anders als in den bisher genannten Studien wurde die tatsächliche Nutzung der Unterstützungsangebote erfasst. In Übereinstimmung mit dem *Technology Acceptance Model* fand sich ein positiver Zusammenhang zwischen der wahrgenommenen Einfachheit der Bedienung und der wahrgenommenen Nützlichkeit der Unterstützungsangebote. Keiner der beiden Faktoren korrelierte jedoch mit der Häufigkeit oder Qualität der Nutzung.

Bislang ist keine weitere Studie bekannt, welche die Annahmen des *Technology Acceptance Models* im Kontext kognitiver Unterstützungsangebote untersucht hätte. Auf Basis der bisherigen Forschungsergebnisse kann zumindest festgehalten werden, dass sich die wahrgenommene Nützlichkeit und die wahrgenommene Einfachheit der Bedienung auf die Nutzungsabsichten der Lernenden auswirken. Somit erhöhen sich bei einem als nützlich und gut bedienbar eingeschätzten Unterstützungsangebot die Chancen der Nutzung. Die tatsächliche Nutzung kann dennoch davon abweichen. Die Gestaltung der Unterstützungsangebote sollte demnach auf eine einfache Bedienbarkeit ausgerichtet sein und den Lernenden die Nützlichkeit der Angebote vor Augen führen.

Art der Darbietung

Bezüglich der Art der Darbietung werden meist optionale und obligatorische Unterstützungsangebote unterschieden. Optionale Unterstützungsangebote werden von den Lernenden häufig ignoriert (Aleven et al., 2003; Narciss et al., 2007). Dies wirft die Frage auf, warum Unterstützungsangebote nicht grundsätzlich obligatorisch dargeboten werden. Verschiedene Argumente sprechen dagegen. Obligatorische Unterstützungsangebote finden kaum Akzeptanz bei den Lernenden und werden oft nur oberflächlich genutzt (Aleven et al., 2003; Clarebout et al., 2010; Heiß et al., 2003). Lernende mit niedrigem Vorwissen sollten gegebenenfalls die Nutzung der Unterstützungsangebote an ihre aktuelle Verarbeitungskapazität anpassen können (Clarebout et al., 2011; Schnotz & Heiß, 2009). Außerdem sollten Lernende idealerweise nur dann Unterstützungsangebote nutzen, wenn tatsächlich ein Unterstützungsbedarf vorliegt. Bei obligatorischen Unterstützungsangeboten müsste die Lernumgebung daher zunächst den Unterstützungsbedarf diagnostizieren und daraufhin passende Unterstützungsangebote auswählen. Bislang ist es jedoch nicht gelungen, ein solches intelligentes System zu entwickeln und es ist fraglich, ob jemals eines entwickelt werden wird (Aleven et al., 2003).

Es spricht somit vieles dafür, Unterstützungsangebote optional anzubieten. Allerdings stellt sich die Frage, wie die optionale Darbietung gestaltet werden kann, um die Lernenden auf die Verfügbarkeit der Unterstützungsangebote aufmerksam zu machen. In den meisten Untersuchungen mussten optionale Unterstützungsangebote über eine Schaltfläche von den Lernenden explizit aufgerufen oder aktiviert werden (z.B. Aleven & Koedinger, 2000, 2001; Bartholomé et al., 2006; Juarez Collazo et al., 2012; Martens et al., 1997; Narciss et al., 2007; Roll et al., 2011). Es ist jedoch denkbar, dass eine offenkundige Darbietung mehr Aufmerksamkeit auf sich zieht, die Identifikation potenziell verfügbarer Angebote somit erleichtert wird (Schritt 3 im Modell von Aleven et al., 2003 bzw. Nelson-Le Gall, 1981; vgl. Abschnitt 4.3) und die Nutzungshäufigkeit insgesamt erhöht wird. Eine Studie aus der Forschung zur Mensch-Computer-Interaktion zeigt beispielsweise, dass eine auffälligere Art der Darbietung von Informationen die Häufigkeit der Wahrnehmung und der aktiven Verarbeitung erhöhen kann (Bailey, Konstan & Carlis, 2000). Dabei muss jedoch behutsam vorgegangen werden. Ist die Darbietung zu aufdringlich, wie zum Beispiel bei Pop-Ups, reagieren Benutzer meist ablehnend und widerwillig (Bahr & Ford, 2011; Bailey, Konstan & Carlis, 2001). Es ist bislang keine Studie bekannt, die den Einfluss unterschiedlicher optionaler Darbietungsarten auf die Nutzung von Unterstützungsangeboten in multimedialen Lernumgebungen untersucht hätte.

4.4.3   Eigenschaften der Lernaufgabe

Schworm und Fischer (2006) plädieren bei der Wahl der Lernaufgabe für einen am Vorwissen der Lernenden orientierten Schwierigkeitsgrad bei gleichzeitig hoher Wahrscheinlichkeit Unterstützung zu benötigen. Ist die Lernaufgabe zu leicht, wird den Lernenden ihr Unterstützungsbedarf möglicherweise nicht bewusst. Ist sie zu schwierig, sinkt möglicherweise die Bereitschaft, die angebotene Unterstützung in angemessener Weise zu nutzen und die Lernenden tendieren zu einem exekutiven Hilfesucheverhalten.

Bisher sind keine Studien bekannt, die gezielt Eigenschaften der Lernaufgabe als Einflussfaktor auf die Nutzung von Unterstützungsangeboten untersucht haben. Es finden sich jedoch Hinweise darauf, dass die Schwierigkeit der Lernaufgabe eine Auswirkung, wie von Schworm und Fischer beschrieben, haben könnte (zusammenfassend siehe Aleven et al., 2003; Clarebout & Elen, 2006). Beispielsweise zeigten Lernende mit hohem Vorwissen in der Untersuchung von Wood und Wood (1999) eine angemessenere Nutzung von Unterstützungsangeboten und schnitten insgesamt besser ab als Lernende mit niedrigem Vorwissen. Alle Lernenden bearbeiteten jedoch die gleichen Lernaufgaben. In einer weiteren Studie von Wood (2001) wurden die Lernaufgaben auf Basis des Vorwissens der Lernenden ausgesucht. Die Lernenden bearbeiteten Aufgabenstellungen des gleichen Schwierigkeitsgrades, bei denen sie im Vorwissenstest Fehler gemacht hatten. In dieser Studie zeigte sich kein Zusammenhang zwischen dem Vorwissen der Lernenden, der Nutzung von Unterstützungsangeboten und der Performanz der Lernenden. Lernende mit niedrigem Vorwissen zeigten ein ebenso angemessenes Nutzungsverhalten wie Lernende mit hohem Vorwissen.

Weitere Hinweise finden sich bei Bartholomé et al. (2006). Die Lernaufgabe in ihrer Studie bestand darin, mit Hilfe eines Entscheidungsbaums Pflanzen zu bestimmen. Diese Aufgabe weist aufgrund der Vielfalt der Merkmale und Pflanzenfamilien eine hohe Komplexität auf. Auch Lernende mit hohem Vorwissen bewältigen sie ohne zusätzliche Unterstützung nur schwer. In der Untersuchung nutzten Lernende mit niedrigem Vorwissen die Unterstützungsangebote wesentlich häufiger und zeigten insgesamt eine höhere Problemlöseperformanz als Lernende mit hohem Vorwissen. Aufgrund des hohen Schwierigkeitsgrades waren sie sich offensichtlich ihres Unterstützungsbedarfs sofort bewusst. Lernende mit hohem Vorwissen schätzten die

Lernaufgabe möglicherweise nicht schwierig genug ein oder überschätzten ihre eigenen Fähigkeiten.

Insgesamt sprechen die genannten Untersuchungen somit dafür, die Schwierigkeit der Lernaufgabe an das Vorwissen der Lernenden anzupassen. Sie sollte schwierig genug sein, um den Lernenden ihren Unterstützungsbedarf bewusst zu machen, aber nicht zu schwierig, um die Lernenden nicht zu überfordern.

4.4.4 Zusätzliche Maßnahmen zur Förderung der Nutzung

Metakognitive Unterstützungsangebote

Metakognitive Kontrollprozesse spielen eine wichtige Rolle bei der adäquaten Nutzung kognitiver Unterstützungsangebote. Die Lernenden müssen ihren Unterstützungsbedarf identifizieren, passende Unterstützungsangebote auswählen und die Effektivität der Unterstützung anschließend evaluieren. Diese Kontrollprozesse stellen eine große Herausforderung für die Lernenden dar (Aleven et al., 2003; Nelson-Le Gall, 1981). Schworm und Fischer (2006) schlagen deshalb vor, metakognitive Kontrollprozesse in multimedialen Lernumgebungen explizit zu fördern. In einigen Studien wurde versucht, dies durch unterschiedliche Formen metakognitiver Unterstützung zu realisieren – mit gemischten Erfolgen (Clarebout & Elen, 2008, 2009; Roll et al., 2011; Schwonke et al., 2013; Schworm & Gruber, 2012; Stahl & Bromme, 2009). Clarebout und Elen (2008, 2009) wiesen Lernende einer Experimentalgruppe im Vorfeld der Lernphase auf die Funktionalität und Nützlichkeit verschiedener Unterstützungsangebote hin. Die Lernumgebung enthielt Text-Bild-Kombinationen zum Thema Fettleibigkeit. Die Unterstützungsangebote bestanden unter anderem in Interpretationshilfen für die enthaltenen Bilder. Lernende, die im Vorfeld auf die Funktionalität und Nützlichkeit der Unterstützungsangebote hingewiesen wurden nutzten diese deutlich häufiger.

In einer weiteren Studie von Clarebout und Elen (2009) zeigten die Hinweise allerdings nicht die gewünschte Wirkung. Anders als in der vorangegangenen Untersuchung wurden die Hinweise über die Funktionalität und Nützlichkeit der Unterstützungsangebote direkt in die Lernumgebung integriert und in regelmäßigen zeitlichen Abständen eingeblendet. Hierbei zeigten sich keine signifikanten Gruppenunterschiede bezüglich der Nutzungshäufigkeit oder -qualität der Unterstützungsangebote. Die Lernenden folgten den metakognitiven Hinweisen insgesamt nur selten.

Warum führten in einem Fall die metakognitiven Hinweise zu einer häufigeren Nutzung der Unterstützungsangebote und im anderen Fall nicht? Studien aus der Forschung zur Mensch-Computer-Interaktion legen den Schluss nahe, dass sich die Lernenden von der automatischen und häufigen Einblendung der Hinweise gestört fühlten und daher widerwillig reagierten (Bahr & Ford, 2011; Bailey et al., 2001). In

Richtlinien zur Gestaltung von Benutzerschnittstellen wird meist empfohlen automatische Einblendungen zu vermeiden oder nur sehr vorsichtig zu verwenden (z.B. U.S. Dept. of Health and Human Services, 2006).

Auch Roll et al. (2011) verwendeten automatische Einblendungen. Sie entwickelten den *Help Tutor,* ein Zusatzprogramm für multimediale Lernumgebungen, das Lernenden eine automatische Rückmeldung auf die Vermeidung oder die unangemessene Nutzung kontextsensitiver Hinweise gibt, und setzten ihn innerhalb einer Lernumgebung mit Aufgabenstellungen zur Geometrie ein. Bereits in früheren Studien mit der gleichen Lernumgebung hatten Aleven und Koedinger (2000, 2001) festgestellt, dass Lernende exekutive Unterstützungsangebote bevorzugten und sich kaum mit instrumentellen Unterstützungsangeboten beschäftigten. In der Untersuchung von Roll et al. (2011) zeigten Lernende, die mit dem *Help Tutor* lernten, eine angemessenere Nutzung der kontextsensitiven Hinweise als Lernende, die ohne den *Help Tutor* lernten. Sie verwendeten häufiger instrumentelle als exekutive Unterstützungsangebote. Insgesamt wurden die Unterstützungsangebote jedoch weiterhin selten genutzt. Der *Help Tutor* erwies sich damit nur zum Teil als erfolgreich.

Schwonke et al. (2012) gaben Lernenden eine Karte mit metakognitiven Hinweisen zur Nutzung von Unterstützungsangeboten. Auf der Karte wurde explizit empfohlen, welche Form der Unterstützung zur Überwindung eines bestimmten Lernproblems am besten geeignet sei. Diese Maßnahme erwies sich für Lernende mit niedrigem Vorwissen als förderlich. Ohne die Hinweiskarte verbrachten sie wesentlich mehr Zeit mit den Unterstützungsangeboten als Lernende mit hohem Vorwissen. Mit der Hinweiskarte verbrachten beide Gruppen in etwa gleich viel Zeit mit den Unterstützungsangeboten. Sie erreichten außerdem ein ähnlich gutes Lernergebnis. Offensichtlich half die Hinweiskarte den Lernenden dabei, ihren Unterstützungsbedarf korrekt zu identifizieren, die Auswahl der Unterstützungsangebote an ihren Unterstützungsbedarf anzupassen und somit mangelndes Vorwissen zu kompensieren.

Schworm und Gruber (2012) setzten metakognitive Prompts in einem *Blended Learning* Kurs zu qualitativen Forschungsmethoden ein. Beim *Blended Learning* werden Präsenzveranstaltungen mit Veranstaltungen in einer Online-Lernumgebung kombiniert. In der genannten Studie fanden acht Sitzungen als Präsenzveranstaltung statt. Drei Sitzungen wurden in einer Online-Lernumgebung abgehalten. Die Studierenden bearbeiteten in Gruppen verschiedene Lernaufgaben. Am Ende des Kurses wurde ein Abschlusstest durchgeführt. Während der Präsenzveranstaltungen hatten die Studierenden die Möglichkeit, Fragen direkt an den Dozenten zu stellen. Innerhalb der Online-Lernumgebung konnten sie ein Forum nutzen. Studierende in der Experimentalgruppe erhielten metakognitive Prompts, die auf die Bedeutung der Nutzung von Hilfen hinwiesen und explizit zur Hilfesuche aufforderten. Die Prompts wurden innerhalb der Online-Lernumgebung angeboten. Studierende in der Kontrollgruppe erhielten keine Prompts. Die Hilfeanfragen der Studierenden in der Online-Lernumgebung wurden durch Logdaten erfasst. Für die Hilfeanfragen während der Präsenzveranstaltungen wurde auf selbstberichtete Angaben der Studierenden zurückgegriffen. Bezüglich der selbstberichteten Angaben der Studierenden wurde kein signifikanter Gruppenunterschied gefunden. Studierende der Experimentalgruppe stellten jedoch deutlich mehr Hilfeanfragen in der Online-Lernumgebung. Sie erreichten außerdem signifikant bessere Lernergebnisse als die Kontrollgruppe.

In der Untersuchung von Stahl und Bromme (2009) zeigten überraschenderweise alle Lernenden eine angemessene Nutzung kognitiver Unterstützungsangebote, unabhängig von der Verfügbarkeit metakognitiver Unterstützungsangebote. Die untersuchten Gruppen erreichten außerdem ähnlich gute Lernergebnisse. In diesem Fall wären die metakognitiven Unterstützungsangebote daher gar nicht nötig gewesen. Die Autoren führen das Ergebnis auf die Schwierigkeit der Lernaufgabe (Pflanzenbestimmung), die allgemein hohe wahrgenommene Nützlichkeit der Unterstützungsangebote, die einfache Bedienbarkeit und die hohe Motivation der Lernenden zurück.

Insgesamt lässt sich aus den genannten Untersuchungen kein eindeutiges Bild bezüglich der Wirkung metakognitiver Unterstützung auf die Nutzung kognitiver Unterstützungsangebote gewinnen. In den Studien von Schwonke et al. (2012) sowie von Schworm und Gruber (2012) wurde metakognitive Unterstützung erfolgreich eingesetzt. In rein computerbasierten Lernszenarien zeigt sich jedoch, dass metakognitive Unterstützungsangebote im Grunde der gleichen Problematik unterliegen wie kognitive Unterstützungsangebote: Sofern sie optional dargeboten werden, können die Lernenden die metakognitiven Unterstützungsangebote ignorieren (siehe Bannert et al., 2009; Bannert, 2003; Clarebout & Elen, 2008). Werden sie obligatorisch angeboten, nutzen Lernende sie möglicherweise nur oberflächlich oder reagieren widerwillig (Clarebout & Elen, 2009; Roll et al., 2011). Es besteht daher die Gefahr, dass durch metakognitive Unterstützungsangebote das Problem nur verschoben statt gelöst wird.

Eine weitere offene Frage ist, welche metakognitiven Prozesse genau unterstützt werden sollten. In den genannten Studien wurden jeweils unterschiedliche Prozesse adressiert. Das Modell von Nelson-Le Gall (1981) beziehungsweise Aleven et al. (2003) stellt insbesondere die Einschätzung des Unterstützungsbedarfs als kritischen Prozess heraus (Schritt 1 und Schritt 5, siehe Abschnitt 4.3). Aleven et al. (2003) schlagen vor, diesen Prozess durch Möglichkeiten der Selbstkontrolle zu fördern. Beispielsweise könnte die Lernumgebung Kontrollfragen mit Rückmeldungen zur Einschätzung des aktuellen Lernerfolgs anbieten. Eine weitere Möglichkeit wäre die Angabe von Lernzielen, anhand derer die Lernenden die Anforderungen und Schwierigkeiten der Lernaufgabe einschätzen können. Es ist bislang keine Studie bekannt, die speziell den Einfluss von Möglichkeiten der Selbstkontrolle auf die Nutzung von kognitiven Unterstützungsangeboten untersucht hätte.

Trainings und Strategieanweisungen

Trainings und Strategieanweisungen haben in verschiedenen Studien ihr Potenzial bewiesen, das metakognitive Verhalten von Lernenden insgesamt zu verbessern (z.b. Bannert et al., 2009; Bannert & Reimann, 2011). Sie stellen daher auch eine mögliche Maßnahme zur Förderung der angemessenen Nutzung von Unterstützungsangeboten dar.

Speziell für die Förderung der Nutzung kognitiver Unterstützungsangebote ist bislang keine Studie bekannt. Gräsel et al. (2001) untersuchten in zwei Studien die Auswirkung einer Strategieanweisung auf die Nutzung zusätzlicher Informationen. Die Aufgabe der Lernenden war es, in einer Lernumgebung zum Thema Blutarmut Diagnosen zu verschiedenen Fallbeispielen zu stellen. Bei Schwierigkeiten konnten sie auf zusätzliche Informationen in Form eines Hypertextes zugreifen. In der zweiten Studie erhielten die Lernenden außerdem eine grafische Übersicht zur Veran- schaulichung der Zusammenhänge zwischen einzelnen Konzepten. Lernende in der Experimentalgruppe erhielten vorab eine Strategieanweisung. In der ersten Studie wurde ihnen ein Video gezeigt, in dem ein Experte seine Vorgehensweise demonstrierte. In der zweiten Studie erhielten die Lernenden die Strategieanweisung in Textform. In beiden Studien nutzten Lernende in der Experimentalgruppe bei Verständnisproblemen häufiger die zusätzlichen Informationen als Lernende in der Kontrollgruppe. In der zweiten Studie zeigte sich außerdem, dass Lernende in der Experimentalgruppe einen größeren Nutzen aus der grafischen Übersicht ziehen konnten als Lernende in der Kontrollgruppe. Die Strategieanweisung hatte somit nicht nur einen Effekt auf die Häufigkeit, sondern auch auf die Qualität der Nutzung.

4.4.5 Zusammenfassung zu den Einflussfaktoren auf die Nutzung von Unterstützungsangeboten
In der Vergangenheit wurde eine Reihe unterschiedlicher Einflussfaktoren auf die Nutzung kognitiver Unterstützungsangebote diskutiert. Zu den meisten liegen jedoch nur wenige Studien mit teils widersprüchlichen oder nicht eindeutigen Ergebnissen vor. In vielen Untersuchungen deuten sich Interaktionen mit anderen Faktoren an, die jedoch nicht eindeutig belegt werden konnten. Einige Schlussfolgerungen können dennoch gezogen werden:

- Lernende mit niedrigem Vorwissen nutzen Unterstützungsangebote häufiger als Lernende mit hohem Vorwissen (Babin et al., 2009; Bartholomé et al., 2006; Horz et al., 2009; Renkl, 2002; Wood & Wood, 1999).
- Sowohl für Lernende mit niedrigem Vorwissen als auch für Lernende mit hohem Vorwissen kann es abhängig vom Schwierigkeitsgrad der Lernaufgabe

Situationen geben, in denen sie ihren Unterstützungsbedarf falsch einschätzen und die Nutzung nicht daran anpassen (Bartholomé et al., 2006; Wood, 2001; Wood & Wood, 1999).

- Lernende bevorzugen exekutive Unterstützungsangebote (Aleven & Koedinger, 2000, 2001; Huet et al., 2011; Mäkitalo-Siegl, 2011). Diese Präferenz ist jedoch problematisch, da exekutive Unterstützungsangebote sich kaum lernförderlich auswirken (Aleven & Koedinger, 2000, 2001; Babin et al., 2009; Dutke & Reimer, 2000; Karabenick, 2011; Nelson-Le Gall, 1985).

- Schlecht bedienbare Unterstützungsangebote werden von den Lernenden als weniger nützlich eingestuft. Dadurch kann sich die Nutzungsabsicht verringern (Chen et al., 2012; Cho et al., 2009; Juarez Collazo et al., 2012; Pituch & Lee, 2006).

- Optionale Unterstützungsangebote werden häufig ignoriert (Aleven et al., 2003; Clarebout & Elen, 2006; Horz et al., 2009; Narciss et al., 2007; Roll et al., 2011).

- Obligatorische Unterstützungsangebote stoßen häufig auf Ablehnung und werden oft nur oberflächlich genutzt (Aleven et al., 2003; Clarebout et al., 2010; Heiß et al., 2003).

- Durch metakognitive Unterstützung und Strategieanweisungen kann die angemessene Nutzung von Unterstützungsangeboten erhöht werden (Clarebout & Elen, 2008, 2009; Gräsel et al., 2001; Roll et al., 2011; Schwonke et al., 2013; Schworm & Gruber, 2012). Metakognitive Unterstützungsangebote können jedoch ebenfalls ignoriert oder abgelehnt werden (Bannert et al., 2009; Bannert, 2003; Clarebout & Elen, 2008; Roll et al., 2011).

4.5 Implikationen zur Gestaltung von kognitiven Unterstützungsangeboten

In den vorangegangenen Abschnitten wurden bereits einige Prinzipien zur Gestaltung kognitiver Unterstützungsangebote aus der Literatur genannt (z.B. SEASITE Prinzipien Renkl, 2002). Aus den Befunden neuerer Studien lassen sich einige weitere Gestaltungsrichtlinien ableiten. Die gefundenen Richtlinien werden hier noch einmal zusammengefasst:

- Kognitive Unterstützungsangebote sollten optional angeboten werden (Aleven et al., 2003; Clarebout et al., 2011, 2010; Heiß et al., 2003).

- Vorzugsweise sollte instrumentelle Unterstützung angeboten werden. Exekutive Unterstützung sollte nur als letzter Ausweg angeboten werden (Aleven et al., 2003; Karabenick, 2011; Nelson-Le Gall, 1985; Renkl, 2002).

- Kognitive Unterstützungsangebote sollten die Lernenden zur selbständigen Verarbeitung anregen (Renkl, 2002; Schworm & Renkl, 2006).

- Kognitive Unterstützungsangebote sollten möglichst spezifisch auf die durchzuführenden kognitiven Prozesse abgestimmt sein (Van der Meij & De Jong, 2011).

- Kognitive Unterstützungsangebote sollten einfach bedienbar sein (Chen et al., 2012; Cho et al., 2009; Juarez Collazo et al., 2012; Pituch & Lee, 2006).

- Metakognitive Kontrollprozesse sollten gefördert werden. Den Lernenden sollte insbesondere eine Möglichkeit zur Einschätzung des eigenen Unterstützungsbedarfs angeboten werden (Aleven et al., 2003; Renkl, 2002; Schworm & Fischer, 2006).

4.6 Zusammenfassung, offene Fragen und Forschungsperspektiven

Kognitive Unterstützungsangebote haben das Potenzial, den Lernerfolg in multimedialen Lernumgebungen zu steigern (Aleven et al., 2003; Bartholomé et al., 2006; Clarebout & Elen, 2008, 2009; Gerjets et al., 2005; Heiß et al., 2003; Juarez Collazo et al., 2012). Die Lernförderlichkeit kann jedoch nicht als selbstverständlich angesehen werden. Sie wird von verschiedenen Eigenschaften der Lernenden sowie der Unterstützungsangebote beeinflusst. Bislang ist noch relativ wenig darüber bekannt, in welcher Weise dies geschieht und wie die verschiedenen Faktoren miteinander interagieren.

Eine wichtige Voraussetzung für die Lernförderlichkeit ist die angemessene Nutzung der Unterstützungsangebote durch die Lernenden. In einer Reihe von Forschungsarbeiten wurde gezeigt, dass Lernende Unterstützungsangebote selten adäquat nutzen. In vielen Fällen werden Unterstützungsangebote sogar ganz ignoriert (Aleven et al., 2003; Clarebout & Elen, 2006; Heiß et al., 2003; Horz et al., 2009; Narciss et al., 2007; Roll et al., 2011; Schuyten & Dekeyser, 2007). Es wird davon ausgegangen, dass die Nutzung ein komplexer Prozess ist, der sich aus einer Reihe von metakognitiven Kontrollprozessen und Entscheidungen zusammensetzt und zudem von zahlreichen Faktoren beeinflusst wird (Aleven et al., 2003; Nelson-Le Gall, 1981). Diese Faktoren betreffen Eigenschaften der Lernenden, Eigenschaften der Unterstützungsangebote, Eigenschaften der Lernaufgabe sowie zusätzliche Maßnahmen zur Förderung der Nutzung. Einige dieser Faktoren wurden bereits in empirischen Studien untersucht. Die Ergebnisse sind jedoch oft nicht eindeutig.

Eine weitgehend offene Frage ist, wie sich unterschiedliche Arten der Darbietung von Unterstützungsangeboten auf deren Nutzung auswirken. Es ist bekannt, dass optionale Unterstützungsangebote häufig ignoriert werden und obligatorische Unterstützungsangebote oft nur oberflächlich genutzt werden. Die Art der optionalen Darbietung wurde bislang jedoch in keiner Studie gezielt variiert um beispielsweise mehr Aufmerksamkeit für die Unterstützungsangebote zu generieren und die Identifikation potenziell verfügbarer Unterstützungsangebote zu erleichtern.

Eine weitere offene Frage betrifft die Wirkung metakognitiver Unterstützung auf die Nutzung kognitiver Unterstützungsangebote. In einigen Studien wurden erfolgreich unterschiedliche Formen metakognitiver Unterstützung zur Förderung der Nutzung kognitiver Unterstützungsangebote eingesetzt (Clarebout & Elen, 2008, 2009; Schwonke et al., 2013; Schworm & Gruber, 2012). In anderen Studien zeigten sich keine oder nur teilweise Erfolge (Clarebout & Elen, 2009; Roll et al., 2011). Aleven et al. (2003) schlagen vor, innerhalb multimedialer Lernumgebungen Möglichkeiten zur Selbstkontrolle anzubieten damit Lernende ihren Unterstützungsbedarf besser einschätzen können. Diese spezielle Form der metakognitiven Unterstützung wurde jedoch in keiner der genannten Studien untersucht.

Darüberhinaus ist bislang weitestgehend unklar wie sich selbstregulatorische Fähigkeiten, motivationale Faktoren oder epistemologische Überzeugungen auf die Nutzung auswirken.

Clarebout und Elen (2006) schlagen ein Rahmenwerk für künftige Forschungsarbeiten zur Nutzung und Lernförderlichkeit kognitiver Unterstützungsangebote vor (siehe Abbildung 4).

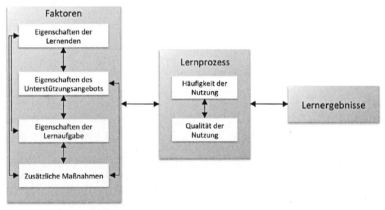

Abbildung 4: Forschungsperspektiven zur Nutzung und Lernförderlichkeit von Unterstützungsangeboten nach Clarebout und Elen (2006)

Das Rahmenwerk geht von vier Gruppen von Faktoren aus, die sich potenziell auf die Häufigkeit und Qualität der Nutzung kognitiver Unterstützungsangebote auswirken. Das Rahmenwerk fokussiert jedoch nicht nur auf die Einflüsse einzelner Faktoren, sondern auch auf die möglichen Interaktionen zwischen ihnen. In einem weiteren Schritt soll untersucht werden, wie sich Häufigkeit und Qualität der Nutzung auf die Lernergebnisse auswirken. Innerhalb dieses Rahmenwerks lässt sich auch die vorliegende Arbeit verorten. Es werden Eigenschaften des Unterstützungsangebots (Art der Darbietung) und zusätzliche Maßnahmen (Möglichkeiten der Selbstkontrolle) als mögliche Einflussfaktoren auf die Nutzungshäufigkeit kognitiver Unterstützungsangebote untersucht. Die konkreten Fragestellungen und Hypothesen werden im folgenden Kapitel vorgestellt.

5 Fragestellungen und Hypothesen

Diese Arbeit beschäftigt sich mit der Frage, wie die Nutzung kognitiver Unterstützungsangebote angeregt werden kann. Dazu wird als Grundlage das Modell von Nelson-Le Gall (1981) beziehungsweise Aleven et al. (2003) herangezogen, das den Prozess der Nutzung anhand von fünf Schritten beschreibt. Anders als im Originalmodell wird jedoch in dieser Arbeit davon ausgegangen, dass in multimedialen Lernumgebungen die Identifikation der Unterstützungsangebote *vor* der Entscheidung zur Nutzung stattfindet. Erst wenn die Lernenden sich darüber bewusst sind, dass ein bestimmtes Unterstützungsangebot innerhalb einer Lernumgebung existiert, können sie sich für dessen Nutzung entscheiden. Die potenziellen Kosten und der potenzielle Nutzen eines Unterstützungsangebots können erst dann abgewogen werden, wenn die Funktionen des Unterstützungsangebots bekannt sind. Daraus ergibt sich der folgende idealtypische Nutzungsprozess:

1. Die Lernenden erkennen, dass sie Unterstützung benötigen.
2. Die Lernenden identifizieren potenzielle Unterstützungsangebote.
3. Die Lernenden entscheiden sich, Unterstützung in Anspruch zu nehmen.
4. Die Lernenden nutzen die gegebenen Funktionen der Unterstützungsangebote in einer Weise, so dass ihr Unterstützungsbedarf gedeckt wird.
5. Die Lernenden bewerten, ob die Nutzung der Unterstützung erfolgreich war.

Diese fünf Schritte werden als Ansatzpunkte gewählt, um die Nutzung kognitiver Unterstützungsangebote zu fördern. Bezüglich des ersten und fünften Schrittes wiesen Aleven et al. (2003) darauf hin, dass eine multimediale Lernumgebung Möglichkeiten der Selbstkontrolle anbieten kann, um den Lernenden bei der Einschätzung ihres Unterstützungsbedarfs zu helfen. Es ist bislang jedoch keine Studie bekannt, die den Einfluss solcher Möglichkeiten gezielt untersucht hätte. Es ist daher eine offene Frage, inwieweit Möglichkeiten der Selbstkontrolle tatsächlich die Nutzungshäufigkeit kognitiver Unterstützungsangebote steigern können. Diese Frage wird in dieser Arbeit untersucht. Zu diesem Zweck werden Möglichkeiten der Selbstkontrolle entwickelt und ihr Einfluss auf die Nutzung kognitiver Unterstützungsangebote empirisch untersucht.

Bezüglich des zweiten und dritten Schrittes ist es bislang eine offene Frage, wie sich unterschiedliche Arten der Darbietung auf die Identifikation potenzieller Unterstützungsangebote und die Entscheidung zur Nutzung auswirken. Studien aus der Forschung zur Mensch-Computer-Interaktion legen den Schluss nahe, dass eine offenkundige Darbietung mehr Aufmerksamkeit auf sich ziehen, die Identifikation potenzieller Unterstützungsangebote somit erleichtern und somit die Entscheidung zur Nutzung insgesamt positiv beeinflussen könnte (Bailey, Konstan & Carlis, 2000, 2001). Im Rahmen dieser Arbeit wird daher untersucht, ob die offenkundige Darbietung kognitiver Unterstützungsangebote einen Einfluss auf die Nutzungshäufigkeit hat. Dazu werden unterschiedliche Arten der Darbietung entwickelt und deren Auswirkung auf die Nutzungshäufigkeit empirisch überprüft.

Bezüglich des vierten Schrittes wurde in den beiden vorangegangenen Kapiteln mehrfach darauf hingewiesen, dass eine schlechte Gebrauchstauglichkeit technischer Systeme die erfolgreiche Nutzung beeinträchtigen kann. Aus diesem Grund wird insgesamt darauf geachtet, dass sowohl die verwendete multimediale Lernumgebung als auch die kognitiven Unterstützungsangebote in allen experimentellen Bedingungen eine gute Gebrauchstauglichkeit aufweisen. Bei der Entwicklung der multimedialen Lernumgebung, der kognitiven Unterstützungsangebote, der verschiedenen Darbietungsarten und der Möglichkeiten zur Selbstkontrolle werden systematisch Methoden des *Usability-Engineering* eingesetzt und die Gebrauchstauglichkeit empirisch überprüft.

Zusammenfassend werden in dieser Arbeit die folgenden Fragestellungen untersucht:

- *Fragestellung 1:* Nutzen Lernende Unterstützungsangebote häufiger, wenn ihnen Möglichkeiten der Selbstkontrolle zur Verfügung gestellt werden?

  Hypothese 1: Es wird erwartet, dass Möglichkeiten der Selbstkontrolle eine Auswirkung auf die Nutzungshäufigkeit der Unterstützungsangebote haben. Es wird vermutet, dass Lernende mit Möglichkeiten zur Selbstkontrolle die Unterstützungsangebote häufiger nutzen. Insbesondere wird erwartet, dass die Unterstützungsangebote umso häufiger genutzt werden, je häufiger ein Unterstützungsbedarf festgestellt wird. Diese Hypothese basiert auf der Annahme, dass Lernende Unterstützungsangebote häufig nicht nutzen, weil sie sich ihres Unterstützungsbedarfs nicht bewusst sind. Die Möglichkeiten der Selbstkontrolle helfen dabei, den eigenen Unterstützungsbedarf besser einschätzen zu können.

- *Fragestellung 2:* Nutzen Lernende Unterstützungsangebote häufiger, wenn sie von der Lernumgebung so offenkundig dargeboten werden, dass sie besondere Aufmerksamkeit auf sich ziehen?

  Hypothese 2: Es wird erwartet, dass die Art der Darbietung der Unterstützungsangebote eine Auswirkung auf die Nutzungshäufigkeit der Unterstützungsangebote hat. Es wird vermutet, dass die Unterstützungsangebote umso häufiger genutzt werden, je offenkundiger sie von der Lernumgebung dargeboten werden. Diese Hypothese basiert auf der Annahme, dass Lernende sich häufig nicht für die Nutzung von Unterstützungsangeboten entscheiden, weil sie sich nicht darüber bewusst sind, dass Unterstützungsangebote zur Verfügung stehen. Es wird davon ausgegangen, dass eine offenkundige Darbietung die Identifikation der Unterstützungsangebote erleichtert und die Entscheidung zur Nutzung somit positiv beeinflusst wird.

Die beschriebenen Fragestellungen lassen sich in das Rahmenwerk von Clarebout und Elen (2006) wie folgt einordnen (siehe Abbildung 5): Es wird untersucht, wie sich Eigenschaften des Unterstützungsangebots (Art der Darbietung) und zusätzliche Maßnahmen zur Förderung der Nutzung (Möglichkeiten der Selbstkontrolle) auf die Häufigkeit der Nutzung kognitiver Unterstützungsangebote auswirken. Die Qualität der Nutzung und die Auswirkung der Nutzung auf den Lernerfolg spielen in dieser Arbeit eine untergeordnete Rolle.

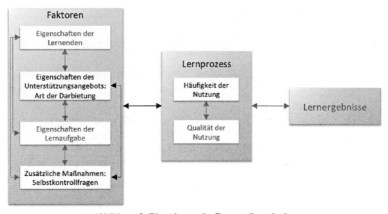

Abbildung 5: Einordnung der Fragestellung in das Rahmenwerk von Clarebout und Elen (2006)

II EMPIRISCHER TEIL

6 Entwicklung einer multimedialen Lernumgebung

Zur Untersuchung der genannten Fragestellungen wurde eine Benutzerschnittstelle für eine multimediale Lernumgebung konzipiert und umgesetzt. Die Lernumgebung wurde im Rahmen des interdisziplinären Projektverbundes „Adaptierbare und adaptive Multimediasysteme" im Wissenschaftscampus Tübingen entwickelt. Sie wurde als Erweiterung der Open Source Lernplattform Ilias realisiert (vgl. Wassermann, Hardt & Zimmermann, 2012). Die Lernumgebung verfügt über unterschiedliche Benutzerschnittstellen für Lernende und Autoren. Die Gestaltung, Umsetzung und empirische Evaluation der Benutzerschnittstelle für die Lernenden erfolgte im Rahmen der vorliegenden Arbeit.

6.1 Anforderungen

Im Vorfeld der Entwicklung wurde gemeinsam mit allen Projektbeteiligten eine Anforderungsanalyse durchgeführt. Dabei wurden funktionale und nicht-funktionale Anforderungen unterschieden. Funktionale Anforderungen beschreiben die Dienste eines technischen Systems. Je nach Benutzergruppe können unterschiedliche Dienste zur Verfügung gestellt werden. Beispielsweise benötigen Autoren eines Lernsystems andere Funktionen als Lernende. Mit Blick auf die Benutzergruppe der Lernenden war das zentrale Anliegen, den Lernenden einen weitgehend flexiblen Zugang zu unterschiedlich dargestellten Lerninhalten zu ermöglichen und die Informationsverarbeitung zu unterstützen. Die folgenden funktionalen Anforderungen wurden dazu festgelegt:

- Die Lernenden können aus einem Angebot verschiedener Lernmaterialien die Lerninhalte selbst auswählen und die Reihenfolge der Bearbeitung selbst festlegen.

- Die Lernenden können aus einem Angebot an unterschiedlichen Darstellungen, wie Texten, Bildern und Animationen, auswählen mit welchen Darstellungen sie lernen möchten. Sie können die Darstellungen innerhalb der Lernumgebung anzeigen, beziehungsweise abspielen lassen, und sie können die Darstellungen flexibel anordnen.

- Die Lernenden erhalten kognitive Unterstützungsangebote für das Lernen mit der multimedialen Lernumgebung. Die Unterstützungsangebote fokussieren auf die Anregung von Selektions-, Organisations- und Integrationsprozessen.

- Die Nutzung der Unterstützungsangebote wird durch besondere Gestaltungsmaßnahmen innerhalb der Lernumgebung gefördert.

Die nicht-funktionalen Anforderungen beschreiben die Umstände, unter denen die geforderte Funktionalität zu erbringen ist. Für die Benutzergruppe der Lernenden wurde als einzige aber höchst wichtige Anforderung die einfache Bedienbarkeit der

Lernumgebung festgelegt. Sie soll sicherstellen, dass sich die Lernenden auf die Durchführung der kognitiven Prozesse konzentrieren können und nicht von Bedienungsschwierigkeiten abgelenkt werden.

6.2 Vorgehensweise

Für die Umsetzung der Lernumgebung wurde eine iterative Vorgehensweise gewählt. Abbildung 6 (Seite 99) zeigt einzelne Zwischenschritte auf dem Weg zum fertigen Design der Benutzerschnittstelle. Zunächst wurden Skizzen, Papierprototypen und grafische Entwürfe erstellt. In mehreren Zyklen wurden die Entwürfe im Kreis der Projektteilnehmer besprochen und Schritt für Schritt verbessert und verfeinert. Nach der Einigung auf einen Entwurf wurde ein erster Prototyp erstellt, der zunächst nur einen Teil der in Abschnitt 6.1 genannten funktionalen Anforderungen umsetzte. Die kognitiven Unterstützungsangebote waren noch nicht enthalten. Der Prototyp wurde in einer Usability-Studie (siehe Kapitel 7) formativ evaluiert und anschließend überarbeitet. Nach der Überarbeitung wurde der verbesserte Prototyp in einer zweiten Usability-Studie (siehe Kapitel 8) erneut evaluiert und ein weiteres Mal überarbeitet. Im nächsten Schritt wurden die kognitiven Unterstützungsangebote implementiert. Ihre Bedienbarkeit wurde ebenfalls in einer Usability-Studie (siehe Kapitel 9) formativ überprüft. Anschließend wurde die Benutzerschnittstelle ein drittes Mal überarbeitet.

Durch die iterative Vorgehensweise wurde systematisch für eine gute Bedienbarkeit gesorgt. Mit jedem Zyklus wurden Usability-Probleme aufgedeckt und ausgeräumt, so dass am Ende jeder Phase ein verbessertes Produkt vorlag. Das endgültige Design der Benutzerschnittstelle wird im nächsten Abschnitt beschrieben.

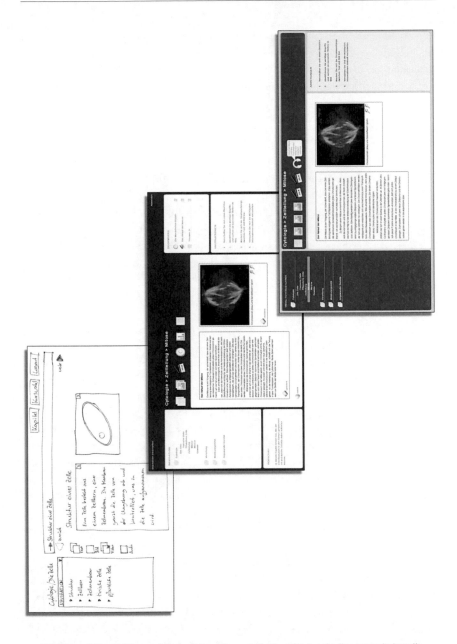

Abbildung 6: Entwicklungsschritte auf dem Weg zum fertigen Design der Benutzerschnittstelle

6.3 Benutzerschnittstelle der multimedialen Lernumgebung

Im Folgenden wird zunächst ein Überblick über den allgemeinen Aufbau und die Bedienung der Benutzerschnittstelle gegeben. Anschließend werden die Gestaltungsmaßnahmen zur Förderung der Nutzung der Unterstützungsangebote ausführlich vorgestellt.

6.3.1 Allgemeiner Aufbau und Bedienung der Benutzerschnittstelle

Die Benutzerschnittstelle der Lernumgebung gliedert sich in fünf Bereiche (siehe Abbildung 7, Seite 101):

1. Der *Navigationsbaum* bietet einen direkten Zugriff auf die einzelnen Lerneinheiten.

2. Die *Navigationsleiste* ermöglicht über die Schaltflächen „zurück" und „weiter" eine lineare Navigation durch die einzelnen Lerneinheiten.

3. Jede Lerneinheit besteht aus mehreren Informationseinheiten, die durch Texte, Bilder und Videos dargestellt werden. Die Informationseinheiten werden den Lernenden über die *Medienleiste* zur Verfügung gestellt.

4. Die aktuell verwendeten Informationseinheiten werden im *Inhaltsbereich* angezeigt.

5. Der *Unterstützungsbereich* bietet lernstrategische Anregungen zum Lernen mit der multimedialen Lernumgebung.

Die Lernenden können entweder einem vorgegebenen linearen Lernpfad folgen, indem sie mit der Navigationsleiste durch die Lerneinheiten navigieren oder sie können mit Hilfe des Navigationsbaums entsprechend ihrer eigenen Lernziele frei navigieren. In jeder Lerneinheit schlägt die Lernumgebung zunächst eine Kombination von Informationseinheiten vor und zeigt sie im Inhaltsbereich an. Welche Kombination dies ist, kann durch den Autor des Kurses festgelegt werden. Die Lernenden können die vorgeschlagene Kombination verändern, indem sie die gewünschten Informationseinheiten aus der Medienleiste in den Inhaltsbereich ziehen. Die Lernumgebung speichert die ausgewählte Kombination und zeigt sie erneut an, wenn die Lernenden die Lerneinheit wieder besuchen.

In jeder Lerneinheit werden lernstrategische Anregungen als kognitive Unterstützung angeboten. Sie sind in Form von Fragen formuliert und fokussieren auf Selektions-, Organisations- und Integrationsprozesse (vgl. Kombartzky et al., 2009). Durch einen Klick auf eine Frage erhalten die Lernenden genauere Erläuterungen.

Tabelle 2 (Seite 102) zeigt die Formulierungen der Fragen in der finalen Version der Benutzerschnittstelle und ordnet sie den unterschiedlichen Prozessen zu. Die Lernenden können sich zu jeder Frage Notizen in einem Eingabefeld festhalten. Die Notizen werden automatisch gespeichert und erneut angezeigt, wenn die Lernenden die Lerneinheit wieder besuchen.

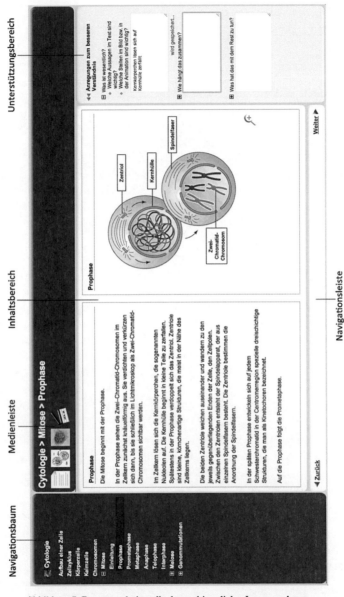

Abbildung 7: Benutzerschnittstelle der multimedialen Lernumgebung

Tabelle 2: Formulierungen der lernstrategischen Anregungen

Kognitive Prozesse	Fragen
Selektion	Was ist wesentlich?
	• Welche Aussagen im Text sind wichtig?
	• Welche Stellen im Bild bzw. in der Animation sind wichtig?
Organisation	Wie hängt das zusammen?
	• Welche Zusammenhänge werden im Text und im Bild bzw. in der Animation beschrieben?
Integration	Was hat das mit dem Rest zu tun?
	• Was hat die Situation mit anderen gemeinsam?
	• Was unterscheidet die Situation von anderen? Situationen?

Das Interaktionsdesign der Lernumgebung folgt dem Prinzip der direkten Manipulation. Nach diesem Prinzip hat jede Benutzeraktion innerhalb der virtuellen Umgebung eine Entsprechung in der realen Welt (Herczeg, 2006; Shneiderman & Plaisant, 2010). Beispielsweise entspricht der Zugriff auf Informationseinheiten aus der Medienleiste durch Ziehen und Ablegen dem physischen Akt des Anordnens von Dokumenten auf einem Schreibtisch.

Beim Layout und beim grafischen Design der Benutzerschnittstelle wurden gängige Gestaltungsprinzipien und Entwurfsmuster berücksichtigt (vgl. z.B. Shneiderman & Plaisant, 2010; Tidwell, 2006; U.S. Dept. of Health and Human Services, 2006). Der Bildschirm wurde erkennbar in einzelne Funktionsbereiche untergliedert. Die verschiedenen Funktionsbereiche wurden durch klare Konturen voneinander abgegrenzt und durch unterschiedliche Farben hervorgehoben. Ähnliche oder zusammengehörige Funktionsbereiche wurden in gleichen Farben gestaltet. Etablierte Standards der Benutzerschnittstellengestaltung wie die Platzierung von Menüs links oben, die farbliche Hervorhebung von Hyperlinks in blau sowie die Anzeige von aufklappbaren Elementen durch ein Plussymbol wurden berücksichtigt. Um die strukturelle Orientierung zu unterstützen wurden visuelle Hinweise eingebunden. Beispielsweise zeigt der Navigationsbaum die hierarchische Struktur der Lerneinheiten durch entsprechende Einrückungen der Menüeinträge an. Die aktuell aufgerufene Lerneinheit wird dunkelblau hinterlegt. Zusätzlich wird am oberen Bildschirmrand die aktuelle Position innerhalb der gesamten Kursstruktur angezeigt.

6.3.2 Gestaltungsmaßnahmen zur Förderung der Nutzung der Unterstützungsangebote

Die Maßnahmen zur Förderung der Nutzung der kognitiven Unterstützungsangebote zielen darauf ab, den Lernenden bei der Identifikation ihres Unterstützungsbedarfs zu helfen und die Identifikation der Unterstützungsangebote zu erleichtern.

Um bei der Identifikation des Unterstützungsbedarfs zu helfen, werden in der Lernumgebung Selbstkontrollfragen angeboten. Besucht ein Lernender eine Lerneinheit für eine Zeitdauer von mindestens 20 Sekunden und wechselt danach zu einer neuen Lerneinheit, wird automatisch eine Selbstkontrollfrage zum Inhalt der zuletzt besuchten Lerneinheit eingeblendet (siehe Abbildung 8). Bei kürzeren Besuchen einer Lerneinheit wird keine Selbstkontrollfrage eingeblendet. Auf diese Weise soll vermieden werden, dass zu häufige automatische Einblendungen die Lernenden bei der Navigation durch die Lernumgebung behindern. Die Selbstkontrollfragen erscheinen beispielsweise nicht, wenn ein Lernender auf der Suche nach einer bestimmten Informationseinheit in rascher Folge zwischen mehreren Lerneinheiten wechselt und sich nicht weiter mit den einzelnen Informationseinheiten beschäftigt.

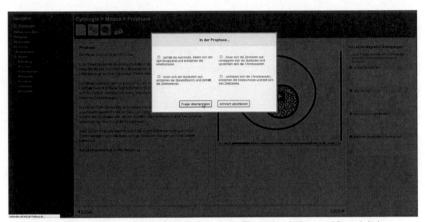

Abbildung 8: Einblendung einer Selbstkontrollfrage beim Wechsel zwischen zwei Lerneinheiten

In der ersten Version handelte es sich bei den Selbstkontrollfragen um Wissensfragen zum Inhalt der jeweils zuletzt besuchten Lerneinheit. Die Lernenden hatten die Wahl, die Frage zu überspringen oder die Frage zu beantworten und eine Rückmeldung zu ihrer Antwort zu erhalten. Beim Überspringen der Frage kamen die Lernenden direkt zu der von ihnen zuvor ausgewählten Lerneinheit. Bei einer richtigen Antwort erhielten die Lernenden eine positive Rückmeldung und wurden anschließend zur nächsten Lerneinheit weitergeleitet. Bei einem weiteren Besuch der Lerneinheit wurde die zugehörige Selbstkontrollfrage nicht erneut eingeblendet. Bei einer falschen Antwort konnten die Lernenden entscheiden, zurück zur letzten Lerneinheit oder weiter zur nächsten Lerneinheit zu navigieren. Mit dieser Version der Selbstkontrollfragen wurde die dritte Usability-Studie durchgeführt (siehe Kapitel 9).

Ein Nachteil einzelner Wissensfragen sind möglicherweise zufällig richtige Antworten. Außerdem fällt es den Lernenden möglicherweise schwer aufgrund von einzelnen Fragen zu einem jeweils sehr begrenzten Aspekt des Gesamtthemas ihren Lernfortschritt und ihren Unterstützungsbedarf einzuschätzen. In der finalen Version der Lernumgebung werden statt einzelner Wissensfragen Fragen zu den über-geordneten angestrebten Kompetenzen gestellt. Die Lernenden werden auf das zentrale Konzept oder Phänomen hingewiesen, das in der zuletzt besuchten Lern-einheit vermittelt werden sollte und gefragt, ob sie dieses bereits verstanden hätten. Beispielsweise lautet eine Selbstkontrollfrage zum Sachbereich Segeln: „Später werden Sie gefragt, was die Ursache dafür ist, dass ein Boot mit halbem Wind vergleichsweise schnell segelt. Glauben Sie die Ursache dafür bereits verstanden zu haben?" Den Lernenden stehen drei Antwortmöglichkeiten zur Verfügung:

1. Sie können angeben, den genannten Aspekt noch nicht verstanden zu haben und zurück zur letzten Lerneinheit navigieren.

2. Sie können angeben, den Aspekt noch nicht verstanden zu haben und trotzdem weiter zur ausgewählten Lerneinheit navigieren.

3. Sie können angeben, den Aspekt verstanden zu haben und zur ausgewählten Lerneinheit navigieren. Bei einem weiteren Besuch der Lerneinheit wird die zugehörige Selbstkontrollfrage nicht erneut eingeblendet.

Um den Lernenden bei der Identifikation der Unterstützungsangebote zu helfen wird versucht, sie möglichst offenkundig darzubieten und die Aufmerksamkeit der Lernenden darauf zu lenken. Eine weit verbreitete Lösung zum offenkundigen Angebot von Informationen in Softwaresystemen stellen Pop-ups dar. Mit Blick auf die Ziele der Lernumgebung sprachen verschiedene Überlegungen gegen den Einsatz von Pop-ups.

1. Pop-ups verdecken die Lerninhalte. Die Bearbeitung der lernstrategischen An-regungen erfordert jedoch, dass die Lernenden die Lerninhalte und die Unterstützungsangebote gleichzeitig sehen können.

2. Pop-ups erfordern eine unmittelbare Entscheidung von den Lernenden, die sie von ihrer aktuellen Tätigkeit abhält. Den Lernenden sollte jedoch freigestellt werden, ob und wann sie auf das Unterstützungsangebot reagieren.

3. Pop-ups rufen häufig negative Emotionen bei den Benutzern hervor. Sie werden insbesondere bei zu häufigem Erscheinen oft als störend und ab-lenkend empfunden (Bahr & Ford, 2011; Bailey, Konstan & Carlis, 2001).

Eine weniger aufdringliche Methode der Aufmerksamkeitslenkung in Software-systemen haben Bailey, Konstan und Carlis (2000) entwickelt. Sie implementierten einen Webbrowser, in dem die Benutzer automatisch über aktualisierte Inhalte auf Webseiten informiert werden. Dabei verkleinert sich das Hauptfenster und die aktualisierten Inhalte werden seitlich und unterhalb des Hauptfensters eingeblendet. Die Entwickler konnten zeigen, dass ihre Methode von den meisten Benutzern gegenüber Pop-ups bevorzugt wurde. Dieses Prinzip der sich anpassenden Fenster wurde auf die Benutzerschnittstelle der Lernumgebung angewendet. Wenn die Lernenden eine Lerneinheit aufrufen, wird der Unterstützungsbereich zunächst etwas

verkleinert rechts neben dem Inhaltsbereich angezeigt. Nach einem kurzen Zeit-
intervall erfolgt eine dynamische Vergrößerung des Unterstützungsbereichs bei gleich-
zeitiger Verkleinerung des Inhaltsbereichs (siehe Abbildung 9). Die Lernenden können
den Unterstützungsbereich wieder verkleinern, indem sie auf den Doppelpfeil links
oben im Unterstützungsbereich klicken. Mit dieser Methode bleiben die Lerninhalte
und die Unterstützungsangebote gleichzeitig sichtbar. Die Lernenden können selbst
entscheiden, ob und wann sie auf die Unterstützungsangebote reagieren.

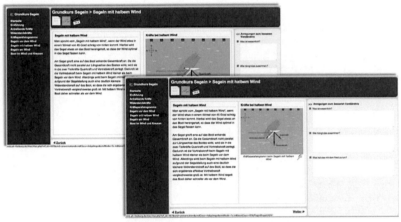

**Abbildung 9: Benutzerschnittstelle der Lernumgebung mit
verkleinertem und vergrößertem Unterstützungsbereich**

Tabelle 3: Varianten der Benutzerschnittstelle der Lernumgebung

| | | Darbietung der Unterstützungsangebote | |
		Statisch	Dynamisch
Selbstkontrollfragen	Verfügbar	Die Unterstützungsangebote werden statisch dargeboten. Es werden keine Selbstkontrollfragen angeboten (S-F).	Wenn eine Lerneinheit das erste Mal aufgerufen wird, erfolgt nach kurzer Zeit eine dynamische Vergrößerung der Unterstützungsangebote. Es werden keine Selbstkontrollfragen angeboten (D-F).
	Nicht verfügbar	Die Unterstützungsangebote werden statisch dargeboten. Es werden Selbstkontrollfragen angeboten (S+F).	Wenn eine Lerneinheit das erste Mal aufgerufen wird, erfolgt nach kurzer Zeit eine dynamische Vergrößerung der Unterstützungsangebote. Es werden Selbstkontrollfragen angeboten (D+F).

105

Um die Wirksamkeit der Selbstkontrollfragen und der dynamischen Vergrößerung des Unterstützungsbereichs auf die Nutzungshäufigkeit der Unterstützungsangebote überprüfen zu können, wurden verschiedene Varianten der Lernumgebung implementiert. Dabei wurden die Verfügbarkeit der Selbstkontrollfragen sowie die Art der Darbietung der Unterstützungsangebote variiert (siehe Tabelle 3, Seite 105).

6.4 Technische Umsetzung

Die Lernumgebung wurde als Erweiterung der Open Source Lernplattform Ilias realisiert. Die Benutzerschnittstelle für die Autoren ist vollständig in Ilias integriert. Sie verwendet die gleichen Konzepte zur Erstellung und Anpassung von Lernmaterialien wie Ilias selbst und greift zur Speicherung der Inhalte auf die gleiche Datenbank zu (siehe Wassermann et al., 2012).

Die Benutzerschnittstelle für die Lernenden wurde vollständig neu implementiert. Es wurde eine zusätzliche Präsentationsansicht erstellt, die aus Ilias heraus gestartet wird, aber äußerlich nichts mit dem Aussehen und Verhalten der ursprünglichen Lernplattform gemeinsam hat. Zur Implementierung wurden ausschließlich Webtechnologien verwendet. Das Layout wurde mit HTML und CSS umgesetzt. Für jeden Bereich der Benutzerschnittstelle wurde eine separate Vorlage erstellt. Zu jeder Vorlage existieren ein HTML-Dokument, das die Struktur des Bereichs festlegt sowie ein oder mehrere CSS-Dokumente, die das genaue Aussehen des Bereichs definieren. Die Vorlagen können flexibel miteinander kombiniert werden. Somit kann die Benutzerschnittstelle prinzipiell an unterschiedliche Anforderungen angepasst werden. Beispielsweise könnte der Navigationsbaum deaktiviert werden, wenn der Autor eines Kurses den Lernenden eine lineare Struktur vorgeben möchte. Ebenso könnte die Medienleiste deaktiviert werden, wenn die Lernenden mit einer Auswahl an vorgegebenen Darstellungsformaten lernen sollen.

Die Vorlagen der unterschiedlichen Bereiche werden dynamisch mit Inhalten aus der Datenbank gefüllt. Dazu wird die Technologie AJAX (*Asynchronous JavaScript and XML*) eingesetzt. Bei dieser Technologie werden Inhalte einer Webseite im Hintergrund vom Server geladen oder Daten an den Server geschickt, ohne die Seite neu laden zu müssen (Galbraight, Gehtland & Almaer, 2006). Die Kommunikation mit dem Server sowie die dynamische Anpassung der Seite erfolgen dabei mit Hilfe einer Skriptsprache. In diesem Fall wurde JavaScript eingesetzt. Die Daten werden in einem strukturierten Format wie zum Beispiel XML oder JSON übermittelt. In diesem Fall wurde JSON eingesetzt.

Mit Hilfe dieser Technologie ist es möglich, die Darstellungen im Inhaltsbereich dynamisch mit Hilfe der Medienleiste zu ersetzen. Zieht der Benutzer eines der Icons aus der Medienleiste in den Inhaltsbereich wird automatisch im Hintergrund eine

Anfrage an den Server gestartet. Der Server schickt daraufhin die neue Informationseinheit und die Ansicht der Seite wird automatisch aktualisiert.

Auch die Interaktionen im Unterstützungsbereich wurden mit Hilfe dieser Technologie umgesetzt. Beim Aufruf einer Lerneinheit wird der zuletzt gespeicherte Status
des Unterstützungsbereichs (z.B. festgehaltene Notizen oder Größe des Bereichs) aus
der Datenbank geladen und das Aussehen der Seite entsprechend angepasst.
Verändert ein Benutzer während eines Besuchs einer Lerneinheit den Status des
Unterstützungsbereichs, indem er zum Beispiel Notizen verändert, spezifische Anregungen aufklappt oder den Unterstützungsbereich verkleinert, wird das Aussehen
der Seite dynamisch angepasst und der neue Status automatisch im Hintergrund an die
Datenbank geschickt. Die Lerneinheit muss dazu nicht neu geladen werden.

7 Usability-Studie 1

7.1 Ziele

Mit der ersten Studie wurde der erste Prototyp der Lernumgebung formativ evaluiert. Im ersten Prototyp waren zunächst die Grundfunktionen der Lernumgebung ohne kognitive Unterstützungsangebote umgesetzt worden (vgl. Kapitel 6). Abbildung 10 zeigt die Benutzerschnittstelle nach der ersten Implementierungsphase. Sie umfasst den Navigationsbaum, die Navigationsleiste, die Medienleiste und den Inhaltsbereich. Die Ziele der Studie waren,

- Usability-Probleme, die während der Interaktion mit der Lernumgebung auftreten, zu identifizieren,
- die festgestellten Probleme im Detail zu beschreiben und
- das Interaktionsdesign der Lernumgebung entsprechend zu überarbeiten.

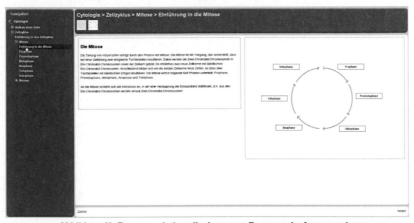

Abbildung 10: Benutzerschnittstelle des ersten Prototyps der Lernumgebung

7.2 Versuchsaufbau

Angesichts der gesetzten Ziele wurde ein Verfahren gewählt, das in der Lage ist, möglichst konkrete Problembeschreibungen zu liefern (vgl. Dumas & Redish, 1999; Sarodnick & Brau, 2011; Tullis & Albert, 2008). Es wurde ein Usability-Test unter Einsatz von lautem Denken (Ericsson & Simon, 1984) und ergänzenden Fragebögen durchgeführt. Acht Personen testeten die Funktionen des Protoptyps anhand vorgegebener Aufgaben. Die Studie wurde in Einzelsitzungen im Labor durchgeführt. Während des Usability-Tests waren die Teilnehmer aufgefordert, ihre Gedanken zur Lösung der Aufgaben sowie ihre Eindrücke zum Design der Lernumgebung laut zu äußern. Zusätzlich wurden ihre Aktivitäten in der Lernumgebung durch eine Bildschirmaufzeichnung festgehalten. Mit Hilfe von Fragebögen sollten die Teilnehmer die subjektive Schwierigkeit der Aufgaben einschätzen. Außerdem sollten sie anhand eines weiteren Fragebogens die Usability der Lernumgebung insgesamt beurteilen.

7.3 Testmaterial und Untersuchungsinstrumente

7.3.1 Lernmaterial

Für die Studie wurden Lernmaterialien aus dem Sachbereich der Zellbiologie in die Lernumgebung eingegeben. Der Inhalt bestand aus 13 Lerneinheiten über den Zellaufbau und die Zellteilung, wobei der Schwerpunkt auf dem Prozess der Mitose lag. Jede Lerneinheit umfasste zwischen zwei und sechs Informationseinheiten, die durch Texte, schematische und realistische Bilder sowie schematische Animationen dargestellt wurden (für ein Beispiel siehe Abbildung 11). Insgesamt waren 53 Informationseinheiten enthalten.

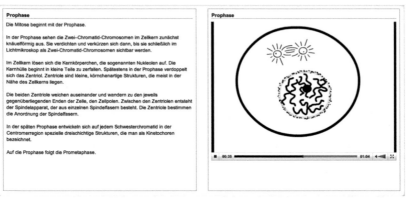

Abbildung 11: Beispiel für Lernmaterial zur Zellteilung

7.3.2 Aufgaben

Die Teilnehmer testeten die Lernumgebung anhand vorgegebener Aufgaben. Bei der Erstellung der Aufgaben wurde darauf geachtet, dass alle implementierten Funktionen des Prototyps durch die Aufgabenstellungen berücksichtigt werden, um möglichst viele Usability-Probleme entdecken zu können. Zentrale Funktionen sollten mehrfach ausgeführt werden. Auf diese Weise kann festgestellt werden, ob eine Funktion generell schlecht handhabbar ist oder nach dem erstmaligen Gebrauch keine Probleme mehr bereitet. Außerdem sollten die Aufgaben praxisrelevant sein, um vor allem die Usability-Probleme aufspüren zu können, die in Lernsituationen auftreten können. Um einen möglichst natürlichen Kontext zu schaffen, wurde darauf geachtet, dass die

Aufgaben inhaltlich aneinander anschließen, so dass ein zusammenhängender Lernpfad durch die Umgebung besteht. Außerdem wurden die Aufgaben so formuliert, dass keine Aufforderungen zum Gebrauch einer bestimmten Funktion enthalten waren. Die Teilnehmer sollten selbst entscheiden können, mit welchen Mitteln sie eine Aufgabe lösen wollten. Auf diese Weise kann herausgefunden werden, welche Funktionen die Benutzer selbständig entdecken und bevorzugt für die Aufgabenbearbeitung nutzen, welche Präferenzen sie für bestimmte Vorgehensweisen haben, und welche alternativen Wege sie wählen, wenn sie mit einer Funktion nicht zurechtkommen. Auf der Grundlage dieser Überlegungen wurden die folgenden zehn Aufgaben formuliert:

1. Verschaffen Sie sich einen Überblick über die angebotenen Informationen auf dem Bildschirm. Beschreiben Sie, was Sie sehen. Welche Funktionen stecken vermutlich hinter den verschiedenen Elementen auf dem Bildschirm? Sie dürfen die Funktionen gerne ausprobieren.

2. Beginnen Sie nun beim ersten Kapitel des Kurses und lesen Sie den Einleitungstext.

3. Fahren Sie fort, indem Sie sich genauer über die Chromosomen informieren. Suchen Sie insbesondere Bilder, die den Aufbau von Chromosomen zeigen. Vergleichen Sie Ein-Chromatid-Chromosomen mit Zwei-Chromatid-Chromosomen.

4. Finden Sie im Kursmaterial eine Animation, die die Verdopplung der Erbsubstanz zwischen zwei Zellteilungen zeigt. Beschreiben Sie Ihre Vorgehensweise, während Sie suchen. Schauen Sie sich die Animation an.

5. Finden Sie heraus, wie viele Chromosomen in einer Körperzelle eines Menschen enthalten sind. Beschreiben Sie, wie Sie zu dieser Information kommen.

6. Befassen Sie sich nun mit dem Prozess der Teilung von Körperzellen. Verschaffen Sie sich zunächst einen Überblick über den Prozess.

7. Beginnen Sie nun mit der ersten Phase in der Teilung von Körperzellen. Lesen Sie den angebotenen Text dazu. Versuchen Sie, die im Text genannten Strukturen in einer Mikroskopaufnahme einer Zelle zu erkennen. Nehmen Sie gegebenenfalls ein schematisches (gezeichnetes) Bild zu Hilfe.

8. Fahren Sie fort mit der zweiten Phase in der Teilung von Körperzellen. Betrachten Sie hierzu die Animation. Versuchen Sie, die im Text genannten Strukturen in einer Mikroskopaufnahme einer Zelle zu erkennen. Nehmen Sie gegebenenfalls ein schematisches (gezeichnetes) Bild zu Hilfe.

9. Betrachten Sie erneut die Animation in der zweiten Phase der Teilung von Körperzellen. Stoppen Sie die Animation an der Stelle, an der die Chromo-

somen beginnen sich an die Spindelfasern anzulagern. Scrollen Sie dann im Schnelldurchlauf durch die Animation bis zum Ende.

10. Klicken Sie sich mit Hilfe der „Weiter"-Schaltfläche durch die restlichen Phasen der Mitose bis Sie zur Einführung in die Meiose kommen. Überfliegen Sie den Einleitungstext und springen Sie von dort direkt zu den Keimzellen.

7.3.3 Bildschirmaufzeichnung und Aufzeichnung des lauten Denkens

Für die Bildschirmaufzeichnung und die Aufzeichnung des lauten Denkens wurde die Software Camtasia in der Version 7 verwendet. Zur Erfassung der Audiosignale wurde ein handelsübliches PC-Mikrofon eingesetzt.

7.3.4 Fragebogen zu soziodemographischen Daten und Vorerfahrungen

Vor dem Usability-Test beantworteten die Teilnehmer Fragen zu ihrer Person sowie zu einschlägigen Vorerfahrungen (siehe Anhang A). Diese Angaben sollten eine bessere Einschätzung der Testergebnisse ermöglichen. Es ist beispielweise denkbar, dass Erfahrungen mit Multimedia-Plattformen im Internet den Teilnehmern helfen, das Funktionsprinzip der Lernumgebung besser zu verstehen. Der Fragebogen enthielt Fragen zu

- Alter, Muttersprache, Geschlecht und Händigkeit;
- Studienfächer und Fachsemester;
- durchschnittlich pro Tag verbrachter Zeit am Computer bzw. im Internet;
- Erfahrungen mit unterschiedlichen Betriebssystemen;
- Erfahrungen mit Computerprogrammen und Internetanwendungen, bei deren Nutzung ähnliche Handlungen vorgenommen werden müssen, wie bei der Bedienung der Lernumgebung, wie z.B. Lernmanagementsysteme, digitale Enzyklopädien, Multimedia-Plattformen im Internet sowie Mediaplayer.

7.3.5 Fragebögen zur subjektiven Schwierigkeit der Aufgaben

Nach jeder Aufgabe bewerteten die Teilnehmer die subjektive Schwierigkeit der Aufgabe. Dazu wurden Fragebögen auf Basis der Aufgabenformulierungen erstellt (siehe Anhang B). Jeder Teilaspekt einer Aufgabe sollte anhand einer fünfstufigen Likert-Skala (sehr leicht bis sehr schwer) beurteilt werden. Zusätzlich konnten die Teilnehmer ihre Angaben in einem Freitextfeld begründen.

Die Fragebögen sollten die Teilnehmer veranlassen, unmittelbar nach einer Aufgabe eine Rückmeldung zu geben, wenn die Eindrücke noch unverfälscht von nachfolgenden Erfahrungen waren. Dadurch können Entwicklungen aufgrund der zunehmenden Erfahrung der Teilnehmer besser nachvollzogen werden (vgl. Dumas & Redish, 1999) .

7.3.6   Fragebogen zur Gesamtbewertung der Usability

Zur Gesamtbewertung der Usability der Lernumgebung wurde ein Fragebogen erstellt (siehe Anhang C). Die gängigen standardisierten Fragebögen erwiesen sich mit Blick auf den Funktionsumfang der Lernumgebung entweder als zu umfangreich (z.b. QUIS: Chin, Diehl & Norman, 1988; IsoMetrics: Gediga, Hamborg & Düntsch, 1999) oder als zu unspezifisch, um daraus konkrete Problembeschreibungen ableiten zu können (z.b. SUS: Brooke, 1996; AttrakDiff: Hassenzahl, Burmester & Koller, 2003; ISONORM: Prümper & Anft, 1993). Die quantitative Bewertung der Usability spielte in dieser Studie eine untergeordnete Rolle. Vielmehr sollten aus den Ergebnissen konkrete Handlungsanweisungen zur Überarbeitung des Prototyps abgeleitet werden. Die Items des Fragebogens sollten daher zum einen den Funktionsumfang der Lernumgebung abdecken und zum andern so spezifisch formuliert sein, dass daraus Hinweise auf konkrete Probleme gewonnen werden konnten.

Der verwendete Fragebogen enthält 36 Aussagen, zu denen auf einer fünfstufigen Likert-Skala der Grad der Zustimmung angegeben werden soll. Zusätzlich steht ein Freitextfeld zur Begründung der Angaben zur Verfügung. Entsprechend des internationalen Standards zur Gestaltung von Mensch-System-Interaktionen DIN EN ISO 9241-110 (2008) enthält der Fragebogen Aussagen zur Lernbarkeit, Aufgaben-angemessenheit, Selbstbeschreibungsfähigkeit, Steuerbarkeit, Erwartbarkeit und Fehlerrobustheit der Lernumgebung. Die Kategorie Individualisierbarkeit wurde nicht berücksichtigt, da der Prototyp keine Individualisierung der Benutzerschnittstelle durch die Lernenden ermöglichte. Zwei weitere Kategorien wurden hinzugefügt. Zum einen wurden Items zur Qualität der multimedialen Inhalte erstellt. Es wurde davon ausgegangen, dass die verwendeten Darstellungen einen großen Anteil am Gesamt-eindruck der Lernumgebung ausmachen würden. Da die Lernumgebung grundsätzlich verschiedene Inhalte aufnehmen kann, sollte die Bewertung der Darstellungen gesondert erfasst werden. Zum anderen wurden Items zur subjektiven strukturellen Orientierung mit aufgenommen. Damit wurde berücksichtigt, dass gerade die strukturelle Desorientierung häufig ein zentrales Usability-Problem in Lernum-gebungen mit flexiblen Zugriffsmöglichkeiten darstellt (vgl. Astleitner, 1997; Heiß, 2007; Scheiter & Gerjets, 2007; Tergan, 2002).

Die Items zur Lernbarkeit, Aufgabenangemessenheit, Selbstbeschreibungsfähigkeit, Steuerbarkeit, Erwartbarkeit und Fehlerrobustheit orientieren sich inhaltlich an Items aus dem Fragebogen IsoMetrics von Gediga, Hamborg und Düntsch (1999). Sie wurden sprachlich an den Begriffskontext einer multimedialen Lernumgebung angepasst. Die Items zur subjektiven strukturellen Orientierung entstammen dem speziell für Hypertextsysteme entwickelten Fragebogen von Heiß (2007). Die Items zur Qualität der multimedialen Inhalte wurden selbst erstellt (für Beispiele siehe Tabelle 4, Seite 114).

Tabelle 4: Beispiel-Items aus dem Fragebogen zur Gesamtbewertung der Usability

Kategorie	Beispiel-Item
Lernbarkeit	„Ich habe die Bedienung des Lernprogramms schnell verstanden."
Aufgabenangemessenheit	„Die Darstellung der Informationen auf dem Bildschirm unterstützt mich beim Lernen."
Selbstbeschreibungsfähigkeit	„Die Bedeutung der vom Programm verwendeten Symbole ist unverständlich."
Steuerbarkeit	„Das Lernprogramm reagiert zu langsam auf meine Befehle."
Erwartbarkeit	„Die im Lernprogramm verwendeten Begriffe und visuellen Hinweise werden einheitlich benutzt."
Fehlerrobustheit	„Bei der Benutzung des Lernprogramms treten schwere Fehler auf."
Strukturelle Orientierung	„Ich bin mir oft nicht sicher, wie ich zu einer bestimmten Stelle im Kurs gelangt bin."
Multimediale Inhalte	„In den verwendeten Abbildungen sind auch Details noch gut zu erkennen."

7.4 Durchführung

Die Studie fand im Labor statt und wurde in Einzelsitzungen durchgeführt. Eine Sitzung dauerte ungefähr zwei Stunden. Zu Beginn bekamen die Teilnehmer eine kurze Einführung in die Ziele und den Ablauf der Studie. Danach füllten die Teilnehmer den Fragebogen zu soziodemographischen Angaben und Vorerfahrungen aus. Anschließend wurde ihnen die Methode des lauten Denkens vermittelt. Dazu betrachteten die Teilnehmer ein Video, in dem eine Person während des Lösens einer Rätselaufgabe in einem Computerspiel laut dachte. Die Aufgabe in diesem Spiel besteht darin, Kisten mit Hilfe eines Schiebers auf vorgesehene Plätze zu bringen (SOKOFUN Freeware Version, für ein Beispiel siehe Abbildung 12, Seite 115). Anschließend mussten die Teilnehmer selbst eine solche Rätselaufgabe lösen und das laute Denken dabei üben. Danach begann der Test der Lernumgebung. Die Teilnehmer erhielten nacheinander zehn Aufgaben in schriftlicher Form. Während der Lösung einer Aufgabe äußerten sie ihre Gedanken zur Vorgehensweise und zum Design der Lernumgebung. Kamen die Teilnehmer an einer Stelle nicht selbständig weiter, konnten sie die Versuchsleiterin um Hilfe bitten. Sie durften selbst entscheiden, wann sie eine Aufgabe als gelöst betrachteten und gaben der Versuchsleiterin jeweils Rückmeldung darüber. Nach jeder Aufgabe füllten die Teilnehmer den dazu passenden Fragebogen zur Einschätzung der subjektiven Schwierigkeit aus. Danach bekamen sie die nächste Aufgabe. Für die Bearbeitung aller zehn Aufgaben benötigten die Teilnehmer etwa eine Stunde. Zur abschließenden Bewertung der Benutzerschnittstelle füllten die Teilnehmer den Usability-Fragebogen aus.

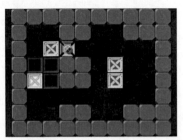

Abbildung 12: Rätselaufgabe im Computerspiel SOKOFUN zur Einübung des lauten Denkens

7.5   Stichprobe

An der ersten Studie nahmen vier Studentinnen und vier Studenten der Pädagogischen Hochschule Freiburg teil. Die Teilnahme erfolgte freiwillig. Jeder Teilnehmer erhielt eine Aufwandsentschädigung in Höhe von 20 €. Das durchschnittliche Alter der Teilnehmer betrug 23,25 Jahre (SD = 2,9). Die Teilnehmer kamen aus unterschiedlichen Fachbereichen. Hinsichtlich der Erfahrungen mit Computer- und Internetprogrammen gab es keine großen Unterschiede zwischen den Teilnehmern. Alle nutzten mindestens 1-2 Stunden pro Tag den Computer und dabei auch das Internet. Alle kannten mindestens ein Lernmanagementsystem und waren mit mindestens einer Multimedia-Plattform im Internet vertraut. Jeder Teilnehmer kannte außerdem mindestens einen Mediaplayer.

Mit insgesamt acht Personen lag die Anzahl der Teilnehmer im mittleren Bereich der üblichen Stichprobengrößen für qualitative, iterativ durchgeführte Usability-Tests (vgl. Dumas & Redish, 1999; Nielsen, 2006; Sarodnick & Brau, 2011; Tullis & Albert, 2008). Es kann davon ausgegangen werden, dass damit durchschnittlich etwa 90 % der praxisrelevanten Probleme identifiziert werden (vgl. Faulkner, 2003; Nielsen & Landauer, 1993; Virzi, 1992).

7.6   Ergebnisse

7.6.1   Ergebnisse des Fragebogens zur Gesamtbewertung der Usability

Insgesamt wurde die Usability der Lernumgebung positiv bewertet. Tabelle 5 (Seite 116) zeigt die Mediane der verschiedenen Skalen des Fragebogens. In allen Skalen liegen die Werte im positiven Teil des Wertebereichs. Teilweise erreichen sie weit über 80 % des maximal erreichbaren Werts. Etwas geringer fällt die Bewertung der multimedialen Inhalte aus.

Tabelle 5: Ergebnisse des Usability-Fragebogens in Studie 1

Merkmal	Wertebereich	Median
Lernbarkeit	-10 bis +10	+6,0 (80 %)
Aufgabenangemessenheit	-10 bis +10	+3,0 (65 %)
Selbstbeschreibungsfähigkeit	-10 bis +10	+3,5 (67,5 %)
Steuerbarkeit	-6 bis +6	+4,5 (87,5 %)
Erwartbarkeit	-6 bis +6	+4,0 (83,33 %)
Fehlerrobustheit	-6 bis +6	+4,0 (83,33 %)
Orientierung	-12 bis +12	+7,0 (79,17 %)
Multimediale Inhalte	-12 bis +12	+6,0 (75 %)

Die Bewertungen der Aufgabenangemessenheit und Selbstbeschreibungsfähigkeit der Lernumgebung bleiben deutlich hinter den anderen Kategorien zurück. Erste Aufschlüsse über die Gründe ergaben die Analyse der einzelnen Items sowie die Angaben der Teilnehmer im Freitextfeld. Bezüglich der Selbstbeschreibungsfähigkeit wurde beispielsweise bemängelt, dass die Lernumgebung zu wenige visuelle Hinweise bietet, um die Bedienung zu unterstützen. Mehrere Personen gaben an, dass sie Schwierigkeiten hatten, die Funktionsweise der Medienleiste selbständig herauszufinden. Bei den Items zur Aufgabenangemessenheit wurde vereinzelt angegeben, die Darstellung der Informationen auf dem Bildschirm unterstütze das Lernen nicht und wichtige Funktionen würden nicht so angeboten, dass sie leicht auffindbar sind. Hinsichtlich der Qualität der multimedialen Inhalte wurde bemängelt, dass Bilder und Animationen teilweise zu klein und schlecht erkennbar waren.

Für eine genauere Analyse mussten die Fragebögen zur subjektiven Schwierigkeit der Aufgaben sowie die Bildschirmaufzeichnungen und die Aufzeichnungen des lauten Denkens herangezogen werden.

7.6.2 Ergebnisse der Fragebögen zur subjektiven Schwierigkeit der Aufgaben

Der größte Teil der Aufgaben wurde von den Teilnehmern als leicht bewertet. An einzelnen Stellen tauchten jedoch Schwierigkeiten auf. Tabelle 6 zeigt, welche Aufgabenteile von Teilnehmern als schwer oder sehr schwer bewertet wurden.

Aufgrund der Angaben im Freitextfeld des Fragebogens konnte ermittelt werden, warum die genannten Aufgabenteile den Teilnehmern schwer fielen. Bei den Aufgaben 1 und 4 gaben die Teilnehmer an, dass sie nicht wussten wie man Informationseinheiten aus der Medienleiste im Inhaltsbereich anzeigen lassen kann. Dieses Problem hatten die Teil-nehmer jedoch nur beim ersten Mal, wenn sie die Medienleiste verwenden wollten. In den späteren Fragebögen wurden die entsprechenden Aufgabenteile von den gleichen Personen als leicht angegeben. Die Schwierigkeiten bei den Aufgaben 7 und 8 waren inhaltlicher Natur und hatten nichts mit dem Interaktionsdesign der Lernumgebung zu tun. Das Problem bei Aufgabe 9 konnte zunächst nicht hinreichend geklärt werden. Erst die Ergebnisse der Auswertung des lauten Denkens und der Bildschirmvideos gaben genaueren Aufschluss darüber.

Tabelle 6: Aufgabenteile des ersten Usability-Tests, die von den Teilnehmern als schwer oder sehr schwer eingestuft wurden

	Schwere oder sehr schwere Aufgabenteile	n	Betroffene Teilnehmer
1.2	Erkennen, was mit den Elementen auf dem Bildschirm gemacht werden kann	8	3 (37,5%)
4.1	Die Animation finden	8	4 (50%)
4.2	Die Animation anschauen	8	1 (12,5%)
7.4	Die im Text genannten Strukturen im Bild finden	8	1 (12,5%)
8.5	Die im Text genannten Strukturen im Bild finden	8	1 (12,5%)
9.2	Durch die Animation scrollen	8	5 (62,5%)

7.6.3 Ergebnisse der Auswertung des lauten Denkens und der Bildschirmvideos

Zur Auswertung des lauten Denkens und der Bildschirmvideos wurden die Aufnahmen durchsucht nach

- verbalen Äußerungen der Verwirrung, des Missfallens oder der Überraschung;
- verbalen Äußerungen über nicht zielführende Vorgehensweisen zur Lösung einer Aufgabe;
- verbalen Äußerungen zu Annahmen und Vorstellungen über die Funktionalität der Lernumgebung, die nicht zutreffen;
- Handlungen, die nicht zur Lösung der Aufgabe führen;
- Aufgaben, die nicht gelöst wurden;

Zusammen mit den Angaben aus den Freitextfeldern der Fragebögen konnte aus diesen Beobachtungen eine Liste mit 19 spezifischen Usability-Problemen erstellt werden. Tabelle 7 (Seite 118) zeigt die gefundenen Probleme zusammen mit der Anzahl der Teilnehmer, bei denen diese aufgetreten sind, in einer Übersicht. Sie wurden nach den jeweils betroffenen Funktionsbereichen der Lernumgebung sortiert und den verschiedenen Kategorien der Usability zugeordnet, die auch im Usability-Fragebogen berücksichtigt wurden.

Es zeigt sich, dass mehr als ein Drittel der aufgetretenen Probleme die Selbstbeschreibungsfähigkeit der Lernumgebung betreffen. Die meisten davon treten im Zusammenhang mit der Bedienung der Medienleiste auf. Beispielsweise haben sieben von acht Teilnehmern nicht erkannt, dass die Inhalte durch Ziehen und Ablegen im Inhaltsbereich angeordnet werden können. Dieses Problem trat jedoch nur beim ersten Mal auf, wenn ein Teilnehmer die Medienleiste verwenden wollte. Danach konnten die meisten Personen die Medienleiste ohne Schwierigkeiten verwenden.

Tabelle 7: Usability-Probleme im ersten Usability-Test

Beschreibung des Problems	Kategorie	n	Betroffene Teilnehmer
Bedienung der Medienleiste			
Es wird nicht erkannt, dass die Medienleiste mit Ziehen und Ablegen bedient werden muss	Selbstbeschreibungsfähigkeit	8	7 (87,5 %)
Es wird nicht erkannt, dass beide Felder im Inhaltsbereich frei belegt werden können	Selbstbeschreibungsfähigkeit	8	4 (50 %)
Es wird nicht erkannt, dass die Medienicons innerhalb der Rahmen im Inhaltsbereich abgelegt werden müssen	Selbstbeschreibungsfähigkeit	8	2 (25 %)
Medienicons in der Medienleiste werden schlecht wahrgenommen	Selbstbeschreibungsfähigkeit	8	3 (37,5 %)
Weitere frei belegbare Felder im Inhaltsbereich sind erwünscht/erwartet	Aufgabenangemessenheit	8	3 (37,5 %)
Navigation			
Die untere Navigationsleiste wird schlecht wahrgenommen	Selbstbeschreibungsfähigkeit	8	6 (75 %)
Links werden schlecht wahrgenommen	Selbstbeschreibungsfähigkeit	8	3 (37,5 %)
Der Navigationsbaum klappt bei Kapitelwechsel automatisch zu	Steuerbarkeit	8	2 (25 %)
Verlinkungen von Bildteilen und Beschriftungen erwünscht	Aufgabenangemessenheit	8	2 (25 %)
Klick auf Oberkapitel bewirkt keinen Seitenwechsel, sondern nur ein Aufklappen des Navigationsbaums	Steuerbarkeit	8	1 (12,5 %)
Die Bedeutung der Minus- und Pluszeichen im Navigationsbaum ist unklar	Selbstbeschreibungsfähigkeit	8	1 (12,5 %)
Betätigen der Browser-Schaltfläche „zurück" kann zum Abbruch der Präsentation führen	Fehlerrobustheit	8	1 (12,5 %)
Darstellung der Inhalte			
„Scrolling" im Videoplayer geht nicht gut	Steuerbarkeit	8	4 (50 %)
Beschriftungen bei Bildern fehlen	Aufgabenangemessenheit	8	3 (37,5 %)
Bilder und Animationen sind zu klein	Qualität der multimedialen Inhalte	8	2 (25 %)
Beschriftungen bei Animationen fehlen	Aufgabenangemessenheit	8	2 (25 %)
Bildüberschrift fehlt	Orientierung	8	1 (12,5 %)
Schrift ist zu klein	Aufgabenangemessenheit	8	1 (12,5 %)
Bilder sind teilweise unscharf	Qualität der multimedialen Inhalte	8	1 (12,5 %)

Weitere Probleme bezüglich der Selbstbeschreibungsfähigkeit zeigen sich im Bereich der Navigation. Verschiedene Navigationselemente waren nicht gut erkennbar.

Die zweitgrößte Gruppe an Problemen betrifft die Aufgabenangemessenheit. Sie treten vor allem im Bereich der Darstellung der Inhalte auf. Beispielsweise wurde bemängelt, dass bei Bildern und Animationen Beschriftungen fehlten.

An insgesamt drei Stellen wurden Probleme mit der Steuerbarkeit vermerkt. Hier sei vor allem die Steuerung des Videoplayers erwähnt. Dieses Problem hatte sich schon in den Fragebögen zur subjektiven Schwierigkeit der Aufgaben gezeigt und konnte durch die Protokolle des lauten Denkens nun genauer bestimmt werden. Es stellte sich heraus, dass die Teilnehmer vor allem durch die Verwendung des Wortes „scrollen" in der Aufgabenstellung (siehe Abschnitt 7.3.2) fehlgeleitet wurden. Sie versuchten den Videoplayer durch ein Ziehen der Markierung in der Abspielleiste zu steuern. Richtig wäre gewesen, mit der Maus an eine gewünschte Stelle zu klicken. Aufgrund ihrer Assoziation mit dem Wort „scrollen" haben die Teilnehmer das gar nicht erst versucht.

Vereinzelt trat Kritik an der Qualität der multimedialen Inhalte auf. Beispielsweise wurde bemängelt, dass Bilder und Animationen teilweise zu klein seien.

Bezüglich der Fehlerrobustheit wurde nur von einem Teilnehmer ein Problem gemeldet. Dieses trat auf, wenn der Benutzer über die Navigationselemente des Browsers navigierte, statt über die Navigationselemente der Lernumgebung. Drückte man einmal zu oft auf „Zurück" wurde die Präsentationsansicht des Kurses verlassen und man fand sich in der Lernplattform Ilias wieder. Dies war möglich, weil die Lernumgebung aus Ilias heraus gestartet wurde. Der betroffene Teilnehmer fand in Ilias nicht alleine zurück zur Präsentationsansicht des Kurses.

7.7 Fazit

Die Ergebnisse der ersten Usability-Studie belegen, dass die Bedienbarkeit des ersten Prototyps der Lernumgebung insgesamt positiv bewertet wurde. Defizite zeigen sich in der Selbstbeschreibungsfähigkeit, der Aufgabenangemessenheit und bei den multimedialen Inhalten der Lernumgebung. Diese Eigenschaften wurden im abschließenden Fragebogen schlechter bewertet als die übrigen Kategorien. Aus den Angaben in den Freitextfeldern der Fragebögen, den Bildschirmvideos und den Aufnahmen des lauten Denkens konnten spezifische Problembeschreibungen ermittelt werden, die letztlich zu diesen Bewertungen geführt haben. Die Bedienung der Medienleiste stellte sich dabei für die meisten Teilnehmer als die größte Hürde heraus. Nur ein Teilnehmer fand selbständig heraus, wie sie zu bedienen war.

Ein Ziel der Usability-Studie war es Handlungsempfehlungen für eine Überarbeitung und Weiterentwicklung des Prototyps zu gewinnen. Die Problemliste aus

Tabelle 7 (Seite 118) liefert dazu eine wichtige Grundlage. Die genannten Probleme sind mit Blick auf die Überarbeitung und Weiterentwicklung der Lernumgebung unterschiedlich zu bewerten. Ein Teil der Probleme betrifft nicht direkt die Benutzerschnittstelle, sondern die multimedialen Inhalte, die unabhängig von der Lernumgebung sind und je nach Anwendungsgebiet unterschiedlich sein können. Diese Probleme können an dieser Stelle vernachlässigt werden. Die übrigen Probleme lassen sich danach klassifizieren, wie schwerwiegend sie sich auf die Bedienbarkeit der Lernumgebung auswirken. Als schwerwiegende Probleme werden solche Probleme bezeichnet, die dazu führen, dass Benutzer bestimmte Aufgaben nicht, oder nur mit unangemessenem Aufwand bearbeiten können. Als leichte Probleme werden solche Probleme bezeichnet, die dazu führen, dass Nutzer zwar nicht die vorgesehenen Funktionen zur Lösung einer Aufgabe nutzen, aber dennoch mit leicht höherem Aufwand zum Ziel kommen (vgl. Dumas & Redish, 1999; Tullis & Albert, 2008).

Zu den schwerwiegenden Problemen zählen die Probleme bei der Bedienung der Medienleiste. Bei der Medienleiste handelt es sich um ein Kernelement der Benutzer-schnittstelle, ohne dessen richtige Bedienung die meisten Aufgaben nicht zu lösen sind. Wenn die Benutzer nicht wissen, dass sie Informationseinheiten anzeigen können, indem sie diese in den Inhaltsbereich ziehen, können sie die meisten Inhalte der Lernumgebung nicht nutzen. Ebenso schwerwiegend ist die Tatsache, dass die Präsentation des Kurses verlassen wird, wenn zu oft die Schaltfläche „zurück" des Browsers gedrückt wird. Ohne externe Hilfe finden die Benutzer danach nicht mehr zum Kurs zurück. Die übrigen Probleme sind als leichter einzustufen, da die Teilnehmer trotz kleiner Schwierigkeiten auf alternativen Wegen zum Ziel kamen.

Neben der Schwere eines aufgetretenen Problems ist es für die Weiterentwicklung der Benutzerschnittstelle von Bedeutung, ob es sich dabei nur um eine zufällige Erscheinung handelt oder um ein Problem, das vielen Benutzern Schwierigkeiten bereiten würde. Dies ist angesichts der kleinen Stichprobe kaum zu beurteilen. Zwar kann man davon ausgehen, dass ein Problem, das bei mehreren Testnutzern auftritt auch bei vielen anderen Benutzern auftreten wird. Umgekehrt kann man aber nicht darauf schließen, dass ein Problem, das nur bei einem oder zwei Testnutzern aufgetreten ist, eine vernachlässigbare Zufallserscheinung ist. Ist zum Beispiel die Aussage, dass die Schrift zu klein ist, eine Einzelmeinung oder würden das andere Benutzer auch so sehen? Es ist möglich, dass dieser eine Teilnehmer einen großen Prozentsatz aller Nutzer repräsentiert. Ebenso ist es möglich, dass durch eine Veränderung der Benutzerschnittstelle aufgrund einer "Einzelmeinung" bei sehr viel mehr Benutzern Probleme auftreten. Hier kommen nun die Vorteile des iterativen Testens zum Tragen. Es empfiehlt sich bei nur einmalig aufgetretenen leichteren Problemen zunächst abzuwarten, ob sie sich in einem weiteren Test bestätigen und erst dann Änderungen vorzunehmen (vgl. Dumas & Redish, 1999).

7.8 Überarbeitung der Benutzerschnittstelle

Im Anschluss an die erste Studie wurde der Prototyp der Lernumgebung überarbeitet. Aufgrund von mangelnden zeitlichen und personellen Ressourcen konnten nicht für alle Probleme Lösungen entwickelt und umgesetzt werden. Es wurden daher bevorzugt Funktionen überarbeitet, die bei mehreren Teilnehmern zu Problemen geführt hatten oder als schwerwiegend eingestuft wurden. Funktionen, die nur bei ein oder zwei Teilnehmern zu Problemen geführt hatten und nicht als schwerwiegend eingestuft wurden, wurden nur dann überarbeitet, wenn der Aufwand verhältnismäßig gering war.

Für die Bedienung der Medienleiste wurde eine interaktive Hilfe eingeführt. Diese Hilfe erscheint, wenn der Benutzer versucht eine Informationseinheit mit einem Klick zu öffnen. Es wird ein Hinweis eingeblendet, das Icon in eines der beiden Felder im Inhaltsbereich zu ziehen. Gleichzeitig werden die beiden Felder durch einen farbigen Rahmen hervorgehoben (für ein Beispiel siehe Abbildung 13). Die Icons in der Medienleiste wurden außerdem etwas vergrößert.

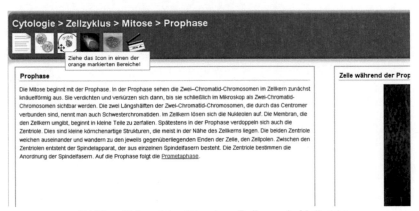

Abbildung 13: Interaktiver Hinweis zur Bedienung der Medienleiste

Die Navigationselemente in der unteren Navigationsleiste wurden ebenfalls vergrößert und durch die Grafik eines Pfeils deutlicher hervorgehoben. Interaktive Links und Verweise, die sich bisher nur farblich von normalem Text unterschieden, wurden zusätzlich unterstrichen. Außerdem wurde verhindert, dass der Navigationsbaum bei einem Kapitelwechsel automatisch zuklappt.

Alle Felder im Inhaltsbereich erhielten eine automatische Titelanzeige. Bei Bildern kann zusätzlich eine Bildunterschrift angegeben werden. Darüberhinaus wurde eine Zoomfunktion für Bilder implementiert. Bei Bildern, die in entsprechender Auflösung vorliegen, wird ein Lupensymbol angezeigt, mit dem sich die Bilder vergrößert anzeigen lassen. Videos und Animationen wurden generell größer dargestellt.

Für den schwerwiegenden Fehler, der durch die Schaltfläche „zurück" des Browsers ausgelöst wurde, konnte vorerst keine zufriedenstellende Lösung gefunden werden. Der Fehler hängt mit der grundlegenden Architektur der Lernumgebung zusammen, die als Erweiterung von Ilias implementiert wurde. Als Behelfslösung wurde festgelegt, dass Kurse stets in einem neuen Fenster des Browsers geöffnet werden sollten. Die Verlaufsgeschichte dieses Fensters ist somit bei Kursbeginn leer und der Benutzer kann niemals weiter zurück, als bis zur ersten Lerneinheit des Kurses. Er bleibt somit immer innerhalb der Präsentationsansicht des Kurses.

Im Anschluss an die Überarbeitungen wurde der Prototyp in einer zweiten Studie erneut evaluiert. Die zweite Studie wird im folgenden Kapitel beschrieben.

8 Usability-Studie 2

8.1 Ziele

Mit der zweiten Studie wurde der überarbeitete Prototyp der Lernumgebung formativ evaluiert. Abbildung 14 zeigt die neue Benutzerschnittstelle. Einige der darin erkennbaren Veränderungen sind zum Beispiel die Überschriften im Inhaltsbereich (1), die Bildunterschrift (2), die Zoomfunktion für Bilder (3) und die Hervorhebungen in der Navigationsleiste (4). Wie bereits die erste Studie hatte auch die zweite Studie die folgenden Ziele:

1. Usability-Probleme, die während der Interaktion mit der Lernumgebung auftreten, zu identifizieren.
2. Festgestellte Probleme im Detail zu beschreiben.
3. Das Interaktionsdesign der Lernumgebung entsprechend zu überarbeiten.

Zusätzlich sollte festgestellt werden, ob die vorgenommenen Überarbeitungen nach der ersten Studie zu Verbesserungen bei der Bedienbarkeit geführt haben.

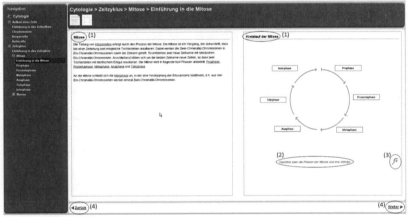

Abbildung 14: Benutzerschnittstelle des zweiten Prototyps der Lernumgebung

8.2 Versuchsaufbau

Der Versuchsaufbau wurde gegenüber der ersten Studie nicht verändert. Es wurde erneut ein Usability-Test mit lautem Denken, Fragebögen zur subjektiven Schwierigkeit der Aufgaben und einem Fragebogen zur allgemeinen Bewertung der Usability durchgeführt.

8.3 Testmaterial und Untersuchungsinstrumente

Es wurden die gleichen Testmaterialien und Untersuchungsinstrumente wie in der ersten Studie eingesetzt. Diese werden in den folgenden Abschnitten nur kurz beschrieben.

8.3.1 Lernmaterial

Das Lernmaterial bestand aus 13 Lerneinheiten über den Zellaufbau und die Zellteilung mit dem Schwerpunkt Mitose. Jede Lerneinheit enthielt mehrere Informationseinheiten, die durch Texte, schematische und realistische Bilder sowie schematische Animationen dargestellt wurden.

8.3.2 Aufgaben

Die Aufgaben in der zweiten Studie waren inhaltlich die gleichen, wie in der ersten Studie (vgl. Kapitel 7). Aufgrund der Erfahrungen aus der ersten Studie wurde in der neunten Aufgabe der Begriff „scrollen" durch „navigieren" ersetzt. Die neue Aufgabenformulierung lautete daraufhin wie folgt: „Betrachten Sie erneut die Animation in der zweiten Phase der Teilung von Körperzellen. Stoppen Sie die Animation an der Stelle, an der die Chromosomen beginnen sich an die Spindelfasern anzulagern. Navigieren Sie dann zum Ende der Animation."

8.3.3 Bildschirmaufzeichnung und Aufzeichnung des lauten Denkens

Für die Bildschirmaufzeichnung und die Aufzeichnung des lauten Denkens wurde die Software Camtasia in der Version 7 verwendet. Zur Erfassung der Audiosignale wurde ein handelsübliches PC-Mikrofon eingesetzt.

8.3.4 Fragebogen zu soziodemographischen Daten und Vorerfahrungen

Vor dem Usability-Test beantworteten die Teilnehmer Fragen zu ihrer Person sowie zu einschlägigen Vorerfahrungen (siehe Anhang A).

8.3.5 Fragebögen zur subjektiven Schwierigkeit der Aufgaben

Im Anschluss an jede der zehn Aufgaben des Usability-Tests erhielten die Teilnehmer einen kurzen Fragebogen, in dem sie die subjektive Schwierigkeit der Aufgabe angeben sollten (siehe Anhang B). Die Fragebögen wurden anhand der Aufgabenformulierungen erstellt. Jeder Teilaspekt einer Aufgabe sollte anhand einer Skala von 1 bis 5 (sehr leicht bis sehr schwer) bewertet werden. Zusätzlich konnten die Teilnehmer in einem Freitextfeld ihre Angaben begründen.

8.3.6 Fragebogen zur Gesamtbewertung der Usability

Der Fragebogen zur Gesamtbewertung der Usability enthielt 36 Aussagen zur Lernbarkeit, Aufgabenangemessenheit, Selbstbeschreibungsfähigkeit, Steuerbarkeit, Erwartbarkeit und Fehlerrobustheit der Lernumgebung, sowie zur Qualität der multimedialen Inhalte und zur subjektiven strukturellen Orientierung innerhalb der Umgebung. Zu allen Aussagen sollte auf einer fünfstufigen Likert-Skala der Grad der Zustimmung angegeben werden. Zusätzlich stand ein Freitextfeld zur Begründung der Angaben zur Verfügung (für den vollständigen Fragenbogen siehe Anhang C).

8.4 Durchführung

Die Studie fand im Labor statt und wurde in Einzelsitzungen durchgeführt. Der Versuchsablauf wurde von der ersten Studie übernommen. Nach einer Einführung in die Ziele und den Ablauf des Usability-Tests füllten die Teilnehmer den Fragebogen zu soziodemographischen Daten und Vorerfahrungen aus. Anschließend wurde ihnen die Methode des lauten Denkens vermittelt. Danach testeten die Teilnehmer die Lernumgebung anhand der zehn vorgegebenen Aufgaben und äußerten ihre Gedanken und Eindrücke dabei laut. Nach jeder Aufgabe füllten sie den Fragebogen zur subjektiven Schwierigkeit aus. Zum Schluss beantworteten sie den Fragebogen zur Gesamtbewertung der Usability.

8.5 Stichprobe

An der zweiten Studie nahmen vier Studentinnen und vier Studenten teil. Die Teilnahme war freiwillig. Jeder Teilnehmer erhielt eine Aufwandsentschädigung in Höhe von 20 €. Das durchschnittliche Alter der Teilnehmer betrug 23,25 Jahre (SD = 2,4). Die Teilnehmer kamen aus unterschiedlichen Fachbereichen.

Hinsichtlich der Erfahrungen mit Computer- und Internetprogrammen gab es keine großen Unterschiede innerhalb der Stichprobe. Alle Teilnehmer nutzten mindestens 1-2 Stunden pro Tag den Computer und dabei auch das Internet. Bis auf einen Teilnehmer kannten alle mindestens ein Lernmanagementsystem. Alle kannten außerdem mindestens einen Mediaplayer. Bezüglich dieser Merkmale ist die Stichprobe vergleichbar mit der Stichprobe der ersten Studie.

8.6 Ergebnisse

8.6.1 Ergebnisse des Fragebogens zur Gesamtbewertung der Usability

Wie bereits in der ersten Studie wurde die Bedienbarkeit der Lernumgebung insgesamt positiv bewertet. Gegenüber der ersten Studie zeigten sich zudem deutliche Verbesserungen. Tabelle 8 (Seite 126) zeigt die Mediane der einzelnen Skalen des Usability-Fragebogens in beiden Studien. Die Selbstbeschreibungsfähigkeit und die Aufgabenangemessenheit wurden deutlich besser bewertet als in der ersten Studie. Die Bewertungen der Lernbarkeit, der Erwartbarkeit, der Orientierung und der multimedialen Inhalte verbesserten sich ebenfalls. Hingegen wurden die Steuerbarkeit und die Fehlerrobustheit der Lernumgebung etwas schlechter bewertet. Die Analyse der einzelnen Items und der Angaben der Teilnehmer im Freitextfeld lieferte zunächst keine ausreichende Erklärung dafür. Dazu mussten die Fragebögen zur subjektiven Schwierigkeit der Aufgaben und die Auswertung des lauten Denkens herangezogen werden.

Tabelle 8: Ergebnisse des Usability-Fragebogens in Studie 1 und 2

Merkmal	Wertbereich	Median Studie 1	Median Studie 2
Lernbarkeit	-10 bis +10	+6,0 (80 %)	+7,5 (87,5 %)
Aufgabenangemessenheit	-10 bis +10	+3,0 (65 %)	+7,0 (85 %)
Selbstbeschreibungsfähigkeit	-10 bis +10	+3,5 (67,5 %)	+7,5 (87,5 %)
Steuerbarkeit	-6 bis +6	+4,5 (87,5 %)	+3,5 (79,17 %)
Erwartbarkeit	-6 bis +6	+4,0 (83,33 %)	+5,5 (95,83 %)
Fehlerrobustheit	-6 bis +6	+4,0 (83,33 %)	+3,5 (79,17 %)
Orientierung	-12 bis +12	+7,0 (79,17 %)	+8,0 (83,33 %)
Multimediale Inhalte	-12 bis +12	+6,0 (75 %)	+9,5 (89,58 %)

8.6.2 Ergebnisse der Fragebögen zur subjektiven Schwierigkeit der Aufgaben

Der größte Teil der Aufgaben wurde auch im zweiten Usability-Test als leicht bewertet. An einigen wenigen Stellen wurden von einzelnen Teilnehmern Schwierigkeiten vermerkt. Tabelle 9 zeigt, welche Aufgabenteile von Teilnehmern als schwer oder sehr schwer eingestuft wurden.

Tabelle 9: Aufgabenteile des zweiten Usability-Tests, die von den Teilnehmern als schwer oder sehr schwer eingestuft wurden

	Schwere oder sehr schwere Aufgabenteile	n	Betroffene Teilnehmer
2.1	Das erste Kapitel finden	8	1 (12,5 %)
3.2	Die passenden Bilder finden	8	1 (12,5 %)
4.1	Die Animation finden	8	3 (37,5 %)
4.2	Die Animation anschauen	8	1 (12,5 %)
7.4	Die im Text genannten Strukturen im Bild finden	8	1 (12,5 %)
8.5	Die im Text genannten Strukturen im Bild finden	8	1 (12,5 %)
9.2	Zum Ende der Animation navigieren	8	1 (12,5 %)

Die Angaben im Freitextfeld des Fragebogens gaben Hinweise darauf, warum die genannten Aufgabenteile den Teilnehmern schwer fielen. So gab eine Teilnehmerin bei Aufgabe 2.1 an, dass ihr Kapitelnummerierungen gefehlt hätten und sie sich daher nicht sicher war, ob es sich tatsächlich um das erste Kapitel handelte. Bei Aufgabe 3.2 gab sie an, dass sie die Medienleiste zunächst nicht wahrgenommen hätte. Bezüglich der Aufgabe 4.1 gaben zwei Teilnehmer an, sie hätten nicht gewusst, ob es sich bei der gefundenen Animation zur Interphase tatsächlich um die in der Aufgabe gesuchte

Animation handelte. Das Problem kann daher eher auf Schwierigkeiten beim Verständnis des Lernmaterials zurückgeführt werden als auf Schwierigkeiten bei der Bedienung der Lernumgebung. Bei Aufgabe 4.2 gab ein Teilnehmer an, er habe nicht gewusst, dass er das Icon von der Medienleiste in den Inhaltsbereich ziehen musste. Die Schwierigkeiten bei den Aufgaben 7 und 8 waren inhaltlicher Natur und standen nicht in Bezug zum Interaktionsdesign der Lernumgebung. Das Problem bei Aufgabe 9 konnte aus den Angaben im Freitextfeld des Fragebogens nicht hinreichend geklärt werden. Dazu mussten die Ergebnisse der Auswertung des lauten Denkens und der Bildschirmvideos herangezogen werden.

8.6.3 Ergebnisse der Auswertung des lauten Denkens und der Bildschirmvideos

Die Aufnahmen des lauten Denkens und die Bildschirmvideos wurden durchsucht nach

- verbalen Äußerungen der Verwirrung, des Missfallens oder der Überraschung;
- verbalen Äußerungen über nicht zielführende Vorgehensweisen zur Lösung einer Aufgabe;
- verbalen Äußerungen zu Annahmen und Vorstellungen über die Funktionalität der Lernumgebung, die nicht zutreffen;
- Handlungen, die nicht zur Lösung der Aufgabe führen;
- Aufgaben, die nicht gelöst wurden.

Aus den Beobachtungen ergab sich eine Liste mit 16 spezifischen Usability-Problemen (siehe Tabelle 10, Seite 128). Sie wurden nach den jeweils betroffenen Funktionsbereichen der Lernumgebung sortiert und den verschiedenen Kategorien der Usability zugeordnet, die auch im Usability-Fragebogen berücksichtigt wurden.

Insgesamt traten weniger Probleme auf als in der ersten Studie. Die meisten Probleme kamen zudem nur vereinzelt vor und nicht mehr bei einer Mehrheit der Teilnehmer.

Keines der Probleme führte dazu, dass die Teilnehmer nicht selbständig weiterkamen, wie es noch in der ersten Studie der Fall war. Beispielsweise hatten nur noch zwei Teilnehmer leichte Schwierigkeiten dabei, herauszufinden, wie die Medienleiste bedient werden muss. Sie ignorierten den interaktiven Hinweis zunächst zwei- bis dreimal, bevor sie ihn durchlasen. Danach konnten sie die Medienleiste bedienen. Für die übrigen Teilnehmer genügte das erste Erscheinen des interaktiven Hinweises.

Im Bereich der Navigation traten bei jeweils vier Teilnehmern zwei Probleme bezüglich der Steuerbarkeit auf. Zum Einen empfanden es die Teilnehmer als umständlich, dass bei einem Klick auf den Menüeintrag eines Oberkapitels kein Wechsel zu einer neuen Lerneinheit ausgelöst wurde, sondern lediglich der Seitenbaum weiter aufgeklappt wurde. Erst wenn ein Unterkapitel ausgewählt wurde, erfolgte der Wechsel zur entsprechenden Lerneinheit. Zum Andern kam es mehrfach vor, dass die Menüeinträge gar nicht auf Klicks reagierten, wenn diese zu weit am Rand gesetzt wurden. Diese Probleme liefern eine Erklärung für die schlechtere Bewertung der Steuerbarkeit in der zweiten Studie (vgl. Abschnitt 8.6.1).

Tabelle 10: Usability-Probleme im zweiten Usability-Test

Beschreibung des Problems	Kategorie	n	Betroffene Teilnehmer
Bedienung der Medienleiste			
Medienicons in der Medienleiste werden schlecht wahrgenommen	Selbstbeschreibungsfähigkeit	8	3 (37,5 %)
Es wird nicht erkannt, dass die Medienleiste durch Drag & Drop bedient werden muss	Selbstbeschreibungsfähigkeit	8	2 (25 %)
Interaktiver Hinweis zur Bedienung der Medienleiste wird schlecht wahrgenommen	Selbstbeschreibungsfähigkeit	8	2 (25 %)
Es wird nicht erkannt, dass beide Felder im Inhaltsbereich frei belegt werden können	Selbstbeschreibungsfähigkeit	8	1 (12,5 %)
Navigation			
Klick auf Oberkapitel bewirkt keinen Seitenwechsel, sondern nur ein Aufklappen des Navigationsbaums	Steuerbarkeit	8	4 (50 %)
Menüeinträge reagieren nicht bei Klick am Rand	Steuerbarkeit	8	4 (50 %)
Verlinkungen von Bildteilen und Beschriftungen erwünscht	Aufgabenangemessenheit	8	2 (25 %)
Suchfeld fehlt	Aufgabenangemessenheit	8	2 (25 %)
Darstellung der Inhalte			
Beschriftungen bei Bildern fehlen	Aufgabenangemessenheit	8	3 (37,5 %)
Einmal geöffnete Informationseinheiten bleiben auch nach Kapitelwechsel offen	Erwartbarkeit	8	2 (25 %)
Beschriftungen bei Animationen fehlen	Aufgabenangemessenheit	8	2 (25 %)
Zoomfunktion bei Bildern bietet teilweise nur geringfügige Vergrößerung	Qualität der multimedialen Inhalte	8	2 (25 %)
Schrift ist zu klein	Aufgabenangemessenheit	8	1 (12,5 %)
Bilder sind teilweise unscharf und pixelig	Qualität der multimedialen Inhalte	8	1 (12,5 %)
Navigation im Videoplayer funktioniert nicht gut	Steuerbarkeit	8	1 (12,5 %)
Unterschiedliche Bildskalierung im rechten und linken Feld des Inhaltsbereichs	Fehlerrobustheit	8	1 (12,5 %)

Zusätzlich zu den Schwierigkeiten in Tabelle 10 (Seite 128) konnte ein Hardware-Problem rekonstruiert werden, das zu der schlechteren Bewertung der Fehlerrobustheit beigetragen hat (vgl. Abschnitt 8.6.1). In der Studie wurde eine Maus verwendet, die außer einer rechten und linken Maustaste und einem Scrollrad noch Seitentasten zur Verfügung stellte. Mit den Seitentasten konnte man im Browser vorwärts und rückwärts navigieren. Bei zwei Teilnehmern, denen diese Funktion nicht bekannt war, kam es dadurch zu unbeabsichtigten Seitenwechseln.

8.7 Fazit

Die Ergebnisse der zweiten Usability-Studie belegen erneut, dass die Bedienbarkeit der Lernumgebung insgesamt positiv bewertet wird. Darüberhinaus hat sich gezeigt, dass die Überarbeitungen der Benutzerschnittstelle nach der ersten Usability-Studie zu den gewünschten Verbesserungen geführt haben. Sowohl die Selbstbeschreibungsfähigkeit als auch die Aufgabenangemessenheit wurden deutlich positiver bewertet. Dies spiegelt sich auch in den Aufzeichnungen des lauten Denkens und den Bildschirmvideos wieder. So hat die Einbindung eines interaktiven Hinweises in die Medienleiste dazu geführt, dass alle Teilnehmer diese ohne externe Hilfe benutzen konnten.

Die Steuerbarkeit und die Fehlerrobustheit der Lernumgebung wurden hingegen etwas schlechter bewertet als in der letzten Studie. Bezüglich der Steuerbarkeit stellte sich heraus, dass die Hälfte der Teilnehmer kleinere Schwierigkeiten bei der Bedienung des Navigationsbaums hatten. Menüeinträge reagierten nicht auf Klicks im Randbereich und das bloße Aufklappen des Navigationsbaums bei einem Klick auf ein Oberkapitel wurde als umständlich bemängelt. Die schlechtere Bewertung der Fehlerrobustheit konnte zum Teil auf Hardware-Bedienungsfehler zurückgeführt werden.

Wie bereits in der ersten Usability-Studie wurde die Liste der gefundenen Probleme als Grundlage für notwendige Überarbeitungen der Benutzerschnittstelle herangezogen. Wiederum gab es eine Anzahl von Problemen, die lediglich die spezifischen multimedialen Inhalte der Lernumgebung betreffen und mit Blick auf die Weiterentwicklung der Benutzerschnittstelle vernachlässigt werden können. Von den übrigen Problemen ist keines als schwerwiegend einzustufen. In allen aufgetretenen Fällen fanden die Teilnehmer sich selbständig in der Lernumgebung zurecht und kamen zum gewünschten Ziel. Die meisten der gefunden Probleme traten zudem nur vereinzelt auf. Nur vier der insgesamt 16 berichteten Usability-Probleme wurden von mehr als zwei Teilnehmern bemängelt. Insgesamt konnte nach der zweiten Usability-Studie davon ausgegangen werden, dass der zweite Prototyp der Lernumgebung gut bedienbar ist und kein akuter Handlungsbedarf für grundlegende Veränderungen der Benutzerschnittstelle bestand.

8.8 Überarbeitung der Benutzerschnittstelle

Im Anschluss an die zweite Usability-Studie wurde der Prototyp der Lernumgebung erneut überarbeitet. Da die Benutzerschnittstelle nun in allen abgefragten Kriterien der Usability als überwiegend gut bewertet wurde und es nicht mehr zu schwerwiegenden Problemen bei der Bedienung kam, beschränkten sich die Änderungen auf kleinere Korrekturen einzelner Funktionen.

Die Zoomfunktion für Bilder wurde verbessert. Die Zoom-Schaltfläche wird nur dann angezeigt, wenn ein Bild um mindestens 10 % vergrößert werden kann. Die automatische Bildskalierung wurde korrigiert, so dass Bilder im rechten und linken Feld des Inhaltsbereichs gleich angezeigt werden. Die sensitive Fläche der Menüeinträge wurde vergrößert, so dass die Einträge auch bei einem Klick am Rand reagieren.

Zusätzlich zu diesen Korrekturen erfolgte nach der zweiten Studie die Implementierung und Einbindung der kognitiven Unterstützungsangebote (vgl. Kapitel 6). Die Bedienbarkeit der Unterstützungsangebote wurde anschließend in einer dritten Studie empirisch überprüft.

9 Usability-Studie 3

9.1 Ziele

Mit der dritten Studie wurde das Interaktionsdesign der kognitiven Unterstützungs-angebote in der Lernumgebung formativ evaluiert. Abbildung 15 zeigt die Benutzer-schnittstelle der Lernumgebung mit den integrierten Unterstützungsangeboten auf der rechten Seite. Die Ziele der Studie waren

1. Usability-Probleme, die während der Interaktion mit der Lernumgebung, und insbesondere bei der Interaktion mit den Unterstützungsangeboten auftreten, zu identifizieren,
2. die festgestellten Probleme im Detail zu beschreiben,
3. das Interaktionsdesign der Lernumgebung entsprechend zu überarbeiten und
4. die verschiedenen Varianten der Benutzerschnittstelle mit und ohne Selbst-kontrollfragen sowie mit den unterschiedlichen Darbietungsarten der Unter-stützungsangebote (vgl. Kapitel 6) hinsichtlich der Bedienbarkeit zu ver-gleichen.

Mit Blick auf den experimentellen Vergleich der verschiedenen Varianten der Benutzerschnittstelle hinsichtlich der Nutzung der Unterstützungsangebote (siehe Kapitel 10 und 11) war es wichtig, dass alle Varianten gleichermaßen gut bedienbar sind.

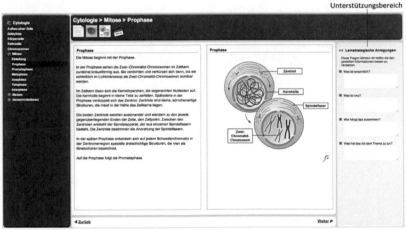

Abbildung 15: Benutzerschnittstelle des dritten Prototyps der Lernumgebung

9.2 Versuchsaufbau

In der Studie wurden vier Varianten der Benutzerschnittstelle getestet (siehe Tabelle 11):

1. Statisch ohne Selbstkontrollfragen (S-F): Es gibt keine automatische Vergrößerung des Unterstützungsbereichs und keine Selbstkontrollfragen.
2. Statisch mit Selbstkontrollfragen (S+F): Es gibt keine automatische Vergrößerung der Unterstützungsangebote aber es werden Selbstkontrollfragen angeboten.
3. Dynamisch ohne Selbstkontrollfragen (D-F): Wenn eine Lerneinheit das erste Mal aufgerufen wird, erfolgt nach kurzer Zeit eine automatische Vergrößerung des Unterstützungsbereichs. Es werden keine Selbstkontrollfragen angeboten.
4. Dynamisch mit Selbstkontrollfragen (D+F): Wenn eine Lerneinheit das erste Mal aufgerufen wird, erfolgt nach kurzer Zeit eine automatische Vergrößerung des Unterstützungsbereichs und es werden Selbstkontrollfragen angeboten.

Für jede der vier Varianten wurde ein Usability-Test unter Einsatz von lautem Denken und ergänzenden Fragebögen durchgeführt. Jeweils sechs Personen testeten die Funktionen anhand vorgegebener Aufgaben. Die Tests wurden in Einzelsitzungen in einer Laborsituation durchgeführt. Während der Tests waren die Teilnehmer aufgefordert, ihre Gedanken zur Lösung der Aufgaben sowie ihre Eindrücke zum Design der Lernumgebung laut zu äußern. Zusätzlich wurden ihre Aktivitäten in der Lernumgebung durch eine Bildschirmaufzeichnung festgehalten. Mit Hilfe von Fragebögen sollten die Teilnehmer die subjektive Schwierigkeit der Aufgaben einschätzen. Außerdem sollten sie anhand eines weiteren Fragebogens die Bedienbarkeit der Lernumgebung insgesamt beurteilen.

Tabelle 11: Versuchsplan der dritten Usability-Studie

		Darbietung der Unterstützungsangebote	
		Statisch	Dynamisch
Selbstkontroll-fragen	Nicht verfügbar	(S-F) n = 6	(D-F) n = 6
	Verfügbar	(S+F) n = 6	(D+F) n = 6

9.3 Testmaterial und Untersuchungsinstrumente

9.3.1 Lernmaterial

Es wurde das gleiche Lernmaterial wie in den ersten beiden Usability-Studien verwendet. Das Lernmaterial bestand aus 13 Lerneinheiten über den Zellaufbau und die

Zellteilung mit dem Schwerpunkt Mitose. Jede Lerneinheit enthielt mehrere Informationseinheiten, die durch Texte, schematische und realistische Bilder, sowie schematische Animationen dargestellt wurden.

9.3.2 Lernstrategische Anregungen

Die lernstrategischen Anregungen wurden den Lernenden in Form von vier Fragen präsentiert. Die Fragen zielten darauf ab, relevante kognitive Prozesse beim Lernen mit unterschiedlichen Darstellungen anzuregen. Dabei wurde auf Selektions- Organisations- und Integrationsprozesse fokussiert (vgl. Kombartzky, Metz, Plötzner & Schlag, 2009). Tabelle 12 zeigt die Formulierungen der Fragen und ordnet sie den unterschiedlichen Prozessen zu.

Tabelle 12: Formulierungen der lernstrategischen Anregungen

Kognitive Prozesse	Fragen
Selektion	1. Was ist wesentlich? • Welche Aussagen im Text sind wichtig? • Welche Stellen im Bild oder in der Animation sind wichtig? 2. Was ist neu? • Welche neuen Aussagen enthält der Text? • Welche neuen Darstellungen enthält das Bild oder die Animation?
Organisation	3. Wie hängt das zusammen? • Was ist der Zusammenhang zwischen den Aussagen im Text und den Stellen im Bild oder in der Animation?
Integration	4. Was hat das mit dem Thema zu tun? • Welche Beziehungen bestehen zwischen dem Gesamtthema und den Aussagen im Text und den Darstellungen im Bild oder in der Animation?

9.3.3 Selbstkontrollfragen

Für jede Lerneinheit wurde eine Selbstkontrollfrage zur Überprüfung des eigenen Lernerfolgs erstellt. Diese wurden als Wissensfragen mit jeweils vier vorgegebenen Antwortmöglichkeiten formuliert. Die Fragen wurden teilweise bildhaft und teilweise verbal gestellt. Ebenso mussten die Antworten teilweise bildhaft und teilweise verbal gegeben werden.

Ein Beispiel für eine Selbstkontrollfrage lautete: „In welcher Form liegen die Chromosomen am Ende der Telophase vor? (a) Knäuelförmig als Zwei-Chromatid-Chromosomen, (b) knäuelförmig als Ein-Chromatid-Chromosomen, (c) verdichtet und verkürzt als Ein-Chromatid-Chromosomen oder (d) verdichtet und verkürzt als Zwei-Chromatid-Chromosomen."

9.3.4 Aufgaben

Die Teilnehmer testeten die Lernumgebung anhand von fünf vorgegebenen Auf-gaben. Anders als in den ersten beiden Studien betrafen die Aufgaben nicht mehr die Bedienung der gesamten Lernumgebung sondern im Wesentlichen die Bedienung der kognitiven Unterstützungsangebote und der Selbstkontrollfragen. Daraus ergab sich, dass sich die Aufgaben für die einzelnen Gruppen unterschieden. Beispielsweise kamen Aufgaben zur Beantwortung von Selbstkontrollfragen nur in den Gruppen vor, in denen Selbstkontrollfragen angeboten wurden.

Bei der Formulierung der Aufgaben wurde für alle Gruppen darauf geachtet, dass der Funktionsumfang der Unterstützungsangebote vollständig berücksichtigt wurde, um möglichst viele Usability-Probleme entdecken zu können. Zentrale Funktionen sollten mehrfach ausgeführt werden, um feststellen zu können, ob sie nur bei erst-maligem Gebrauch Schwierigkeiten bereiten oder generell schlecht handhabbar sind. Außerdem sollten die Aufgaben praxisrelevant sein, um vor allem die Usability-Probleme aufspüren zu können, die in Lernsituationen auftreten können. Um einen möglichst natürlichen Kontext zu schaffen, wurde darauf geachtet, dass die Aufgaben inhaltlich aneinander anschlossen, so dass ein zusammenhängender Lernpfad durch die Umgebung entstand (für die vollständigen Aufgabenformulierungen in den ein-zelnen Gruppen siehe Anhang D).

9.3.5 Fragebogen zu soziodemografischen Daten und Vorerfahrungen

Vor dem Usability-Test beantworteten die Teilnehmer Fragen zu ihrer Person sowie zu ihrer Computer- und Internetnutzung. Es wurde der gleiche Fragebogen wie in den ersten beiden Studien verwendet (siehe Anhang A).

9.3.6 Fragebögen zur subjektiven Schwierigkeit der Aufgaben

Im Anschluss an jede der fünf Aufgaben des Usability-Tests erhielten die Teilnehmer einen kurzen Fragebogen, in dem sie die subjektive Schwierigkeit der Aufgabe angeben sollten (siehe Anhang E). Die Fragebögen wurden anhand der Auf-gabenformulierungen erstellt (vgl. Abschnitt 9.3.4). Jeder Teilaspekt einer Aufgabe sollte anhand einer Skala von 1 bis 5 (sehr leicht bis sehr schwer) bewertet werden. Zusätzlich konnten die Teilnehmer in einem Freitextfeld ihre Angaben begründen.

9.3.7 Fragebogen zur Gesamtbewertung der Usability

Zur Gesamtbeurteilung der Usability der Lernumgebung wurde der gleiche Fragebogen wie in den ersten beiden Studien eingesetzt (siehe Anhang C). Er enthielt 36 Aussagen zur Lernbarkeit, Aufgabenangemessenheit, Selbstbeschreibungsfähigkeit, Steuerbarkeit, Erwartbarkeit und Fehlerrobustheit der Lernumgebung, sowie zur Qualität der multimedialen Inhalte und zur subjektiven strukturellen Orientierung innerhalb der Umgebung. Zu allen Aussagen sollte auf einer fünfstufigen Likert-Skala der Grad der Zustimmung angegeben werden. Zusätzlich stand ein Freitextfeld zur Begründung der Angaben zur Verfügung.

9.4 Stichprobe

An der dritten Usability-Studie nahmen je zwölf Studentinnen und zwölf Studenten teil. Die Teilnahme erfolgte freiwillig. Jeder Teilnehmer erhielt eine Aufwandsentschädigung in Höhe von 15 €. Das durchschnittliche Alter der Teilnehmer betrug 24,65 Jahre ($SD = 4{,}17$). Sie kamen aus unterschiedlichen Fachbereichen. Hinsichtlich der Erfahrungen mit Computer- und Internetprogrammen gab es keine großen Unterschiede zwischen den Teilnehmern. Alle nutzten den Computer zwischen einer und drei Stunden pro Tag und das Internet zwischen einer und zwei Stunden pro Tag. Nur wenige Teilnehmer gaben an, dass sie Computerprogramme zum Lernen verwenden. Sehr viele gaben an, Zeitungen und Zeitschriften im Internet zu lesen, mindestens ein Lernmanagementsystem zu kennen und fast alle waren mit mindestens einer Multimedia-Plattform im Internet vertraut.

9.5 Durchführung

Die Teilnehmer wurden zufällig in vier Gruppen eingeteilt, wobei darauf geachtet wurde, dass der Anteil an männlichen und weiblichen Teilnehmern in allen Gruppen gleich war. Die Studie fand im Labor statt und wurde in Einzelsitzungen durchgeführt. Der Ablauf entsprach im Wesentlichen dem Ablauf der beiden ersten Studien mit dem Unterschied, dass die Teilnehmer nur fünf statt zehn Aufgaben ausführen mussten und vor Beginn des Usability-Tests eine kurze Einführung in die Grundfunktionen der Lernumgebung bekamen. Die Bedienung der Unterstützungsangebote wurde dabei nicht erklärt. Insgesamt dauerte eine Sitzung etwa eine Stunde. Für die Lösung der fünf Aufgaben benötigten die Teilnehmer ungefähr eine halbe Stunde.

9.6 Ergebnisse

9.6.1 Fragebogen zur Gesamtbewertung der Usability

Insgesamt wurde die Usability der Lernumgebung in allen Gruppen hoch bewertet (siehe Tabelle 13, Seite 136). In manchen Gruppen gab es tendenziell niedrigere Bewertungen einzelner Skalen. Beispielsweise bewerteten die Gruppen S-F, S+F und D+F die Selbstbeschreibungsfähigkeit niedriger als die Gruppe D-F. Zur Erklärung dieser Unterschiede müssen die Fragebögen zur subjektiven Schwierigkeit der Aufgaben sowie die Aufzeichnungen des lauten Denkens und die Bildschirmvideos herangezogen werden.

Tabelle 13: Ergebnisse des Usability-Fragebogens in Studie 3

Merkmal	Wertebereich	S-F	S+F	D-F	D+F
Lernbarkeit	-10 bis +10	97,50 %	95,00 %	90,00 %	95,00 %
Aufgabenangemessenheit	-10 bis +10	80,00 %	80,00 %	87,50 %	92,50 %
Selbstbeschreibungsfähigkeit	-10 bis +10	72,50 %	77,50 %	87,50 %	77,50 %
Steuerbarkeit	-6 bis +6	87,50 %	95,83 %	91,67 %	100 %
Erwartbarkeit	-6 bis +6	91,67 %	91,67 %	91,67 %	100 %
Fehlerrobustheit	-6 bis +6	83,33 %	83,33 %	79,17 %	83,33 %
Orientierung	-12 bis +12	77,08 %	83,33 %	83,33 %	72,91 %
Multimediale Inhalte	-12 bis +12	97,91 %	97,91 %	81,25 %	85,42 %

Es wurde geprüft, ob die Unterschiede zwischen den Gruppen signifikant sind. Die Voraussetzungen für eine Varianzanalyse waren aufgrund von Abweichungen von der Normalverteilung in mehreren Gruppen sowie inhomogener Fehlervarianzen nicht gegeben. Aus diesem Grund wurde für jeden Faktor ein Kruskal-Wallis-Test mit den acht Skalen des Fragebogens als abhängige Variablen berechnet. Dazu wurde das Signifikanzniveau mittels einer Bonferroni-Korrektur auf 0,025 verringert. Tabelle 14 zeigt die Teststatistiken für die einzelnen Skalen. Es ergaben sich keine signifikanten Unterschiede.

Tabelle 14: Ergebnisse der Kruskal-Wallis-Tests zur Usability der Unterstützungsangebote

Merkmal	Faktor Selbstkontrollfragen			Faktor Darbietungsart		
	H	df	p	H	df	p
Lernbarkeit	1,00	1	0,32	0,77	2	0,38
Aufgabenangemessenheit	0,67	1	0,41	1,96	2	0,16
Selbstbeschreibungsfähigkeit	0,49	1	0,48	0,67	2	0,41
Steuerbarkeit	3,28	1	0,07	1,00	2	0,31
Erwartbarkeit	1,15	1	0,28	2,63	2	0,11
Fehlerrobustheit	0,37	1	0,54	0,18	2	0,67
Orientierung	1,89	1	0,17	0,82	2	0,36
Multimediale Inhalte	0,41	1	0,52	0,003	2	0,95

9.6.2 Fragebögen zur subjektiven Schwierigkeit der Aufgaben

Eine große Mehrheit der Teilnehmer bewertete die Aufgaben als leicht. Lediglich drei Teilnehmer gaben einzelne Aufgabenteile als schwer an (siehe Tabelle 15, Seite 137). Aus den Angaben der Teilnehmer im Freitextfeld der Fragebögen konnte nicht ermittelt werden, warum den Teilnehmern die Aufgaben schwer fielen. Dazu müssen die Aufnahmen des lauten Denkens und die Bildschirmvideos herangezogen werden.

Tabelle 15: Aufgabenteile des dritten Usability-Tests, die von den Teilnehmern als schwer oder sehr schwer eingestuft wurden

Schwere oder sehr schwere Aufgabenteile	n	Betroffene Teilnehmer
S-F 3.2/D-F 2.1/D-F 3.2: Eine Notiz festhalten	24	2 (8,33 %)
S+F 3.1: Nach der Beantwortung der Kontrollfrage weiter zur gewünschten Lerneinheit kommen	12	1 (8,33 %)

9.6.3 Ergebnisse der Auswertung des lauten Denkens und der Bildschirmvideos

Zur Auswertung des lauten Denkens und der Bildschirmvideos wurden die Aufnahmen durchsucht nach

- verbalen Äußerungen der Verwirrung, des Missfallens oder der Überraschung;
- verbalen Äußerungen über nicht zielführende Vorgehensweisen zur Lösung einer Aufgabe;
- verbalen Äußerungen zu Annahmen und Vorstellungen über die Funktionalität der Lernumgebung, die nicht zutreffen;
- Handlungen, die nicht zur Lösung der Aufgabe führen;
- Aufgaben, die nicht gelöst wurden.

Aus diesen Beobachtungen konnte eine Liste mit 46 spezifischen Usability-Problemen erstellt werden. Tabelle 16 (Seite 138) zeigt diejenigen Probleme, die bei mindestens 10 % der Teilnehmer aufgetreten sind, in einer Übersicht. Es werden nur die Probleme aufgelistet, die in Verbindung mit den Unterstützungsangeboten stehen (für die vollständige Liste siehe Anhang F). Aufgrund des unterschiedlichen Funktionsumfangs der Benutzerschnittstelle in den verschiedenen Varianten unterscheidet sich n je nach aufgetretenem Problem. Beispielsweise konnten Probleme bezüglich der Selbstkontrollfragen nur in zwei der insgesamt vier Gruppen auftreten.

Es zeigt sich, dass eine große Mehrheit der Teilnehmer die Notizfelder zu den lernstrategischen Anregungen nicht sinnvoll ausfüllen konnte. Dies lag zum Einen daran, dass die Teilnehmer sich inhaltlich kaum mit dem Lernmaterial auseinandersetzen mussten. Ihre Aufgabe bestand nicht darin, die Zellteilung zu lernen, sondern die Benutzerschnittstelle zu testen. Zum Andern gaben die Teilnehmer an, das Lernmaterial sei schon so kompakt dargestellt, dass sie nicht wüssten, was sie sich notieren sollten. Mehr als die Hälfte der Teilnehmer hatte außerdem Schwierigkeiten, die lernstrategischen Anregungen zu verstehen. Etwa ein Viertel konnte sie inhaltlich nur schwer unterscheiden. So fanden beispielsweise einige Teilnehmer, dass die Anregungen 3 und 4 nach dem gleichen Sachverhalt fragten. Ebenso meinten einige Teilnehmer, dass das, was wesentlich sei, auch fast immer neu sei und sie in die Notizfelder 1 und 2 das Gleiche schreiben würden.

Tabelle 16: Usability-Probleme im dritten Usability-Test
(gekürzt, für die vollständige Liste siehe Anhang F)

Beschreibung des Problems	Kategorie	n	Betroffene Teilnehmer
Anregungen			
Notizfelder zu Anregungen können inhaltlich nicht sinnvoll ausgefüllt werden	Aufgabenangemessenheit	24	20 (83,33 %)
Anregungen werden nicht verstanden	Selbstbeschreibungsfähigkeit	24	14 (58,33 %)
Vergrößerung des Unterstützungsbereichs wirkt verwirrend	Steuerbarkeit	12	7 (58,33 %)
Es wird vermutet, man hätte die Vergrößerung des Unterstützungsbereichs selbst ausgelöst	Selbstbeschreibungsfähigkeit	12	5 (41,67 %)
Anregungen vergrößern sich im Hintergrund, wenn ein Kapitelwechsel zu früh erfolgt und eine Selbstkontrollfrage erscheint	Fehlerrobustheit	6	2 (33,33 %)
Schaltfläche zum Verkleinern des Unterstützungsbereichs wird schwer gefunden	Selbstbeschreibungsfähigkeit	12	3 (25 %)
Anregungen können inhaltlich nicht klar unterschieden werden	Selbstbeschreibungsfähigkeit	24	6 (25 %)
Es wird nicht erkannt, dass die Notizen automatisch gespeichert werden	Selbstbeschreibungsfähigkeit	24	6 (25 %)
Möglichkeit, Notizen auszudrucken ist erwünscht	Aufgabenangemessenheit	24	5 (20,83 %)
Formatierungsmöglichkeiten in Notizfeldern erwünscht	Aufgabenangemessenheit	24	5 (20,83 %)
Nutzen der Anregungen ist nicht ersichtlich	Selbstbeschreibungsfähigkeit	24	5 (20,83 %)
Schaltfläche zum Löschen der Notizen ist erwünscht	Steuerbarkeit	24	3 (12,5 %)
Übersicht über alle Notizen ist erwünscht	Aufgabenangemessenheit	24	3 (12,5 %)
Es wird versucht, Bilder oder Bildteile in die Notizfelder zu ziehen	Erwartbarkeit	24	3 (12,5 %)
Selbstkontrollfragen			
Schaltfläche „Antwort abschicken" wird links statt rechts erwartet	Erwartbarkeit	12	9 (75 %)
Die korrekte Antwort ist je nach Lerneinheit im Hintergrund noch zu sehen	Fehlerrobustheit	12	2 (16,67 %)
Die Beschriftung der Schaltflächen mit „Weiter..." und „Zurück..." passt intuitiv nicht zur Frage; besser wäre „Ja, weiter..." und „Nein, zurück..."	Erwartbarkeit	12	2 (16,67 %)
Es ist unklar, dass die Selbstkontrollfragen inhaltlich der jeweils vorausgegangenen Lerneinheit zugeordnet sind	Selbstbeschreibungsfähigkeit	12	2 (16,67 %)
Selbstkontrollfragen werden als störend empfunden, sollten abgeschaltet werden können	Steuerbarkeit	12	2 (16,67 %)

Neben diesen eher inhaltlich begründeten Problemen kam es zu Verwirrungen durch die automatische Vergrößerung des Unterstützungsbereichs. Manche Teilnehmer fühlten sich davon gestört, vor allem, wenn sie gerade damit beschäftigt waren, den Text zu lesen und dieser durch die Verkleinerung des Inhaltsbereichs plötzlich anders umgebrochen wurde. Manche dachten, es sei ein Fehler des Systems oder sie hätten die Vergrößerung versehentlich selbst ausgelöst. Mehrere Teilnehmer hatten außerdem Schwierigkeiten die Schaltfläche zum Verkleinern des Unterstützungsbereichs zu finden. Diese Probleme tauchten vor allem in der Gruppe D+F auf und stellen eine mögliche Erklärung für die niedrigere Bewertung der Selbstbeschreibungsfähigkeit in dieser Gruppe dar (vgl. Abschnitt 9.6.1).

Ein weiteres häufiges Problem bei den Anregungen war, dass die Teilnehmer nicht erkannten, dass ihre Notizen automatisch gespeichert wurden. Viele suchten nach einer Schaltfläche zum Speichern und zögerten zunächst, die Lerneinheit zu verlassen. Sie dachten, ihre Notizen wären dann verloren. Dieses Problem tauchte hauptsächlich in den Gruppen S-F und S+F auf. Diese Gruppen hatten ebenfalls die Selbstbeschreibungsfähigkeit im Usability-Fragebogen schlechter bewertet (vgl. Tabelle 13, Seite 136).

Die übrigen genannten Punkte bezüglich der lernstrategischen Anregungen betrafen im Wesentlichen den Wunsch nach mehr Funktionalität, wie zum Beispiel Formatierungsmöglichkeiten in den Notizfeldern oder ein automatisches Feedback zu den eingetragenen Notizen.

Bei den Selbstkontrollfragen kam es häufiger zu kurzen Verwirrungen beim Absenden einer Antwort. In den Bildschirmaufzeichnungen ist zu sehen, dass die betroffenen Teilnehmer den Mauszeiger zunächst zur falschen Schaltfläche bewegten. Zwei Teilnehmer klickten beim Versuch eine Antwort abzuschicken die falsche Schaltfläche tatsächlich an und übersprangen damit die Frage unbeabsichtigt. Sie erwarteten die Schaltfläche zum Absenden der Antwort offensichtlich auf der anderen Seite und lasen die Beschriftungen nicht durch. Die übrigen der in Tabelle 16 (Seite 138) genannten Probleme zu den Selbstkontrollfragen traten nur vereinzelt auf.

9.7 Fazit

Die Ergebnisse der dritten Usability-Studie belegen, dass die Bedienbarkeit der Lernumgebung in allen vier Varianten ähnlich hoch bewertet wird. Es ergaben sich keine signifikanten Gruppenunterschiede. In manchen Gruppen wurden einzelne Skalen tendenziell schlechter bewertet. Die schlechtere Bewertung der Selbstbeschreibungsfähigkeit in den Gruppen S-F, S+F und D+F konnte mit Hilfe der Videoaufzeichnungen und der Aufzeichnungen des lauten Denkens auf konkrete Usability-Probleme zurückgeführt werden. In den Gruppen S-F und S+F wurde von mehreren Teilnehmern nicht verstanden, dass die Notizen automatisch gespeichert wurden.

Gruppe D+F hatte Schwierigkeiten mit der automatischen Vergrößerung des Unterstützungsbereichs, die zu einem ungünstigen Zeitpunkt erfolgte. Weitere zentrale Probleme, die alle Gruppen gleichermaßen betrafen, waren die Verständlichkeit und Unterscheidbarkeit der lernstrategischen Anregungen. Bei den Gruppen mit Selbstkontrollfragen kam es aufgrund der Anordnung der Schaltflächen zu Schwierigkeiten beim Absenden einer Antwort.

Wie in den ersten beiden Usability-Studien lieferte die Liste der gefundenen Usability-Probleme die Grundlage für die weitere Überarbeitung der Benutzerschnittstelle. Dazu musste erneut entschieden werden, welche Probleme als schwerwiegend einzustufen und daher vorranging zu behandeln waren. Hierzu gehören vor allem die Verständlichkeit und Unterscheidbarkeit der lernstrategischen Anregungen sowie die Probleme, die im Zusammenhang mit der Vergrößerung und Verkleinerung des Unterstützungsbereichs stehen. Die Verständlichkeit und Unterscheidbarkeit der Anregungen ist eine notwendige Voraussetzung für die sinnvolle Anwendung. Die automatische Vergrößerung des Unterstützungsbereichs soll auf die Anregungen aufmerksam machen und zur Benutzung anregen. Wenn stattdessen Spekulationen über mögliche Bedienungsfehler und die Suche nach der Fehlerquelle angestoßen werden, wird das Lernen möglicherweise eher behindert als gefördert. Diese Probleme sollten daher behoben werden. Bei den übrigen Punkten aus Tabelle 16 (Seite 138), die im Zusammenhang mit dem Unterstützungsbereich genannt wurden, handelt es sich um Wünsche nach zusätzlichen Funktionen, die für die Verwendung der Anregungen nicht unbedingt erforderlich sind.

Bei den Selbstkontrollfragen ist vor allem die Anordnung und Beschriftung der Schaltflächen zu überdenken, so dass die Benutzer ohne langes Nachdenken zur richtigen Stelle navigieren können. Die Beschriftung der Schaltflächen sollte außerdem zur Fragestellung passen. Ebenso sollte die Zuordnung der Selbstkontrollfragen zur jeweils vergangenen Lerneinheit erkennbar sein. Außerdem sollte das Problem, dass die korrekte Antwort im Hintergrund noch zu sehen ist, behoben werden. Die Forderung, dass die Selbstkontrollfragen von den Lernenden abgeschaltet werden können sollten, widerspricht jedoch deren eigentlichem Sinn und kann daher nicht berücksichtigt werden.

9.8   Überarbeitung der Benutzerschnittstelle

Im Anschluss an die dritte Usability-Studie wurde die Lernumgebung erneut überarbeitet. Bei den lernstrategischen Anregungen wurde die zweite Frage („Was ist neu?") entfernt. Die übrigen Fragen wurden teilweise umformuliert und insbesondere die spezifischen Anregungen stärker an die Besonderheiten des Lernmaterials angepasst.

Die Zeitdauer zwischen dem Aufruf einer neuen Lerneinheit und dem automatischen Vergrößern des Unterstützungsbereichs wurde von zwanzig auf zwei Sekunden verkürzt. Dadurch sollte vermieden werden, dass die Vergrößerung die Lernenden bei ihren Lernaktivitäten unterbricht. Außerdem erfolgt die Vergrößerung damit kurz nach dem Seitenaufbau durch den Browser, bevor die Lernenden selbst eine Aktion auf der Benutzerschnittstelle ausführen können. Es wird erwartet, dass die Vergrößerung dadurch als automatisches Systemereignis erkannt wird, das nicht durch einen Bedienungsfehler ausgelöst wurde. Die Vergrößerung nach zwei Sekunden kann dennoch als eigenständiges Ereignis wahrgenommen werden und damit Aufmerksamkeit auf sich ziehen.

Das Symbol zum Verkleinern des Unterstützungsbereichs wurde deutlicher hervorgehoben und mit einem visuellen Effekt versehen, der es stärker dreidimensional wirken lässt. Dadurch soll das Symbol besser als anklickbare Schaltfläche erkennbar sein.

Den Notizfeldern wurde ein Hinweis hinzugefügt, dass die Notizen automatisch gespeichert werden. Dieser Hinweis wird eingeblendet, wenn der Eingabezeiger das Notizfeld verlässt. Nach kurzer Zeit verschwindet der Hinweis wieder.

Bei den Selbstkontrollfragen wurde nach dem dritten Usability-Test von den Wissensfragen Abstand genommen (vgl. Kapitel 6, Seite 103). Dadurch veränderte sich das Interaktionsdesign, so dass einige der Probleme aus Tabelle 16 (Seite 138) hinfällig wurden. Bei der Neugestaltung der Selbstkontrollfragen wurden die erkannten Probleme aus dem dritten Usability-Test jedoch berücksichtigt. So wurde beispielsweise bei der Formulierung der Fragen Bezug auf die jeweils vergangene Lerneinheit genommen, um die Zuordnung zu erleichtern. Außerdem wurde auf eine eindeutige Beschriftung der Schaltflächen geachtet, die sprachlich zur Fragestellung passt. Beim Erscheinen einer Selbstkontrollfrage wurde der Hintergrund stärker abgedunkelt, so dass das Lernmaterial zu diesem Zeitpunkt nicht mehr sichtbar ist.

Im Anschluss an die Überarbeitungen der Benutzerschnittstelle wurden die Auswirkungen der Selbstkontrollfragen und der Darbietungsart der Unterstützungsangebote auf die Nutzungshäufigkeit der Unterstützungsangebote experimentell untersucht. Dazu wurde zunächst eine Vorstudie durchgeführt, die im folgenden Kapitel beschrieben wird.

10 Vorstudie zur Nutzungshäufigkeit der Unterstützungsangebote

10.1 Ziele

In dieser Arbeit wird der Einfluss der Verfügbarkeit von Selbstkontrollfragen sowie unterschiedlicher Arten der Darbietung kognitiver Unterstützungsangebote auf die Nutzungshäufigkeit der Unterstützungsangebote untersucht. Vorbereitend zur experimentellen Hauptstudie (siehe Kapitel 11) wurde eine Vorstudie durchgeführt. Die Ziele der Vorstudie waren die folgenden:

1. Die entwickelten Testmaterialien und Untersuchungsinstrumente (siehe Abschnitt 10.3) zu erproben.

2. Zu ermitteln, ob durch Blickbewegungsmessung Daten in ausreichender Qualität erfasst werden können, um Aussagen über die Nutzungshäufigkeit der Unterstützungsangebote zu treffen.

3. Die Dauer für die Durchführung einer Sitzung zu ermitteln.

4. Erste Eindrücke über die Nutzungshäufigkeit der kognitiven Unterstützungsangebote zu gewinnen.

Insbesondere der zweite Punkt spielte in der Vorstudie eine große Rolle. Zur Erfassung der Nutzungshäufigkeit der Unterstützungsangebote sollten sowohl Logdaten als auch Blickbewegungsmessung eingesetzt werden (siehe Abschnitt 10.3.3). Dazu mussten zunächst Erfahrungen gesammelt werden, inwieweit die Daten des Blickbewegungsmessgeräts für diesen Zweck ausgewertet werden konnten. Der vierte Punkt spielte in der Vorstudie zunächst eine untergeordnete Rolle. Der experimentelle Vergleich der Nutzungshäufigkeit fand erst in der Hauptstudie statt (siehe Kapitel 11).

10.2 Versuchsaufbau

Die entwickelten Testmaterialien und Untersuchungsinstrumente sowie der Versuchsablauf wurden anhand von vier Varianten der Benutzerschnittstelle erprobt, wobei die Verfügbarkeit der Selbstkontrollfragen und die Art der Darbietung der Unterstützungsangebote variiert wurden (siehe Tabelle 17, Seite 144):

1. Statische Darbietung ohne Selbstkontrollfragen (S-F): Es gibt keine automatische Vergrößerung des Unterstützungsbereichs und keine Selbstkontrollfragen.

2. Statische Darbietung mit Selbstkontrollfragen (S+F): Es gibt keine automatische Vergrößerung der Unterstützungsangebote, aber es werden Selbstkontrollfragen angeboten.

3. Dynamische Darbietung ohne Selbstkontrollfragen (D-F): Wenn eine Lerneinheit das erste Mal aufgerufen wird, erfolgt nach kurzer Zeit eine automatische Vergrößerung des Unterstützungsbereichs. Es werden keine Selbstkontrollfragen angeboten.

4. Dynamische Darbietung mit Selbstkontrollfragen (D+F): Wenn eine Lerneinheit das erste Mal aufgerufen wird, erfolgt nach kurzer Zeit eine automatische Vergrößerung des Unterstützungsbereichs, und es werden Selbstkontrollfragen angeboten.

Als abhängige Variable wurde die Häufigkeit der Nutzung der Unterstützungsangebote erfasst. Zusätzlich wurde der Lernerfolg mit Hilfe eines Nachtests erfasst. Die Auswirkung der kognitiven Unterstützungsangebote auf den Lernerfolg wird in dieser Arbeit jedoch nicht primär untersucht. Der Nachtest diente in erster Linie als Ansporn für die Lernenden, sich anzustrengen. Außerdem wurden das Vorwissen im Sachbereich, die subjektive Einschätzung der Usability der Lernumgebung sowie die allgemeinen kognitiven Fähigkeiten der Teilnehmer erhoben und die Lernzeit gemessen. Die Stichprobe war mit einer Versuchsperson pro Variante zwar sehr klein, jedoch ausreichend um die vorrangigen Ziele der Vorstudie zu erfüllen.

Tabelle 17: Versuchsplan der Vorstudie

		Darbietung der Unterstützungsangebote	
		Statisch	Dynamisch
Selbstkontroll-fragen	Nicht verfügbar	(S-F) n = 1	(D-F) n = 1
	Verfügbar	(S+F) n = 1	(D+F) n = 1

10.3 Testmaterial und Untersuchungsinstrumente

10.3.1 Lernmaterial

Das Lernmaterial behandelte die theoretischen Grundlagen des Segelns. Die Inhalte wurden auf Grundlage der Lehrbücher von Bark (2009) sowie Overschmidt und Gliewe (2009) erstellt.

Segelboote nutzen zwei verschiedene Antriebsarten, um Fahrt zu machen: den Vortrieb und den aerodynamischen Auftrieb. Abhängig vom Winkel zwischen der Fahrtrichtung des Bootes und der Richtung des Windes, muss die Stellung des Segels verändert werden, um die Windkraft möglichst gut auszunutzen. Durch die Bauform des Bootes wird die auf das Boot ausgeübte Kraft in Teilkräfte zerlegt, die quer und längs des Bootes wirken. Nur die Längskraft bewirkt die Vorwärtsbewegung des Bootes. Das Verhältnis der beiden Teilkräfte hängt vom Einfallswinkel des Windes ab. Die Zerlegung kann durch ein Kräfteparallelogramm nachvollzogen werden.

Das Material umfasste acht Lerneinheiten. In den ersten vier Lerneinheiten wurde erklärt, welche Kräfte auf das Boot wirken, wie sie entstehen und wie sie durch ein

Kräfteparallelogramm zerlegt werden können. In den nachfolgenden vier Lerneinheiten wurden vier unterschiedliche Situationen dargestellt, in denen der Wind jeweils mit unterschiedlichem Einfallswinkel auf das Boot trifft. Dabei wurde jeweils gezeigt, wie sich das auf die Kräftezerlegung sowie auf die Fahrtrichtung und -geschwindigkeit des Bootes auswirkt. Um die Zusammenhänge zu verstehen, musste zum Einen auf die Konzepte der ersten vier Lerneinheiten zurückgegriffen werden, und zum Andern mussten die vier dargestellten Situationen miteinander verglichen werden.

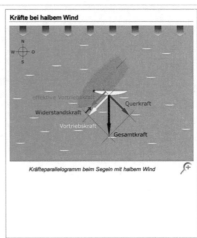

Abbildung 16: Beispiel für Lernmaterial zum Thema Segeln

Die Lerneinheiten setzen sich aus mehreren komplementären Informationseinheiten zusammen. Die Informationseinheiten wurden durch Texte, schematische Bilder und schematische Animationen dargestellt (für ein Beispiel siehe Abbildung 16). Insgesamt enthielt das Lernmaterial acht Texte, zwölf Bilder und fünf Animationen. Den verschiedenen Darstellungen kamen aufgrund ihrer spezifischen Eigenschaften unterschiedliche didaktische Funktionen zu. Die Texte dienten zur allgemeinen Erläuterung und Beschreibung von Bedingungen, zur Einführung von Bezeichnungen und zur Formulierung von Begründungen. Mit Hilfe der schematischen Bilder wurden konkrete Konstellationen sowie physikalische Konzepte (z.B. Kräfteparallelogramme, Windströmungen) visualisiert. Durch die schematischen Animationen wurden dynamische Phänomene, wie die Veränderung der Segelstellung und die damit verbundenen Auswirkungen auf die Bewegung des Bootes veranschaulicht. Für ein umfassendes Verständnis des Sachbereichs mussten alle Darstellungen gleichermaßen berücksichtigt werden.

145

10.3.2 Lernstrategische Anregungen

Die lernstrategischen Anregungen wurden den Lernenden in Form von drei Fragen präsentiert. Bei Bedarf konnten die Lernenden spezifischere Formulierungen der Fragen aufrufen. Die Fragen zielten darauf ab, relevante kognitive Prozesse für die Erarbeitung des Lernmaterials anzuregen. Dabei wurde auf Selektions-, Organisations- und Integrationsprozesse fokussiert. Tabelle 18 zeigt die Formulierungen der Fragen und ordnet sie den unterschiedlichen Prozessen zu.

Tabelle 18: Formulierungen der lernstrategischen Anregungen

Kognitive Prozesse	Fragen
Selektion	1. Was ist wesentlich? • Welche Aussagen im Text sind wichtig? • Welche Stellen im Bild bzw. in der Animation sind wichtig?
Organisation	2. Wie hängt das zusammen? • Welche Zusammenhänge werden im Text und im Bild bzw. in der Animation beschrieben?
Integration	3. Was hat das mit dem Rest zu tun? • Was hat die Situation mit anderen gemeinsam? • Was unterscheidet die Situation von anderen Situationen?

10.3.3 Selbstkontrollfragen

Die Selbstkontrollfragen zielten darauf ab, eine Einschätzung des eigenen Unterstützungsbedarfs anzustoßen. Dazu wurde für jede Lerneinheit gefragt, ob das zentrale Konzept oder Phänomen bereits verstanden wurde. Beispielsweise lautete die Selbstkontrollfrage für die Lerneinheit mit dem Material aus Abbildung 16 (Seite 145): „Später werden Sie gefragt, was die Ursache dafür ist, dass ein Boot mit halbem Wind vergleichsweise schnell segelt. Glauben Sie die Ursache dafür bereits verstanden zu haben?"

10.3.4 Messung der Nutzungshäufigkeit von Unterstützungsangeboten

Die Nutzung der kognitiven Unterstützungsangebote durch die Lernenden kann sich auf unterschiedliche Weise äußern. Die Lernenden können eigene Notizen im Unterstützungsbereich festhalten oder verändern. Ein Indikator für die Nutzung ist auch der Wechsel zwischen dem Lesen der Anregungen oder der eigenen bereits festgehaltenen Notizen und dem Lesen oder Betrachten von Darstellungen im Inhaltsbereich. Ebenso kann das Durchlesen mindestens einer eigenen bereits festgehaltenen Notiz als eine Form der Nutzung aufgefasst werden. Weitere Indikatoren sind das Durchlesen mindestens einer lernstrategischen Anregung, das Aufklappen mindestens einer spezifischen Anregung oder generell die Ausrichtung der visuellen Aufmerksamkeit auf den Unterstützungsbereich. Zur Erfassung dieser Ereignisse wurden sowohl Logdaten als auch Blickbewegungsdaten eingesetzt. Tabelle 19 fasst die möglichen Ereignisse, die im Unterstützungsbereich eintreten können, zusammen und zeigt wie sie erfasst werden können. Stärkere Indikatoren der Nutzung stehen in der Tabelle weiter oben, schwächere weiter unten. Dabei ist zu bedenken, dass ein höher stehendes Ereignis durchaus Ereignisse enthalten kann, die in der Tabelle weiter unten stehen. Zur Auswertung wurde das jeweils am höchsten stehende Ereignis während eines Besuchs einer Lerneinheit gezählt. Der Wechsel zwischen dem Lesen der Anregungen oder Notizen und dem Lesen oder Betrachten von Darstellungen im Inhaltsbereich wurde beispielsweise nur dann gezählt, wenn keine Notiz festgehalten oder verändert wurde.

Zur Erfassung der Logdaten wurde auf das Logsystem der Lernumgebung zurückgegriffen. Das System speichert für jeden Lernenden in einer separaten Textdatei

- wann der Kurs gestartet und beendet wurde,
- welche Lerneinheiten aufgerufen wurden,
- welche Informationseinheiten im Inhaltsbereich der Lernumgebung angeordnet wurden,
- wann der Unterstützungsbereich vergrößert oder verkleinert wurde,
- ob und wann die spezifischen Anregungen aufgeklappt wurden,
- welche Notizen in einem Notizfeld festgehalten wurden.

Tabelle 19: Mögliche Ereignisse im Unterstützungsbereich und ihre Erfassung

Ereignis im Unterstützungsbereich	Erfassung
Festhalten oder Verändern einer eigenen Notiz	Logdaten von Notizen aus den Eingabefeldern
Wechsel zwischen dem Lesen der Anregungen bzw. Notizen und dem Lesen bzw. Betrachten von Darstellungen im Inhaltsbereich	Sakkaden zwischen Unterstützungsbereich und Inhaltsbereich, dazwischen jeweils Reihen von Fixationen* im Unterstützungs- bzw. Inhaltsbereich
Lesen mindestens einer eigenen Notiz	Reihe von Fixationen* auf aufeinanderfolgenden Wörtern in einem Eingabefeld
Lesen mindestens einer lernstrategischen Anregung	Reihe von Fixationen* auf aufeinanderfolgenden Wörtern der Anregungen
Aufklappen mindestens einer spezifischen Anregung	Logdaten von Klicks auf den Anregungen
Visuelle Aufmerksamkeit im Unterstützungsbereich	Fixation(en)* im Unterstützungsbereich

*Fokus für mind. 80 ms in einem Radius von 100px

Zur Erfassung der Blickbewegungen wurde das iView RED Laptop PC System (60/120 Hz) von SMI verwendet. Bei diesem System ist das Blickbewegungsmessgerät unterhalb des Bildschirms angebracht (siehe Abbildung 17, Seite 148). Der Abstand zur Versuchsperson beträgt zwischen 60 cm und 80 cm. Kopfbewegungen in einem Bereich von etwa 40 cm (Breite) mal 40 cm (Höhe) mal 20 cm (Tiefe) können vom System kompensiert werden. Das System arbeitet mit einer Datenrate von 60 Hz oder 120 Hz. In der Studie wurden 60Hz verwendet. Die Lernumgebung wurde auf einem 22 Zoll großen Bildschirm mit einer Auflösung von 1680 Pixel (Breite) mal 1050 Pixel (Tiefe) präsentiert. Das Experiment wurde mit Hilfe der von SMI mitgelieferten Software *Experiment Center 3.0* eingerichtet und durchgeführt.

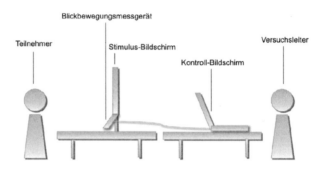

Abbildung 17: Anordnung des Versuchs

Zur Auswertung der Blickbewegungsdaten wurde der Verlauf der Blickbewegungen mit Hilfe der Software *Begaze 3.0* von SMI erneut abgespielt. Dabei wurde mit einer geglätteten Darstellung der Daten gearbeitet, die bereits Fixationen und Sakkaden unterschied. Von einer Fixation wurde ausgegangen, wenn der Fokus eines Teilnehmers für einen Zeitraum von mindestens 80 ms innerhalb eines Radius von 100 Pixeln blieb. 80 ms entsprechen der unteren Grenze der Fixationsdauer für sinnentnehmendes Lesen (Rayner, 1998). Abbildung 18 (Seite 149) zeigt ein Beispiel für einen möglichen Blickbewegungsverlauf. Fixationen werden durch Kreise angezeigt, wobei ein größerer Radius für längere Fixationen steht. Sakkaden werden durch Linien zwischen den Kreisen angezeigt. Für jeden Besuch einer Lerneinheit wurde der Blickbewegungsverlauf eines Teilnehmers nach den Ereignissen aus Tabelle 19 (Seite 147) durchsucht. Das jeweils am höchsten stehende Ereignis während eines Besuchs wurde in einer Tabelle festgehalten.

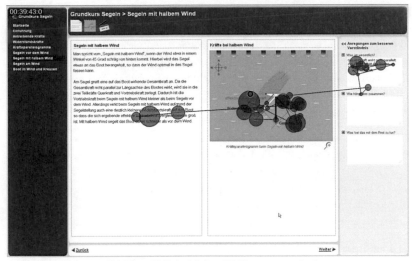

Abbildung 18: Beispiel eines Blickbewegungsverlaufs

10.3.5 Teilnehmer-Datenblatt

Während der Versuche wurde für jeden Teilnehmer ein Datenblatt geführt (siehe Anhang G), auf dem allgemeine soziodemografische Angaben, für die Blickbewegungsmessung relevante Parameter und besondere Vorkommnisse während der Aufzeichnung festgehalten wurden. Beispielsweise wurde auf diesem Blatt protokolliert, ob das Blickbewegungsmessgerät während des Versuchs neu kalibriert werden musste, oder ob es zu Datenausfällen während der Aufzeichnung kam.

10.3.6 Fragebogen zur Bewertung der Usability

Zur Erfassung der Usability des Lernsystems wurde die *System Usability Scale* (SUS) von Brooke (1996) eingesetzt. In der experimentellen Studie ging es nicht mehr darum, konkrete Problembeschreibungen zu erhalten, sondern die subjektive Einschätzung der Usability quantitativ zu erfassen. Die SUS enthält zehn Aussagen, für die jeweils der Grad der Zustimmung auf einer 5-Punkt-Likert-Skala angegeben werden sollte. Aus den Angaben wird ein Wert berechnet, der zwischen 0 und 100 liegt. Ein Wert von mindestens 70 gilt als akzeptabel, während von einer guten Usability erst bei Werten zwischen 80 und 90 gesprochen wird. Werte über 90 gelten als hervorragend (vgl. Bangor, Kortum & Miller, 2008). Für die Studie wurde eine ins Deutsche übersetzte und sprachlich leicht modifizierte Version der SUS verwendet (siehe Anhang H).

10.3.7 Erfassung der allgemeinen kognitiven Fähigkeiten

Zur Erfassung der allgemeinen kognitiven Fähigkeiten wurden Ausschnitte aus dem PSB 6-13, dem Prüfsystem für Schul- und Bildungsberatung für die 6. bis 13. Klasse, verwendet (Horn, Lukesch, Mayrhofer & Kornmann, 2004). Es handelte sich um die Aufgabengruppen 2, 3, 4 und 6, mit denen die Fähigkeit zum schlussfolgernden Denken sowie das räumliche Vorstellungsvermögen erhoben werden. Zur Beurteilung der Testergebnisse liegen auch Normtabellen für Erwachsene vor.

10.3.8 Vorwissenstest und Nachtest

Der Vorwissenstest bestand aus acht offenen Fragen zu grundlegendem Faktenwissen über das Segeln. Diese entsprachen den Erinnerungsfragen aus dem Nachtest. Der Nachtest bestand aus 24 offenen Fragen, wobei jeweils acht Fragen zum Erinnern, Verstehen und Anwenden des erworbenen Wissens gestellt wurden (siehe Anhang I). Die Fragen erforderten teilweise verbale und teilweise bildhafte Antworten.

10.4 Durchführung

Die Studie wurde in Einzelsitzungen durchgeführt. Zu Beginn erhielten die Teilnehmer eine kurze Einführung in den Ablauf des Versuchs und ihre Aufgabe. Es wurde ihnen mitgeteilt, dass sie mit Hilfe einer multimedialen Lernumgebung Grundlagen des Segelns lernen sollten. Die Vorgehensweise stünde ihnen dabei frei, es würden aber maximal 60 Minuten Zeit zur Verfügung stehen. Nachdem die Teilnehmer eine Einwilligungserklärung abgegeben hatten, wurden allgemeine demographische Daten sowie relevante Daten für die Blickbewegungsmessung erfragt. Anschließend bearbeiteten die Teilnehmer nacheinander die Aufgabengruppen 2, 3, 4 und 6 des PSB-Tests 6-13. Danach wurde der Vorwissenstest durchgeführt. Es folgte eine kurze Einführung in die Bedienung der Lernumgebung. Danach wurden der Abstand und die Ausrichtung des Blickbewegungsmessgeräts justiert und eine Neun-Punkt-Kalibrierung mit anschließender Validierung durchgeführt. Im Anschluss begann die Lernphase. Dafür hatten die Teilnehmer maximal 60 Minuten Zeit. Es bestand jedoch die Möglichkeit früher aufzuhören, wenn die Teilnehmer der Ansicht waren, alles verstanden zu haben. Am Ende der Lernphase wurde erneut eine Validierung des Blickbewegungsmessgeräts durchgeführt. Danach füllten die Teilnehmer den Nachtest aus. Zum Schluss bewerteten die Teilnehmer die Usability der Lernumgebung anhand der SUS.

10.5 Stichprobe

An der Vorstudie nahmen insgesamt vier Personen teil. Es handelte sich um Studentinnen aus unterschiedlichen Studiengängen und Fachsemestern der Pädagogischen Hochschule Freiburg. Die Teilnehmerinnen waren zwischen 23 und 27 Jahren alt, wobei das Durchschnittsalter 25 Jahre ($SD = 1,83$) betrug. Die Teilnahme an der

Studie erfolgte freiwillig. Jede Teilnehmerin erhielt eine Aufwandsentschädigung in Höhe von 20 €.

10.6 Ergebnisse

10.6.1 Qualität der Blickbewegungsdaten

Um die Qualität der Blickbewegungsdaten beurteilen zu können, wurde zu Beginn und zum Ende der Lernphase jeweils eine Validierung durchgeführt. Dazu wurden die Teilnehmer gebeten, nacheinander auf vier vordefinierte Punkte auf dem Bildschirm zu schauen. Die Abweichung der gemessenen Blickbewegungsdaten von den vordefinierten Punkten betrug zu Beginn der Messung in der Horizontalen durchschnittlich 0,51° ($SD = 0,09°$) und in der Vertikalen 0,44° ($SD = 0,25°$). Am Ende der Messung betrug die Abweichung in der Horizontalen durchschnittlich 0,56° ($SD = 0,17°$) und in der Vertikalen 0,69° ($SD = 0,10°$). Bei einem durchschnittlichen Abstand der Teilnehmer vom Bildschirm zwischen 60 cm und 80 cm entspricht dies einer durchschnittlichen Abweichung zwischen 0,31 cm und 0,48 cm auf der Bildschirmfläche. Bei der Beurteilung dieser Abweichungswerte sind die Dimensionen des Stimulus zu berücksichtigen. Auf dem verwendeten Bildschirm nahm der Inhaltsbereich der Lernumgebung eine Breite von 31,5 cm ein (23,5 cm bei vergrößertem Unterstützungsbereich), der Unterstützungsbereich eine Breite von 8 cm (16 cm bei vergrößertem Unterstützungsbereich). Der Abstand zwischen den lernstrategischen Anregungen und den Inhalten betrug mindestens 3 cm. Es kann daher davon ausgegangen werden, dass selbst bei der maximalen erfassten Abweichung Fixationen im Unterstützungsbereich von Fixationen im Inhaltsbereich unterschieden werden können.

10.6.2 Usability

Die Lernenden bewerteten die Usability des Lernsystems mit durchschnittlich 90,63 von 100 Punkten ($SD = 5,15$). Dies ist ein sehr hoher Wert und bescheinigt der Lernumgebung eine hervorragende Usability (vgl. Bangor et al., 2008). Die Ergebnisse aus den vorangegangen Usability-Studien werden damit bestätigt.

10.6.3 Allgemeine kognitive Fähigkeiten

Die Lernenden erzielten im Test der allgemeinen kognitiven Fähigkeiten ein durchschnittliches Ergebnis von 45,75 ($SD = 13,48$). Nach der Normtabelle für Erwachsene entspricht dies einem Prozentrang von 21,2 und einem IQ-Wert von 88 (vgl. Horn et al., 2004).

10.6.4 Vorwissen

Die Lernenden beantworteten im Vorwissenstest durchschnittlich 0,25 von 8 Fragen richtig ($SD = 0,5$). Es ist daher davon auszugehen, dass für das Sachgebiet kein relevantes Vorwissen vorhanden war.

10.6.5 Lernzeit

Die Lernzeit betrug im Durchschnitt 44,75 Minuten, wobei sich die einzelnen Lernenden in ihrer Lernzeit recht stark unterschieden ($SD = 12,76$ min). Nur eine Teilnehmerin beanspruchte eine ganze Stunde. Die anderen Teilnehmerinnen benötigten deutlich weniger Zeit.

10.6.6 Lernerfolg

Im Durchschnitt wurden 12,75 von 24 Fragen im Nachtest richtig beantwortet ($SD = 2,98$). Dies spricht für einen angemessenen Schwierigkeitsgrad des Nachtests.

10.6.7 Nutzung der Unterstützungsangebote

Die Lernenden wechselten im Durchschnitt 31,6 mal zwischen den verschiedenen Lerneinheiten ($SD = 6,66$). Dabei nutzten sie bei durchschnittlich 71,47 % der Besuche die kognitiven Unterstützungsangebote in mindestens einer der möglichen beschriebenen Formen (siehe Abschnitt 10.3.3). Die Nutzungshäufigkeit unterschied sich zwischen den Teilnehmern recht stark ($SD = 32,69$ %). Tabelle 20 schlüsselt die Häufigkeiten nach den unterschiedlichen Nutzungsformen auf und zeigt die Unterschiede zwischen den Teilnehmern. Es zeigt sich, dass sich die Nutzung in den meisten Fällen durch das Festhalten eigener Notizen, den Wechsel zwischen dem Lesen der Anregungen oder Notizen und dem Lesen oder Betrachten von Darstellungen im Inhaltsbereich, sowie das Durchlesen eigener Notizen ausdrückte. In wenigen Fällen wurden die kognitiven Unterstützungsangebote nur kurzzeitig mit visueller Aufmerksamkeit bedacht oder die lernstrategischen Anregungen nur durchgelesen.

Tabelle 20: Häufigkeiten der einzelnen aufgetretenen Nutzungsformen bei den unterschiedlichen Varianten der Benutzerschnittstelle

	S-F	S+F	D-F	D+F
Festhalten oder Verändern einer eigenen Notiz	35,71 %	59,09 %	23,08 %	34,29 %
Wechsel zwischen dem Lesen der Anregungen bzw. Notizen und dem Lesen bzw. Betrachten von Darstellungen im Inhaltsbereich	7,14 %	0 %	61,54 %	40 %
Lesen mindestens einer eigenen Notiz	14,29 %	13,64 %	12,82 %	7,69 %
Lesen mindestens einer lernstrategischen Anregung	0 %	4,55 %	0 %	0 %
Aufklappen mindestens einer spezifischen Anregung	0 %	0 %	0 %	0 %
Visuelle Aufmerksamkeit im Unterstützungsbereich	10,71 %	0 %	0 %	2,86 %
Gesamt	67,86 %	77,27 %	97,44 %	97,14 %

10.7 Fazit

Insgesamt zeigte sich in der Vorstudie, dass der experimentelle Vergleich der Nutzungshäufigkeit der Unterstützungsangebote mit den entwickelten Testmaterialien und Untersuchungsinstrumenten wie geplant durchgeführt werden konnte. Die Qualität der erfassten Blickbewegungsdaten war ausreichend, um Aussagen über die Nutzungshäufigkeit der Unterstützungsangebote treffen zu können. Die veranschlagte Lernzeit war ebenfalls ausreichend. Der Schwierigkeitsgrad des Nachtests erwies sich als angemessen.

Die Ergebnisse des Usability-Fragebogens bestätigen die Ergebnisse aus den vorangegangenen Usability-Studien. Die Usability der Lernumgebung wird insgesamt sehr hoch bewertet.

Bezüglich der Nutzung der Unterstützungsangebote zeichnete sich ein erster Eindruck ab. Insgesamt wurden die Unterstützungsangebote relativ häufig genutzt. In allen Varianten lag die Nutzungshäufigkeit insgesamt deutlich über 50 %. Bei der dynamischen Darbietung wurden fast 100 % erreicht. Aufgrund der kleinen Stichprobe haben die Ergebnisse nahezu keine Aussagekraft. Dennoch stellte die häufige Nutzung der Unterstützungsangebote bei der statischen Darbietung eine Überraschung dar. Es stellte sich die Frage, ob bereits die dauerhafte Sichtbarkeit die Aufmerksamkeit der Lernenden auf die Unterstützungsangebote lenkt und sich somit positiv auf die Nutzungshäufigkeit auswirkt. In vielen anderen multimedialen Lernumgebungen müssen kognitive Unterstützungsangebote von den Lernenden über eine Schaltfläche zunächst aufgerufen oder aktiviert werden (z.B. Aleven & Koedinger, 2000, 2001; Bartholomé, Stahl, Pieschl & Bromme, 2006; Juarez Collazo, Elen & Clarebout, 2012; Narciss, Proske & Koerndle, 2007; Roll, Aleven, McLaren & Koedinger, 2011).

Aufgrund dieser Überlegung wurde eine weitere Art der Darbietung der Unterstützungsangebote entwickelt: Der Unterstützungsbereich ist zu Beginn des Besuchs einer Lerneinheit zugeklappt und lediglich als eine etwa 1 cm breite Leiste am rechten Rand der Benutzerschnittstelle sichtbar (siehe Abbildung 19, Seite 154). Die lernstrategischen Anregungen sowie die Notizfelder sind noch nicht sichtbar. Ein Fragezeichen weist darauf hin, dass die Unterstützungsangebote hier zu finden sind und eine Schaltfläche zeigt an, dass der Bereich aufgeklappt werden kann. Klickt der Benutzer auf die Schaltfläche, klappt der Unterstützungsbereich auf und die lernstrategischen Anregungen und die Notizfelder werden sichtbar. In der Hauptstudie wurde diese Art der Darbietung in den Vergleich mit einbezogen.

Abbildung 19: Benutzerschnittstelle mit zugeklapptem Unterstützungsbereich am rechten Rand

11 Hauptstudie zur Nutzungshäufigkeit kognitiver Unterstützungsangebote

11.1 Fragestellung und Hypothesen

Die Studie beschäftigt sich mit der Nutzungshäufigkeit kognitiver Unterstützungsangebote in einer multimedialen Lernumgebung. Es wird untersucht, wie sich die Verfügbarkeit von Selbstkontrollfragen und die Darbietungsart der Unterstützungsangebote auf die Nutzungshäufigkeit auswirken.

- *Fragestellung 1:* Nutzen Lernende kognitive Unterstützungsangebote häufiger, wenn ihnen Selbstkontrollfragen zur Verfügung stehen?

  Hypothese 1: Es wird erwartet, dass die Verfügbarkeit von Selbstkontrollfragen eine Auswirkung auf die Nutzungshäufigkeit kognitiver Unterstützungsangebote hat. Es wird vermutet, dass (a) Lernende mit Selbstkontrollfragen die Unterstützungsangebote häufiger nutzen als Lernende ohne Selbstkontrollfragen und insbesondere (b) die Unterstützungsangebote umso häufiger genutzt werden, je häufiger die Selbstkontrollfragen verneint werden (d.h. Lernende geben an, den wesentlichen Aspekt einer Lerneinheit noch nicht verstanden zu haben). Diese Hypothese basiert auf der Annahme, dass Lernende Unterstützungsangebote häufig nicht nutzen, weil sie sich ihres Unterstützungsbedarfs nicht bewusst sind. Die Selbstkontrollfragen sollen dabei helfen, den eigenen Unterstützungsbedarf besser einschätzen zu können.

- *Fragestellung 2:* Nutzen Lernende kognitive Unterstützungsangebote häufiger, wenn sie von der Lernumgebung offenkundig dargeboten werden und besondere Aufmerksamkeit auf sich ziehen?

  Hypothese 2: Es wird erwartet, dass die Art der Darbietung der Unterstützungsangebote eine Auswirkung auf die Nutzungshäufigkeit der Unterstützungsangebote hat. Es wird vermutet, dass die Unterstützungsangebote umso häufiger genutzt werden, je offenkundiger sie in der Lernumgebung dargeboten werden. Mit Bezug auf die entwickelte Lernumgebung wird insbesondere erwartet, dass die Unterstützungsangebote häufiger genutzt werden, wenn sie dynamisch dargeboten werden, als wenn sie statisch oder zugeklappt dargeboten werden. Im Fall der statischen Darbietung wird erwartet, dass die Unterstützungsangebote häufiger genutzt werden, als wenn sie zugeklappt dargeboten werden. Diese Hypothese basiert auf der Annahme, dass Lernende sich häufig nicht für die Nutzung von Unterstützungsangeboten entscheiden, weil sie sich nicht darüber bewusst sind, dass Unterstützungsangebote zur Verfügung stehen. Es wird davon ausgegangen, dass eine offenkundige Darbietung die Identifikation der

Unterstützungsangebote erleichtert und die Entscheidung zur Nutzung somit positiv beeinflusst.

11.2 Versuchsaufbau

In der Studie wurden sechs Gruppen untersucht. Zwei Faktoren wurden variiert: die Verfügbarkeit der Selbstkontrollfragen sowie die Art der Darbietung der Unterstützungsangebote (siehe Tabelle 21):

1. Zugeklappte Darbietung ohne Selbstkontrollfragen (Z-F): Der Unterstützungsbereich war beim Aufruf einer neuen Lerneinheit zugeklappt und musste von den Lernenden durch einen Klick auf eine Schaltfläche aufgeklappt werden. Es wurden keine Selbstkontrollfragen angeboten.

2. Zugeklappte Darbietung mit Selbstkontrollfragen (Z+F): Der Unterstützungsbereich war beim Aufruf einer neuen Lerneinheit zugeklappt und musste von den Lernenden durch einen Klick auf eine Schaltfläche aufgeklappt werden. Es wurden Selbstkontrollfragen angeboten.

3. Statische Darbietung ohne Selbstkontrollfragen (S-F): Der Unterstützungsbereich war beim Aufruf einer neuen Lerneinheit aufgeklappt. Es wurden keine Selbstkontrollfragen angeboten.

4. Statische Darbietung mit Selbstkontrollfragen (S+F): Der Unterstützungsbereich war beim Aufruf einer neuen Lerneinheit aufgeklappt. Es wurden Selbstkontrollfragen angeboten.

5. Dynamische Darbietung ohne Selbstkontrollfragen (D-F): Der Unterstützungsbereich war beim Aufruf einer neuen Lerneinheit aufgeklappt. Wenn eine Lerneinheit das erste Mal aufgerufen wurde, erfolgte nach kurzer Zeit eine automatische Vergrößerung des Unterstützungsbereichs. Es wurden keine Selbstkontrollfragen angeboten.

6. Dynamische Darbietung mit Selbstkontrollfragen (D+F): Der Unterstützungsbereich war beim Aufruf einer neuen Lerneinheit aufgeklappt. Wenn eine Lerneinheit das erste Mal aufgerufen wurde, erfolgte nach kurzer Zeit eine automatische Vergrößerung des Unterstützungsbereichs. Es wurden Selbstkontrollfragen angeboten.

Tabelle 21: Versuchsplan der Hauptstudie

| | | Darbietung der Unterstützungsangebote | | |
		Zugeklappt	Statisch	Dynamisch
Selbstkontroll-fragen	nicht verfügbar	(Z-F) n = 10	(S-F) n = 10	(D-F) n = 10
	verfügbar	(Z+F) n = 10	(S+F) n = 10	(D+F) n = 10

Als abhängige Variable wurde die Häufigkeit der Nutzung der kognitiven Unterstützungsangebote erfasst. Dabei wurden folgende Formen der Nutzung unterschieden:

- Festhalten oder Verändern einer eigenen Notiz,
- Wechsel zwischen dem Lesen der Anregungen bzw. Notizen und dem Lesen bzw. Betrachten von Darstellungen im Inhaltsbereich,
- Lesen mindestens einer eigenen Notiz,
- Lesen mindestens einer lernstrategischen Anregung,
- Aufklappen mindestens einer lernstrategischen Anregung,
- kurzzeitiges Ausrichten der visuellen Aufmerksamkeit auf den Unterstützungsbereich.

Zusätzlich wurde der Lernerfolg mit Hilfe eines Nachtests erfasst. Die Auswirkung der kognitiven Unterstützungsangebote auf den Lernerfolg wurde in dieser Studie jedoch nicht primär untersucht. Der Nachtest diente in erster Linie als Ansporn für die Lernenden sich anzustrengen. Um die Auswirkung der kognitiven Unterstützungsangebote auf den Lernerfolg zu untersuchen, müsste durch eine einführende, direkte Fördermaßnahme die korrekte Umsetzung der lernstrategischen Anregungen zunächst erläutert werden (Friedrich & Mandl, 2006). Außerdem müsste sichergestellt werden, dass eine ausreichend große Gruppe von Lernenden die Unterstützungsangebote tatsächlich in angemessener Weise nutzt. Im Vordergrund der Untersuchung stand jedoch die Frage nach der *spontanen* Nutzung der Unterstützungsangebote durch die Lernenden, die lediglich durch die offenkundige Darbietung und die Verfügbarkeit von Selbstkontrollfragen beeinflusst wird. Eine Einführung in die Nutzung der Unterstützungsangebote konnte daher nicht stattfinden.

Als Kovariaten wurden das Vorwissen im Sachbereich sowie die subjektive Einschätzung der Usability der Lernumgebung erhoben. Lernende mit hohem Vorwissen nutzen die kognitiven Unterstützungsangebote möglicherweise seltener als Lernende mit niedrigem Vorwissen (vgl. Babin, Tricot & Mariné, 2009; Bartholomé, Stahl, Pieschl & Bromme, 2006; Horz, Winter & Fries, 2009; Renkl, 2002; Wood & Wood, 1999; siehe Abschnitt 4.4.1). Außerdem werden die Unterstützungsangebote möglicherweise seltener genutzt, wenn sie als schlecht bedienbar empfunden werden (vgl. Cho, Cheng & Lai, 2009; Davis, 1989; Juarez Collazo, Elen & Clarebout, 2012; Pituch & Lee, 2006; siehe Abschnitt 4.4.2). Um eventuelle Unterschiede in den Nachtestergebnissen besser analysieren zu können, wurden darüberhinaus die allgemeinen kognitiven Fähigkeiten der Teilnehmer erfasst und die Lernzeit gemessen.

11.3 Testmaterialien und Untersuchungsinstrumente

In der Hauptstudie wurden die gleichen Testmaterialien und Untersuchungsinstrumente wie in der Vorstudie (siehe Kapitel 10) eingesetzt. Sie werden in den folgenden Abschnitten nur kurz beschrieben.

11.3.1 Lernmaterial

Das Lernmaterial behandelte die theoretischen Grundlagen des Segelns. Die Inhalte wurden auf Grundlage der Lehrbücher von Bark (2009) sowie Overschmidt und Gliewe (2009) erstellt. Das Material umfasste acht Lerneinheiten, die sich aus mehreren ergänzenden Informationseinheiten zusammensetzten. Die Informationseinheiten wurden durch Texte, schematische Bilder und schematische Animationen dargestellt. Für ein umfassendes Verständnis des Sachbereichs mussten alle Darstellungen gleichermaßen berücksichtigt werden.

11.3.2 Lernstrategische Anregungen

Im Unterstützungsbereich wurden den Lernenden lernstrategische Anregungen in Form von drei Fragen angeboten. Die Fragen zielten darauf ab, relevante kognitive Prozesse für die Erarbeitung des Lernmaterials anregen. Dabei wurde auf Selektions-, Organisations- und Integrationsprozesse fokussiert:

1. Was ist wesentlich?
2. Wie hängt das zusammen?
3. Was hat das mit dem Rest zu tun?

Bei Bedarf konnten die Lernenden spezifischere Formulierungen der Fragen aufrufen. Zu jeder Frage konnten die Lernenden sich Notizen festhalten.

11.3.3 Selbstkontrollfragen

Die Selbstkontrollfragen dienten der Einschätzung des eigenen Unterstützungsbedarfs. Nach jeder Lerneinheit wurde auf das zentrale Konzept oder Phänomen der Lerneinheit hingewiesen und gefragt, ob dieses bereits verstanden wurde.

11.3.4 Messung der Nutzungshäufigkeit der kognitiven Unterstützungsangebote

Für die Erfassung der Nutzungshäufigkeit der Unterstützungsangebote wurde, wie bereits in der Vorstudie, auf Logdaten und Blickbewegungsdaten zurückgegriffen. Tabelle 22 (Seite 159) fasst die möglichen Formen der Nutzung zusammen und zeigt wie diese erfasst werden können. Zur Auswertung wurde jeweils die am höchsten stehende Form der Nutzung, die während des Besuchs einer Lerneinheit auftrat, gezählt. Der Wechsel zwischen dem Lesen der Anregungen oder Notizen und dem Lesen oder Betrachten von Darstellungen im Inhaltsbereich wurde beispielsweise nur dann gezählt, wenn keine Notiz festgehalten oder verändert wurde.

Tabelle 22: Mögliche Formen der Nutzung der kognitiven
Unterstützungsangebote und ihre Erfassung

Form der Nutzung	Erfassung
Festhalten oder Verändern einer eigenen Notiz	Logdaten von Notizen aus den Eingabefeldern
Wechsel zwischen dem Lesen der Anregungen bzw. Notizen und dem Lesen bzw. Betrachten von Darstellungen im Inhaltsbereich	Sakkaden zwischen Unterstützungsbereich und Inhaltsbereich, dazwischen jeweils Reihen von Fixationen* im Unterstützungs- bzw. Inhaltsbereich
Lesen mindestens einer eigenen Notiz	Reihe von Fixationen* auf aufeinanderfolgenden Wörtern in einem Eingabefeld
Lesen mindestens einer lernstrategischen Anregung	Reihe von Fixationen* auf aufeinanderfolgenden Wörtern der Anregungen
Aufklappen mindestens einer spezifischen Anregung	Logdaten von Klicks auf den Anregungen
Visuelle Aufmerksamkeit im Unterstützungsbereich	Fixation(en)* im Unterstützungsbereich

*Fokus für mind. 80 ms in einem Radius von 100 px

Zur Erfassung der Logdaten wurde auf das Logsystem der Lernumgebung zurückgegriffen. Zur Erfassung der Blickbewegungsdaten wurde das iView RED Laptop PC System (60/120 Hz) von SMI mit einer Datenrate von 60 Hz verwendet. Es wurde die gleiche Versuchsanordnung wie in der Vorstudie verwendet. Das Experiment wurde mit Hilfe der von SMI mitgelieferten Software *Experiment Center 3.0* eingerichtet und durchgeführt. Zur Auswertung der Blickbewegungsdaten wurde der Verlauf der Blickbewegungen mit Hilfe der Software *Begaze 3.0* von SMI erneut abgespielt. Dabei wurde mit einer geglätteten Darstellung der Daten gearbeitet, die bereits Fixationen und Sakkaden unterschied. Von einer Fixation wurde ausgegangen, wenn der Fokus eines Teilnehmers für einen Zeitraum von mindestens 80 ms innerhalb eines Radius von 100 Pixeln blieb. Dieser Zeitraum entspricht der unteren Grenze der Fixationsdauer für sinnentnehmendes Lesen (Rayner, 1998).

11.3.5 Teilnehmer-Datenblatt

Während der Versuche wurde für jeden Teilnehmer ein Datenblatt (siehe Anhang G) geführt, auf dem allgemeine sozio-demografische Angaben, relevante Parameter für die Blickbewegungsmessung sowie besondere Vorkommnisse während der Aufzeichnung festgehalten wurden.

11.3.6 Fragebogen zur Bewertung der Usability

Zur Erfassung der Usability der Lernumgebung wurde eine ins Deutsche übersetzte und sprachlich leicht modifizierte Version der *System Usability Scale* (SUS) von Brooke (1996) eingesetzt (siehe Anhang H).

11.3.7 Erfassung der allgemeinen kognitiven Fähigkeiten

Zur Erfassung der allgemeinen kognitiven Fähigkeiten wurden Ausschnitte aus dem PSB 6-13, dem Prüfsystem für Schul- und Bildungsberatung für die 6. bis 13. Klasse, verwendet (Horn, Lukesch, Mayrhofer & Kornmann, 2004). Es handelte sich um die Aufgabengruppen 2, 3, 4 und 6, mit denen die Fähigkeit zum schlussfolgernden Denken sowie das räumliche Vorstellungsvermögen erhoben werden. Zur Beurteilung der Testergebnisse liegen auch Normtabellen für Erwachsene vor.

11.3.8 Vorwissenstest und Nachtest

Der Vorwissenstest bestand aus acht offenen Fragen zu grundlegendem Faktenwissen über das Segeln. Diese entsprachen Erinnerungsfragen aus dem Nachtest. Der Nachtest bestand aus 24 offenen Fragen, wobei jeweils acht Fragen zum Erinnern, Verstehen und Anwenden des erworbenen Wissens gestellt wurden (siehe Anhang I). Die Fragen erforderten teilweise verbale und teilweise bildhafte Antworten.

11.4 Durchführung

Die Teilnehmer wurden zufällig auf sechs Gruppen verteilt, wobei darauf geachtet wurde, dass der Anteil von weiblichen und männlichen Teilnehmern pro Gruppe etwa gleich war. Die Studie wurde in Einzelsitzungen durchgeführt. Eine Sitzung dauerte ungefähr zwei Stunden. Zu Beginn erhielten die Teilnehmer eine kurze Einführung in den Ablauf des Versuchs und ihre Aufgabe. Es wurde ihnen mitgeteilt, dass sie mit Hilfe einer multimedialen Lernumgebung Grundlagen des Segelns lernen sollten. Die Vorgehensweise stünde ihnen dabei frei, es würden aber maximal 60 Minuten Zeit zur Verfügung stehen. Nachdem die Teilnehmer eine Einwilligungserklärung abgegeben hatten, wurden allgemeine demographische Daten sowie relevante Daten für die Blickbewegungsmessung erfragt. Anschließend bearbeiteten die Teilnehmer nacheinander die Aufgabengruppen 2, 3, 4 und 6 des PSB-Tests 6-13. Danach wurde der Vorwissenstest durchgeführt. Es folgte eine kurze Einführung in die Bedienung der Lernumgebung. Danach wurden der Abstand und die Ausrichtung des Blickbewegungsmessgeräts justiert und eine Neun-Punkt-Kalibrierung mit anschließender Validierung durchgeführt. Im Anschluss begann die Lernphase. Dafür hatten die Teilnehmer maximal 60 Minuten Zeit. Es bestand jedoch die Möglichkeit früher aufzuhören, wenn die Teilnehmer der Ansicht waren, alles verstanden zu haben. Am Ende der Lernphase wurde erneut eine Validierung des Blickbewegungsmessgeräts durchgeführt. Danach füllten die Teilnehmer den Nachtest aus. Zum Schluss bewerteten die Teilnehmer die Usability der Lernumgebung anhand der SUS.

11.5 Stichprobe

An der Studie nahmen 60 Personen teil. Es handelte sich um Studentinnen und Studenten aus unterschiedlichen Studiengängen und Fachsemestern der Pädagogischen Hochschule Freiburg. 50 Teilnehmer waren weiblich und 10 Teilnehmer männlich. Die Teilnehmer waren zwischen 18 und 30 Jahren alt. Das Durchschnittsalter betrug 22,95 Jahre (SD = 2,22). Die Teilnahme an der Studie erfolgte freiwillig. Jeder Teilnehmer erhielt eine Aufwandsentschädigung in Höhe von 20 €.

11.6 Ergebnisse

Zur Auswertung der Ergebnisse wurde die Statistik-Software SPSS eingesetzt. Bei der Anwendung inferenzstatistischer Verfahren wurden zuvor die jeweiligen Voraussetzungen überprüft. Bei Abweichungen von den Voraussetzungen für parametrische Analyseverfahren wurden die Analysen mit nicht-parametrischen Verfahren wiederholt. Es werden jeweils die Ergebnisse beider Analysen berichtet.

11.6.1 Qualität der Blickbewegungsdaten

Um die Qualität der Blickbewegungsdaten beurteilen zu können, wurde zu Beginn und zum Ende der Lernphase jeweils eine Validierung durchgeführt. Dazu wurden die Teilnehmer gebeten, nacheinander auf vier definierte Punkte auf dem Bildschirm zu schauen. Die Abweichung der gemessenen Blickbewegungsdaten von den definierten Punkten betrug zu Beginn der Lernphase in der Horizontalen durchschnittlich 0,67° (SD = 0,40°) und in der Vertikalen 0,61° (SD = 0,35°). Am Ende der Lernphase betrug die Abweichung in der Horizontalen durchschnittlich 0,86° (SD = 0,55°) und in der Vertikalen 0,95° (SD = 0,64°). Bei einem durchschnittlichen Abstand der Teilnehmer vom Bildschirm zwischen 60 cm und 80 cm entspricht dies einer durchschnittlichen Abweichung zwischen 0,43 cm und 0,66 cm auf der Bildschirmfläche. Zur Beurteilung dieser Abweichungswerte sind die Dimensionen des Stimulus zu berücksichtigen. Auf dem 22 Zoll großen Bildschirm nahm der Inhaltsbereich der Lernumgebung eine Breite zwischen 39 cm und 23,5 cm ein und der Unterstützungsbereich eine Breite zwischen 1,5 cm und 16 cm. Der Abstand zwischen dem Unterstützungsbereich und den Inhalten betrug mindestens 3 cm. Fixationen im Unterstützungsbereich können daher selbst bei der maximal erfassten Abweichung von Fixationen im Inhaltsbereich unterschieden werden.

Tabelle 23: Abweichungen bei der Blickbewegungserfassung zu Beginn und Ende der Messung

	Min	Max	M	SD
X-Abweichung am Anfang	0,18°	2,22°	0,67°	0,40°
Y-Abweichung am Anfang	0,20°	1,86°	0,61°	0,36°
X-Abweichung am Ende	0,12°	2,70°	0,86°	0,55°
Y-Abweichung am Ende	0,21°	3,07°	0,95°	0,64°

11.6.2 Usability

Die Lernenden bewerteten die Usability des Lernsystems mit durchschnittlich 89,88 von 100 Punkten ($SD = 6,56$). Tabelle 24 zeigt, dass die Bewertungen in den einzelnen Versuchsgruppen jeweils deutlich über 80 Punkten lagen. Somit kann in allen Gruppen von einer guten Usability ausgegangen werden (vgl. Bangor et al., 2008).

In den Gruppen mit statischer Darbietung der Unterstützungsangebote wurde die Usability am höchsten bewertet. Etwas geringer fielen die Bewertungen bei der zugeklappten und der dynamischen Darbietung aus. Vergleicht man die Gruppen mit und ohne Selbstkontrollfragen miteinander, so zeigen sich nur geringe Unterschiede in den Bewertungen.

Tabelle 24: Mittelwerte und Standardabweichungen der SUS nach Versuchsgruppen

| | | Darbietung der Unterstützungsangebote | | |
		Zugeklappt	Statisch	Dynamisch
Selbstkontroll-fragen	nicht verfügbar	$M = 87,25$ $SD = 8,78$	$M = 94,00$ $SD = 4,74$	$M = 87,25$ $SD = 7,50$
	verfügbar	$M = 88,25$ $SD = 7,57$	$M = 92,75$ $SD = 3,22$	$M = 88,75$ $SD = 5,43$

Mittels einer univariaten, zweifaktoriellen Varianzanalyse wurde geprüft, ob die in den deskriptiven Daten wahrgenommenen Unterschiede statistisch signifikant sind. Die Überprüfung der Voraussetzungen der Varianzanalyse ergab unterschiedliche Fehlervarianzen in den einzelnen Versuchsgruppen (geprüft mit dem Levene-Test: $F[5, 54] = 3,1$; $p = 0,016$) sowie eine Abweichung von der Normalverteilung in der Gruppe S+F (geprüft mit dem Shapiro-Wilk-Test; $W[10] = 0,74$; $p = 0,003$). Bortz und Schuster (2010) weisen jedoch darauf hin, dass die Varianzanalyse bei gleich großen Stichproben mit n $>= 10$ gegenüber der Verletzung ihrer Voraussetzungen relativ robust ist. Bei kleinen Stichproben steigt insbesondere der β-Fehler (vgl. Leonhart, 2009). Das bedeutet, bestehende Unterschiede werden eher unterschätzt als überschätzt und erreichen möglicherweise keine Signifikanz.

Die Varianzanalyse ergab signifikante Gruppenunterschiede bezüglich der Art der Darbietung ($F[2,54] = 4,65$; $p = 0,014$; $\eta^2 = 0,15$). Bezüglich der Verfügbarkeit der Selbstkontrollfragen zeigten sich keine signifikanten Gruppenunterschiede ($F[1,54] = 0,21$; $p = 0,65$; n.s.). Es ergaben sich außerdem keine signifikanten Wechselwirkungen zwischen den beiden Faktoren ($F = 0,39$; $p = 0,68$; n.s.). Eine Post-Hoc-Analyse mit dem Scheffé-Test ergab signifikante Unterschiede sowohl zwischen der zugeklappten und statischen Darbietung ($p = 0,044$) als auch zwischen der statischen und dynamischen Darbietung ($p = 0,033$).

Da die Stichprobengröße der Untersuchung genau auf dem von Bortz und Schuster (2010) angegebenen Schwellenwert liegt, wurde zur Absicherung der Ergebnisse der Varianzanalyse zusätzlich eine nicht-parametrische Analyse mit dem Kruskal-Wallis-Test durchgeführt. Die Berechnung dazu musste für jeden Faktor separat vorgenommen werden. Aus diesem Grund wurde das Signifikanzniveau mittels einer Bonferroni-Korrektur auf 0,025 verringert. Die Analyse mit diesem Verfahren ergab ebenfalls signifikante Gruppenunterschiede bezüglich der Art der Darbietung ($H[2] = 8,97$; $p = 0,011$). Bezüglich der Verfügbarkeit der Selbstkontrollfragen zeigten sich auch in dieser Analyse keine signifikanten Gruppenunterschiede ($H[1] = 0,00$; $p = 0,99$; n.s.). Paarweise Gruppenvergleiche mit angepassten p-Werten ergaben signifikante Unterschiede zwischen der statischen und der dynamischen Darbietung ($p = 0,018$; $r = 0,44$). Die Unterschiede zwischen der zugeklappten und der statischen Darbietung sind nicht signifikant ($p = 0,050$; $r = 0,38$; n.s.).

11.6.3 Allgemeine kognitive Fähigkeiten

Die Lernenden erzielten im Test der allgemeinen kognitiven Fähigkeiten durchschnittlich ein Ergebnis von 52,73 ($SD = 9,10$). Nach der Normtabelle für Erwachsene entspricht dies einem Prozentrang von 50 und einem Intelligenzquotienten von 100 (vgl. Horn et al., 2004). Tabelle 25 zeigt die Mittelwerte der allgemeinen kognitiven Fähigkeiten in den verschiedenen Versuchsgruppen. Eine univariate, zweifaktorielle Varianzanalyse ergab keine signifikanten Gruppenunterschiede bezüglich der Art der Darbietung ($F[2,54] = 0,70$; $p = 0,93$; n.s.) und der Verfügbarkeit der Selbstkontrollfragen ($F[1,54] = 0,91$; $p = 0,76$; n.s.).

Tabelle 25: Mittelwerte und Standardabweichungen der allgemeinen kognitiven Fähigkeiten nach Versuchsgruppen

| | | Darbietung der Unterstützungsangebote | | |
		Zugeklappt	Statisch	Dynamisch
Selbstkontroll-fragen	nicht verfügbar	$M = 52,80$ $SD = 7,96$	$M = 55,20$ $SD = 9,09$	$M = 51,30$ $SD = 11,96$
	verfügbar	$M = 53,10$ $SD = 7,78$	$M = 51,10$ $SD = 10,10$	$M = 52,90$ $SD = 8,70$

11.6.4 Vorwissen

Die Lernenden beantworteten im Vorwissenstest durchschnittlich 0,43 ($SD = 0,89$) von 8 Fragen richtig. Tabelle 26 (Seite 164) zeigt die durchschnittlichen Ergebnisse des Vorwissenstests in den einzelnen Versuchsgruppen. Relevantes Vorwissen war praktisch in keiner der Gruppen vorhanden.

**Tabelle 26: Mittelwerte und Standardabweichungen
des Vorwissens nach Versuchsgruppen**

| | | Darbietung der Unterstützungsangebote | | |
		Zugeklappt	Statisch	Dynamisch
Selbstkontroll-fragen	nicht verfügbar	$M = 0,20$ (2,5 %) $SD = 0,42$	$M = 0,50$ (6,25 %) $SD = 0,71$	$M = 0,20$ (2,5 %) $SD = 0,63$
	verfügbar	$M = 0,30$ (3,75 %) $SD = 0,68$	$M = 0,90$ (11,25 %) $SD = 1,52$	$M = 0,50$ (6,25 %) $SD = 0,97$

Um signifikante Gruppenunterschiede festzustellen, wurde eine univariate, zwei-faktorielle Varianzanalyse berechnet. Aufgrund einer Überprüfung mit dem Levene-Test konnte von homogenen Fehlervarianzen zwischen den Gruppen ausgegangen werden ($F[5, 54] = 1,18$; $p = 0,33$; n.s.). Eine Normalverteilung der Daten innerhalb der Gruppen konnte jedoch aufgrund des Bodeneffekts nicht vorausgesetzt werden. Mit Bezug auf Bortz und Schuster (2010) wurde jedoch davon ausgegangen, dass die Varianzanalyse bei gleich großen Stichproben mit n >= 10 auch bei nicht normal verteilten Daten relativ robust ist.

Die Varianzanalyse ergab keine signifikanten Gruppenunterschiede bezüglich der Art der Darbietung ($F[2,54] = 1,40$; $p = 0,26$; n.s.) und der Verfügbarkeit von Selbst-kontrollfragen ($F[1,54] = 1,33$; $p = 0,25$; n.s.).

Zur Absicherung der Ergebnisse wurde die Analyse mit einem Kruskal-Wallis-Test wiederholt. Da die Berechnung dazu für jeden Faktor separat vorgenommen werden musste, wurde das Signifikanzniveau mittels einer Bonferroni-Korrektur auf 0,025 verringert. Die Analyse mit diesem Verfahren ergab ebenfalls keine signifikanten Gruppenunterschiede bezüglich der Art der Darbietung ($H[2] = 3,61$; $p = 0,17$; n.s.) und bezüglich der Verfügbarkeit der Selbstkontrollfragen ($H[2] = 0,79$; $p = 0,37$; n.s.).

11.6.5 Lernzeit

Die Lernzeit betrug im Durchschnitt 34,12 Minuten. Die einzelnen Lernenden unter-schieden sich in ihrer Lernzeit sehr stark ($SD = 10,76$ min). Tabelle 27 (Seite 165) zeigt die durchschnittliche Lernzeit in den einzelnen Versuchsgruppen. Lernende ohne Selbstkontrollfragen lernten durchschnittlich länger als Lernende mit Selbstkontroll-fragen. Außerdem lernten Lernende bei statischer oder dynamischer Darbietung durchschnittlich länger als bei zugeklappter Darbietung.

Um signifikante Gruppenunterschiede festzustellen, wurde eine univariate, zwei-faktorielle Varianzanalyse berechnet. Es ergaben sich keine signifikanten Unterschiede bezüglich der Verfügbarkeit von Selbstkontrollfragen ($F[1,54] = 2,69$; $p = 0,11$; n.s.) und bezüglich der Darbietungsart der Unterstützungsangebote ($F[2,54] = 1,97$; $p = 0,15$; n.s.).

**Tabelle 27: Mittelwerte und Standardabweichungen der
Lernzeit in Minuten nach Versuchsgruppen**

		Darbietung der Unterstützungsangebote		
		Zugeklappt	Statisch	Dynamisch
Selbstkontroll-fragen	nicht verfügbar	$M = 27,70$ $SD = 10,66$	$M = 40,90$ $SD = 8,58$	$M = 40,10$ $SD = 12,05$
	verfügbar	$M = 33,50$ $SD = 10,07$	$M = 32,40$ $SD = 9,97$	$M = 30,10$ $SD = 8,20$

11.6.6 Nutzungshäufigkeit der Unterstützungsangebote

Die Lernenden wechselten im Durchschnitt 27,3 Mal zwischen den verschiedenen Lerneinheiten ($SD = 11,51$). Trat zwischen zwei Wechseln mindestens eine der möglichen Nutzungsformen aus Tabelle 19 (siehe Abschnitt 11.3.4) auf, wurde dies als eine Nutzung der kognitiven Unterstützungsangebote gewertet. Dabei wurde jeweils die in der Tabelle am höchsten stehende aufgetretene Nutzungsform gezählt. Da die Anzahl der Wechsel zwischen den Lerneinheiten starke Unterschiede zwischen den Teilnehmern aufweist, wurde für die Auswertung der Nutzungshäufigkeit die Anzahl der Wechsel als Bezugsgröße herangezogen. Die im Folgenden berichteten Ergebnisse sind daher prozentuale Angaben. Zunächst wird berichtet, wie sich die Nutzungshäufigkeit insgesamt darstellt. Anschließend werden die Häufigkeiten getrennt nach den unterschiedlichen Nutzungsformen berichtet.

**Tabelle 28: Mittelwerte und Standardabweichungen der gesamten
Nutzungshäufigkeit in den Versuchsgruppen**

		Darbietung der Unterstützungsangebote		
		Zugeklappt	Statisch	Dynamisch
Selbstkontroll-fragen	nicht verfügbar	$M = 31,28\%$ $SD = 29,76\%$	$M = 66,02\%$ $SD = 15,21\%$	$M = 74,37\%$ $SD = 12,78\%$
	verfügbar	$M = 52,33\%$ $SD = 35,25\%$	$M = 64,27\%$ $SD = 16,87\%$	$M = 80,83\%$ $SD = 11,82\%$

Betrachtet man die Häufigkeit der Nutzung über alle Nutzungsformen hinweg, so zeigt sich, dass in den Gruppen mit statischer oder dynamischer Darbietung die Unterstützungsangebote insgesamt deutlich häufiger genutzt wurden, als bei zugeklappter Darbietung (siehe Tabelle 28). Am häufigsten wurden die Unterstützungsangebote bei der dynamischen Darbietung genutzt. Ebenso wird deutlich, dass Lernende mit Selbstkontrollfragen die Unterstützungsangebote durchschnittlich häufiger nutzten als Lernende ohne Selbstkontrollfragen. Der Unterschied ist bei zugeklappter Darbietung der

Unterstützungsangebote am stärksten ausgeprägt. Wenn die Unterstützungsangebote statisch dargeboten wurden, nutzen die Lernenden mit Selbstkontrollfragen die Unterstützungsangebote etwas seltener als Lernende ohne Selbstkontrollfragen.

Wenn die Lernenden die Unterstützungsangebote nutzten, so geschah dies in den meisten Fällen in Form des Festhaltens oder Veränderns von Notizen. Durchschnittlich wurden bei 28,53 % (SD = 19,61 %) der besuchten Lerneinheiten Notizen festgehalten oder verändert. Dies macht weit über ein Drittel der gesamten Nutzungshäufigkeit aus (siehe Abbildung 20). Bei durchschnittlich weiteren 12,38 % (SD = 11,85 %) der besuchten Lerneinheiten hielten die Lernenden zwar keine eigene Notiz fest, wechselten jedoch zwischen dem Lesen der Anregungen oder eigenen Notizen und dem Lesen oder Betrachten von Darstellungen im Inhaltsbereich hin und her. Wenn keine Notizen festgehalten wurden und kein Wechsel zwischen dem Durchlesen der Anregungen oder eigener Notizen und dem Lesen oder Betrachten von Darstellungen im Inhaltsbereich stattfand, so lasen die Lernenden in durchschnittlich 9,58 % (SD = 9,20 %) der besuchten Lerneinheiten mindestens eine eigene Notiz durch. Wurde auch keine eigene Notiz durchgelesen, so kam es bei durchschnittlich 1,64 % (SD = 3,96 %) der besuchten Lerneinheiten vor, dass Lernende mindestens eine der lernstrategischen Anregungen durchlasen. In keinem Fall klappten die Lernenden lediglich eine spezifische lernstrategische Anregung auf. Bei durchschnittlich 9,3 % (SD = 11,53 %) der besuchten Lerneinheiten kam es vor, dass Lernende lediglich kurz ihre visuelle Aufmerksamkeit auf den Unterstützungsbereich richteten, ohne danach weitere Aktivitäten im Unterstützungsbereich vorzunehmen.

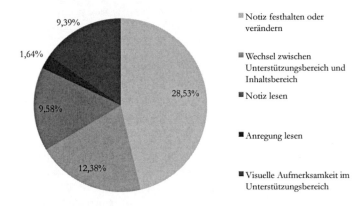

Abbildung 20: Durchschnittliche Häufigkeiten der aufgetretenen Nutzungsformen bezogen auf die Anzahl der besuchten Lerneinheiten und ihr Anteil an der gesamten Nutzungshäufigkeit

Die mit Abstand häufigste Form der Nutzung ist somit das Festhalten oder Verändern von Notizen. Bei dieser Nutzungsform werden die Unterschiede zwischen den Gruppen am deutlichsten sichtbar. Tabelle 29 zeigt die Verteilung der Häufigkeit des Festhaltens oder Veränderns von Notizen in den einzelnen Versuchsgruppen.

Tabelle 29: Mittelwerte und Standardabweichungen der Häufigkeit des Festhaltens oder Veränderns von Notizen bezogen auf die Anzahl der besuchten Lerneinheiten

		Darbietung der Unterstützungsangebote		
		Zugeklappt	Statisch	Dynamisch
Selbstkontroll-fragen	nicht verfügbar	$M = 12,22\%$ $SD = 15,96\%$	$M = 30,14\%$ $SD = 11,42\%$	$M = 40,30\%$ $SD = 19,60\%$
	verfügbar	$M = 23,89\%$ $SD = 20,31\%$	$M = 22,08\%$ $SD = 14,40\%$	$M = 42,55\%$ $SD = 19,74\%$

Bei der statischen und dynamischen Darbietung der Unterstützungsangebote wurden Notizen deutlich häufiger festgehalten oder verändert, als bei der zugeklappten Darbietung. Am häufigsten wurden Notizen festgehalten oder verändert wenn die Unterstützungsangebote dynamisch dargeboten wurden. Außerdem wurden insgesamt häufiger Notizen festgehalten oder verändert, wenn Selbstkontrollfragen zur Verfügung standen, wobei sich der Unterschied im direkten Gruppenvergleich nur bei den Gruppen mit zugeklappter und dynamischer Darbietung zeigt. Wenn die Unterstützungsangebote statisch dargeboten wurden, erstellten oder veränderten Lernende mit Selbstkontrollfragen etwas seltener Notizen als Lernende ohne Selbstkontrollfragen.

Die zweithäufigste Form der Nutzung war der Wechsel zwischen dem Lesen der Anregungen oder eigenen Notizen und dem Lesen oder Betrachten von Darstellungen im Inhaltsbereich. Auch hier zeigen sich die Unterschiede noch relativ deutlich. Tabelle 30 (Seite 168) zeigt die durchschnittliche Häufigkeit dieser Nutzungsform in den einzelnen Versuchsgruppen. Bezüglich der Art der Darbietung zeigt sich, dass diese Nutzungsform bei der statischen und dynamischen Darbietung häufiger auftrat, als bei der zugeklappten Darbietung. Am häufigsten trat sie bei der dynamischen Darbietung auf. Bezüglich der Verfügbarkeit der Selbstkontrollfragen zeigt sich bei dieser Nutzungsform insgesamt nur ein geringer Unterschied. Vergleicht man die Gruppen mit jeweils gleicher Darbietungsform der Unterstützungsangebote so zeigt sich, dass Lernende mit Selbstkontrollfragen die Unterstützungsangebote in dieser Form häufiger nutzten, wenn die Unterstützungsangebote zugeklappt dargeboten wurden. Wenn die Unterstützungsangebote statisch oder dynamisch dargeboten wurden, nutzten Lernende mit Selbstkontrollfragen die Unterstützungsangebote in dieser Form seltener.

Tabelle 30: Mittelwerte und Standardabweichungen der Häufigkeit der wechselnden Aufmerksamkeit zwischen dem Inhalts- und Unterstützungsbereich bezogen auf die Anzahl der besuchten Lerneinheiten

| | | Darbietung der Unterstützungsangebote | | |
		Zugeklappt	Statisch	Dynamisch
Selbstkontroll-fragen	nicht verfügbar	$M = 5,44\ \%$ $SD = 7,65\ \%$	$M = 12,75\ \%$ $SD = 7,84\ \%$	$M = 19,42\ \%$ $SD = 15,04\ \%$
	verfügbar	$M = 10,24\ \%$ $SD = 9,28\ \%$	$M = 11,53\ \%$ $SD = 11,62\ \%$	$M = 14,90\ \%$ $SD = 15,21\ \%$

Insgesamt decken die beiden bisher berichteten Formen der Nutzung annähernd drei Viertel der gesamten Nutzungshäufigkeit ab (siehe Abbildung 20, Seite 166). Bei den nachfolgend berichteten Nutzungsformen lassen sich die erwarteten Gruppenunterschiede teilweise nicht mehr deutlich feststellen.

Tabelle 31 zeigt wie häufig zumindest eigene Notizen in den einzelnen Versuchsgruppen durchgelesen wurden, wenn ansonsten keine weiteren Aktivitäten im Unterstützungsbereich stattfanden. Wurden Selbstkontrollfragen angeboten, so wurden häufiger zumindest eigene Notizen durchgelesen als wenn keine Selbstkontrollfragen angeboten wurden. Bezüglich der Art der Darbietung zeigt sich bei dieser Nutzungsform ein leichter negativer Trend in der Häufigkeit bei zunehmend offenkundiger Darbietung.

Tabelle 31: Mittelwerte und Standardabweichungen der Häufigkeit des Durchlesens eigener Notizen bezogen auf die Anzahl der besuchten Lerneinheiten

| | | Darbietung der Unterstützungsangebote | | |
		Zugeklappt	Statisch	Dynamisch
Selbstkontroll-fragen	nicht verfügbar	$M = 5,08\ \%$ $SD = 8,53\ \%$	$M = 9,84\ \%$ $SD = 8,00\ \%$	$M = 6,60\ \%$ $SD = 6,74\ \%$
	verfügbar	$M = 13,68\ \%$ $SD = 12,12\ \%$	$M = 11,26\ \%$ $SD = 9,42\ \%$	$M = 11,01\ \%$ $SD = 8,90\ \%$

Es kam insgesamt sehr selten vor, dass Lernende lediglich lernstrategische Anregungen durchlasen, ohne danach weitere Aktivitäten im Unterstützungsbereich vorzunehmen (siehe Abbildung 20, Seite 166). Tabelle 32 (Seite 169) zeigt die Verteilung innerhalb der Versuchsgruppen. Wurden Selbstkontrollfragen angeboten, so wurden die lernstrategischen Anregungen häufiger zumindest durchgelesen als wenn keine Selbstkontrollfragen angeboten wurden. Der Unterschied zeigt sich am deutlichsten bei der statischen Darbietung der Unterstützungsangebote. Bezüglich der

Art der Darbietung lässt sich ein leichter positiver Trend zugunsten der offenkundigeren Darbietung feststellen.

Tabelle 32: Mittelwerte und Standardabweichungen der Häufigkeit des Durchlesens mindestens einer lernstrategischen Anregung bezogen auf die Anzahl der besuchten Lerneinheiten

		Darbietung der Unterstützungsangebote		
		Zugeklappt	Statisch	Dynamisch
Selbstkontroll-fragen	nicht verfügbar	$M = 0\,\%$ $SD = 0\,\%$	$M = 1{,}43\,\%$ $SD = 2{,}56\,\%$	$M = 0{,}76\,\%$ $SD = 1{,}25\,\%$
	verfügbar	$M = 0{,}36\,\%$ $SD = 1{,}13\,\%$	$M = 4{,}79\,\%$ $SD = 7{,}41\,\%$	$M = 2{,}48\,\%$ $SD = 4{,}59\,\%$

Bei durchschnittlich $9{,}3\,\%$ ($SD = 11{,}53\,\%$) der besuchten Lerneinheiten kam es vor, dass Lernende lediglich kurzzeitig ihre visuelle Aufmerksamkeit auf den Unterstützungsbereich richteten, ohne danach weitere Aktivitäten im Unterstützungsbereich vorzunehmen. Tabelle 33 zeigt die Verteilung der Häufigkeit dieser Nutzungsform in den einzelnen Versuchsgruppen.

Tabelle 33: Mittelwerte und Standardabweichungen der Häufigkeit des kurzzeitigen Ausrichtens der visuellen Aufmerksamkeit in den Unterstützungsbereich bezogen auf die Anzahl der besuchten Lerneinheiten

		Darbietung der Unterstützungsangebote		
		Zugeklappt	Statisch	Dynamisch
Selbstkontroll-fragen	nicht verfügbar	$M = 8{,}53\,\%$ $SD = 14{,}33\,\%$	$M = 11{,}85\,\%$ $SD = 9{,}54\,\%$	$M = 7{,}29\,\%$ $SD = 7{,}30\,\%$
	verfügbar	$M = 4{,}16\,\%$ $SD = 5{,}30\,\%$	$M = 14{,}61\,\%$ $SD = 15{,}03\,\%$	$M = 9{,}88\,\%$ $SD = 13{,}96\,\%$

Bezüglich der Darbietung der Unterstützungsangebote lässt sich ein leichter positiver Trend zugunsten der offenkundigeren Darbietungsformen feststellen. Bezüglich der Verfügbarkeit von Selbstkontrollfragen ist insgesamt kaum ein Unterschied erkennbar. Vergleicht man die Gruppen mit jeweils gleicher Darbietungsform der Unterstützungsangebote, so zeigt sich, dass Lernende mit Selbstkontrollfragen ihre Aufmerksamkeit häufiger auf den Unterstützungsbereich richteten, wenn die Unterstützungsangebote statisch oder dynamisch angeboten wurden.

Zusammenfassend lässt sich nach der Analyse der deskriptiven Daten festhalten, dass die Unterstützungsangebote insgesamt häufiger genutzt wurden, wenn sie möglichst offenkundig (statisch oder dynamisch) dargeboten wurden. Am häufigsten wurden sie bei der dynamischen Darbietung genutzt. Die Unterstützungsangebote wurden außerdem häufiger genutzt, wenn Selbstkontrollfragen angeboten wurden. Die Unterschiede bezüglich der Darbietungsart der Unterstützungsangebote zeigen sich insbesondere bei der Häufigkeit des Festhaltens oder Veränderns von Notizen sowie bei der Häufigkeit des Wechselns zwischen dem Lesen von Anregungen oder eigenen Notizen und dem Lesen oder Betrachten von Darstellungen im Inhaltsbereich. Die Unterschiede bezüglich der Verfügbarkeit von Selbstkontrollfragen zeigen sich ebenfalls besonders deutlich bei der Häufigkeit des Festhaltens oder Veränderns von Notizen. Darüberhinaus werden die Unterschiede bei der Häufigkeit des Durchlesens eigener Notizen, bei der Häufigkeit des Durchlesens von Anregungen und bei der Häufigkeit der Ausrichtung der visuellen Aufmerksamkeit auf den Unterstützungs-bereich sichtbar.

Um festzustellen, ob die in den deskriptiven Daten ermittelten Unterschiede statis-tisch signifikant sind, wurde zunächst geprüft inwieweit die Häufigkeiten der aufge-tretenen Nutzungsformen mit der subjektiven Einschätzung der Usability zusammen-hängen. Es fanden sich keine signifikanten Zusammenhänge (siehe Tabelle 34). Die Usability wurde daher als mögliche Kovariate aus der Analyse ausgeschlossen. Das Vorwissen wurde ebenfalls als mögliche Kovariate ausgeschlossen, da in keiner der Versuchsgruppen relevantes Vorwissen vorhanden war (siehe Abschnitt 11.6.4).

Tabelle 34: Korrelationen zwischen der subjektiv eingeschätzten Usability und der Häufigkeit der aufgetretenen Nutzungsformen

	Subjektiv eingeschätzte Usability	
	r (nach Pearson)	p
Festhalten oder Verändern einer eigenen Notiz	- 0,16	0,23
Wechsel zwischen dem Lesen der Anregungen bzw. Notizen und dem Lesen bzw. Betrachten von Darstellungen im Inhaltsbereich	- 0,008	0,95
Lesen mindestens einer eigenen Notiz	0,05	0,70
Lesen mindestens einer lernstrategischen Anregung	- 0,03	0,83
Visuelle Aufmerksamkeit im Unterstützungsbereich	0,16	0,24

Es wurde eine multivariate, zweifaktorielle Varianzanalyse berechnet. Als abhängige Variablen gingen die Häufigkeiten der unterschiedlichen aufgetretenen Nutzungsfor-men in die Berechnung ein. Als feste Faktoren wurden die Verfügbarkeit der Selbst-kontrollfragen und die Darbietungsart der Unterstützungsangebote eingerechnet.

Mit Hilfe des Shapiro-Wilk-Tests wurde geprüft, ob innerhalb der Gruppen von einer Normalverteilung der Daten ausgegangen werden kann. Die Annahme der Nor-malverteilung musste für die Gruppe Z-F bei allen abhängigen Variablen abgelehnt werden (siehe Tabelle 35, Seite 171). Für die Gruppen Z+F und D+F musste die Annahme der Normalverteilung bei der Häufigkeit des Ausrichtens der visuellen

Aufmerksamkeit abgelehnt werden. Bei der Häufigkeit des Lesens der Anregungen konnte in allen Gruppen nicht von einer Normalverteilung der Daten ausgegangen werden. Diese Form der Nutzung machte insgesamt nur einen sehr kleinen Teil der gesamten Nutzungshäufigkeit aus (siehe Abbildung 20, Seite 166).

Tabelle 35: Ergebnisse des Shapiro-Wilk-Tests

	Gruppe	W	df	p
Festhalten oder Verändern einer eigenen Notiz	Z-F	0,79	10	0,012*
	Z+F	0,92	10	0,379
	S-F	0,97	10	0,927
	S+F	0,94	10	0,556
	D-F	0,92	10	0,320
	D+F	0,85	10	0,059
Wechsel zwischen dem Lesen der Anregungen bzw. Notizen und dem Lesen bzw. Betrachten von Darstellungen im Inhaltsbereich	Z-F	0,74	10	0,003*
	Z+F	0,85	10	0,065
	S-F	0,94	10	0,521
	S+F	0,88	10	0,134
	D-F	0,93	10	0,490
	D+F	0,87	10	0,094
Lesen mindestens einer eigenen Notiz	Z-F	0,66	10	0,000*
	Z+F	0,90	10	0,219
	S-F	0,93	10	0,396
	S+F	0,94	10	0,580
	D-F	0,89	10	0,150
	D+F	0,94	10	0,527
Lesen mindestens einer lernstrategischen Anregung	Z-F	0,37	10	0,000*
	Z+F	0,65	10	0,000*
	S-F	0,72	10	0,001*
	S+F	0,65	10	0,000*
	D-F	0,64	10	0,000*
	D+F	0,64	10	0,000*
Visuelle Aufmerksamkeit im Unterstützungsbereich	Z-F	0,64	10	0,000*
	Z+F	0,81	10	0,017*
	S-F	0,93	10	0,416
	S+F	0,89	10	0,161
	D-F	0,87	10	0,112
	D+F	0,71	10	0,001*

*Die Abweichungen sind auf dem Niveau 0,05 signifikant.

Mit Hilfe des Levene-Tests wurde geprüft, ob die Fehlervarianzen zwischen den Gruppen als homogen angenommen werden können. Diese Annahme musste für die Häufigkeit des Lesens der Anregungen abgelehnt werden ($F[5,54] = 10,38; p < 0,001$). Mit Bezug auf Bortz und Schuster (2010) kann wiederum davon ausgegangen werden, dass die Varianzanalyse bei gleich großen Stichproben mit n >= 10 auch bei Verletzungen der Voraussetzungen relativ robust ist.

Bezüglich der Verfügbarkeit von Selbstkontrollfragen ergaben sich in der Varianzanalyse keine signifikanten Unterschiede ($F[5,50] = 1,88; p = 0,12$; n.s.). Die Unterschiede bezüglich der Art der Darbietung sind hingegen statistisch bedeutsam und weisen eine große Effektstärke auf ($F[10,102] = 3,85; p < 0,001; \eta^2 = 0,27$). Es ergaben sich keine signifikanten Wechselwirkungen zwischen den Faktoren ($F[10,102] = 0,60; p = 0,81$; n.s.)

Der Test der Zwischensubjekteffekte (siehe Tabelle 36) zeigt, dass die Unterschiede bezüglich der Darbietungsart bei der Häufigkeit des Festhaltens oder Veränderns eigener Notizen statistisch signifikant sind, ebenso wie die Gruppenunterschiede bei der Häufigkeit des Wechselns zwischen dem Lesen von Anregungen oder eigenen Notizen und dem Lesen oder Betrachten von Darstellungen im Inhaltsbereich.

Tabelle 36: Test der Zwischensubjekteffekte bezüglich des Faktors Darbietungsart für die Häufigkeiten der einzelnen Nutzungsformen

	F	df1	df2	p	η^2
Festhalten oder Verändern einer eigenen Notiz	9,51	2	54	< 0,001*	0,260
Wechsel zwischen dem Lesen der Anregungen bzw. Notizen und dem Lesen bzw. Betrachten von Darstellungen im Inhaltsbereich	3,27	2	54	0,046*	0,108
Lesen mindestens einer eigenen Notiz	0,19	2	54	0,827	0,007
Lesen mindestens einer lernstrategischen Anregung	3,02	2	54	0,057	0,101
Visuelle Aufmerksamkeit im Unterstützungsbereich	1,86	2	54	0,166	0,064

*Die Unterschiede sind auf dem Niveau 0,05 signifikant.

Eine Post-Hoc-Analyse mit dem Scheffé-Test ergab signifikante Unterschiede in der Häufigkeit des Festhaltens oder Veränderns von Notizen zwischen der statischen und dynamischen Darbietung ($p = 0,025$). Die Unterschiede in der Häufigkeit des Wechselns zwischen dem Lesen von Anregungen oder eigenen Notizen und dem Lesen oder Betrachten von Darstellungen im Inhaltsbereich sind zwischen der zugeklappten und der dynamischen Darbietung signifikant ($p = 0,046$).

Zur Absicherung der Ergebnisse der Varianzanalyse wurde die Analyse mit einem Kruskal-Wallis-Test wiederholt. Dazu wurde das Signifikanzniveau mittels einer Bonferroni-Korrektur auf $\alpha = 0,025$ verringert. Es ergaben sich wiederum keine signifikanten Unterschiede bezüglich der Verfügbarkeit von Selbstkontrollfragen. Bezüglich der Art der Darbietung sind die Unterschiede in der Häufigkeit des Festhaltens oder Veränderns von Notizen signifikant. Bei den anderen Formen der Nutzung ergaben sich ebenfalls keine signifikanten Unterschiede (siehe Tabelle 37).

Tabelle 37: Ergebnisse des Kruskal-Wallis-Tests zur Nutzunghäufigkeit der kognitiven Unterstützungsangebote

	Faktor Selbstkontrollfragen			Faktor Darbietungsart		
	H	df	p	H	df	p
Festhalten oder Verändern einer eigenen Notiz	0,27	1	0,60	14,42	2	0,001*
Wechsel zwischen dem Lesen der Anregungen bzw. Notizen und dem Lesen bzw. Betrachten von Darstellungen im Inhaltsbereich	0,011	1	0,917	4,279	2	0,12
Lesen mindestens einer eigenen Notiz	3,71	1	0,054	0,75	2	0,69
Lesen mindestens einer lernstrategischen Anregung	0,955	1	0,328	6,05	2	0,049
Visuelle Aufmerksamkeit im Unterstützungsbereich	0,082	1	0,775	5,24	2	0,073

*Die Unterschiede sind signifikant auf dem Niveau 0,025.

Paarweise Gruppenvergleiche mit angepassten p-Werten ergaben signifikante Unterschiede in der Häufigkeit des Festhaltens oder Veränderns von Notizen zwischen der zugeklappten und der dynamischen Darbietungsart ($p < 0,001$; $r = 0,60$). Es ergaben sich keine signifikanten Unterschiede zwischen der zugeklappten und der statischen Darbietungsart ($p = 0,344$; $r = 0,25$; n.s.) sowie zwischen der statischen und der dynamischen Darbietungsart ($p = 0,083$; $r = 0,35$; n.s.).

Tabelle 38: Korrelationen zwischen der Häufigkeit verneinter Selbstkontrollfragen und den Häufigkeiten der aufgetretenen Nutzungsformen

	Häufigkeit verneinter Selbstkontrollfragen	
	r	p
Festhalten oder Verändern einer eigenen Notiz	0,18	0,35
Wechsel zwischen dem Lesen der Anregungen bzw. Notizen und dem Lesen bzw. Betrachten von Darstellungen im Inhaltsbereich	0,045	0,82
Lesen mindestens einer eigenen Notiz	0,20	0,29
Lesen mindestens einer lernstrategischen Anregung	- 0,024	0,90
Visuelle Aufmerksamkeit im Unterstützungsbereich	0,18	0,34

In einer weiteren Analyse wurde geprüft, ob die Häufigkeit verneinter Selbstkontrollfragen (d.h. die Lernenden gaben an, den wesentlichen Aspekt einer Lerneinheit noch nicht verstanden zu haben) mit den Häufigkeiten der aufgetretenen

Nutzungsformen zusammenhängt (siehe Tabelle 38, Seite 173). Es zeigen sich zum Teil schwache positive Zusammenhänge zwischen der Häufigkeit verneinter Selbstkontrollfragen und den Häufigkeiten der aufgetretenen Nutzungsformen. Die Zusammenhänge sind jedoch statistisch nicht signifikant.

11.6.7 Ergebnisse im Nachtest

Über die Lernförderlichkeit der Unterstützungsangebote wurden zu Beginn der Studie keine Hypothesen aufgestellt. Ihre Untersuchung stand nicht im Vordergrund der Studie. Die Auswertung der Nachtestergebnisse erfolgte explorativ. Die Ergebnisse sind entsprechend vorsichtig zu bewerten.

Die Lernenden beantworteten im Nachtest durchschnittlich 12,47 von 24 Fragen richtig ($SD = 3,94$). Tabelle 39 zeigt wie sich die Ergebnisse in den einzelnen Versuchsgruppen für die verschiedenen Wissensarten darstellen. Demnach erreichten Lernende mit Selbstkontrollfragen insgesamt bessere Lernergebnisse als Lernende ohne Selbstkontrollfragen. Dies gilt insbesondere für Fragen zum Verstehen und zum Anwenden der Lerninhalte. Bezüglich der Darbietungsart der Unterstützungsangebote zeigt sich ein leichter negativer Trend in den Lernergebnissen bei zunehmend offenkundiger Darbietung.

Tabelle 39: Mittelwerte und Standardabweichungen der Nachtestergebnisse in den Versuchsgruppen.

			Darbietung der Unterstützungsangebote		
			Zugeklappt	Statisch	Dynamisch
Selbst-kontroll-fragen	nicht verfügbar	Erinnern	$M = 4,30$ (53,75 %) $SD = 1,16$	$M = 5,20$ (65 %) $SD = 1,32$	$M = 4,40$ (55 %) $SD = 1,58$
		Verstehen	$M = 3,50$ (43,75 %) $SD = 1,43$	$M = 4,50$ (56,25 %) $SD = 1,58$	$M = 3,60$ (45 %) $SD = 0,52$
		Anwenden	$M = 2,30$ (28,75 %) $SD = 1,16$	$M = 3,90$ (48,75 %) $SD = 2,73$	$M = 2,30$ (28,75%) $SD = 1,34$
	verfügbar	Erinnern	$M = 5,70$ (71,25 %) $SD = 3,96$	$M = 5,20$ (65 %) $SD = 1,87$	$M = 4,30$ (53,75 %) $SD = 1,57$
		Verstehen	$M = 4,90$ (61,25 %) $SD = 1,45$	$M = 4,50$ (56,25 %) $SD = 1,35$	$M = 4,00$ (50 %) $SD = 1,25$
		Anwenden	$M = 4,50$ (56,25 %) $SD = 2,27$	$M = 4,00$ (50 %) $SD = 1,63$	$M = 3,70$ (46,25 %) $SD = 1,77$

Um zu überprüfen, ob die Gruppenunterschiede in den Lernergebnissen signifikant sind, wurde eine multivariate, zweifaktorielle Kovarianzanalyse berechnet. Dabei gingen die Verfügbarkeit der Selbstkontrollfragen und die Darbietungsart der Unterstützungsangebote als feste Faktoren sowie die Ergebnisse in den drei Wissensarten des Nachtests als abhängige Variablen in die Berechnung mit ein. Als Kovariate wurden die allgemeinen kognitiven Fähigkeiten mit einbezogen. Diese korrelierten signifikant mit den Nachtestergebnissen im Bereich Anwenden ($r = 0,43$; $p = 0,001$). Da praktisch kein relevantes Vorwissen vorhanden war (siehe Abschnitt 11.6.4), wurde das Vorwissen nicht als Kovariate berücksichtigt. Die Lernzeit wurde ebenfalls nicht als Kovariate berücksichtigt, da sie nicht bedeutsam mit den Nachtestergebnissen zum Erinnern ($r = 0,15$; $p = 0,27$; n.s.), zum Verstehen ($r = -0,029$; $p = 0,82$; n.s.) und zum Anwenden ($r = -0,10$; $p = 0,44$; n.s.) der Lerninhalte korrelierte.

Die Kovarianzanalyse ergab signifikante Gruppenunterschiede in den Lernergebnissen bezüglich der Verfügbarkeit der Selbstkontrollfragen ($F[3,51] = 3,046$; $p = 0,037$; $\eta^2 = 0,15$). Der Test der Zwischensubjekteffekte ergab, dass diese Unterschiede lediglich für die Nachtestergebnisse im Bereich Anwenden signifikant sind ($F[1,53] = 8,84$; $p = 0,004$; $\eta^2 = 0,14$). Es ergaben sich keine signifikanten Unterschiede für die Ergebnisse zum Erinnern ($F[1,53] = 1,36$; $p = 0,25$; n.s.) und Verstehen ($F[1,53] = 3,28$; $p = 0,076$; n.s.) der Lerninhalte. Es ergab sich außerdem kein signifikanter Haupteffekt für die Darbietungsart der Unterstützungsangebote ($F[6,104] = 5,84$; $p = 0,51$; n.s.). Ebenso ergaben sich keine signifikanten Wechselwirkungen zwischen den beiden Faktoren ($F[6,104] = 0,92$; $p = 0,48$; n.s.).

Um einen möglichen Zusammenhang zwischen der Nutzungshäufigkeit der Unterstützungsangebote und dem Lernerfolg zu untersuchen wurde eine partielle Korrelationsanalyse durchgeführt. Dabei wurden die allgemeinen kognitiven Fähigkeiten als Kontrollvariable berücksichtigt. Tabelle 40 (Seite 176) zeigt die Korrelationsmatrix. Demnach kann nicht davon ausgegangen werden, dass die häufigere Nutzung der Unterstützungsangebote insgesamt mit höheren Lernerfolgen einherging. Die Häufigkeit des Festhaltens oder Veränderns eigener Notizen steht in einem schwachen negativen Zusammenhang zu den Lernergebnissen in allen drei Wissensbereichen. Die Zusammenhänge sind statistisch allerdings nicht signifikant. Gleiches gilt für die Häufigkeit des Wechselns zwischen dem Lesen der Anregungen oder Notizen und dem Lesen oder Betrachten von Darstellungen im Inhaltsbereich. Ein signifikant positiver Zusammenhang besteht zwischen der Häufigkeit des erneuten Durchlesens eigener Notizen und dem Erinnern von Lerninhalten. Für das Verstehen und Anwenden der Lerninhalte zeigt sich kein entsprechender Zusammenhang. Ebenso zeigte sich kein bedeutsamer Zusammenhang zwischen der Häufigkeit des Lesens der Anregungen und den Lernergebnissen in allen drei Bereichen. Dagegen zeigt die Korrelationsmatrix einen statistisch bedeutsamen Zusammenhang zwischen dem kurzzeitigen Ausrichten der visuellen Aufmerksamkeit auf den Unterstützungsbereich und dem Anwenden von Lerninhalten. Bei der Beurteilung dieser Korrelation ist jedoch die genaue Definition dieser Nutzungsform zu berücksichtigen. Das kurzzeitige Ausrichten der visuellen Aufmerksamkeit auf den Unterstützungsbereich stellt gewissermaßen eine Restkategorie dar, die nur dann gezählt wurde, wenn ansonsten keine anderen Aktivitäten im Unterstützungsbereich stattfanden. Die gefundene positive Korrelation spricht somit eher gegen einen Zusammenhang zwischen der aktiven Nutzung der Unterstützungsangebote und dem Lernerfolg im Bereich Anwenden.

Tabelle 40: Partielle Korrelationen zwischen den Häufigkeiten der aufgetretenen Nutzungsformen und den Lernergebnissen im Nachtest mit den allgemeinen kognitiven Fähigkeiten als Kontrollvariable

	Lernergebnis im Nachtest		
	Erinnern	Verstehen	Anwenden
Festhalten oder Verändern einer eigenen Notiz	$r = -0,19$ $p = 0,15$	$r = -0,024$ $p = 0,86$	$r = -0,21$ $p = 0,11$
Wechsel zwischen dem Lesen der Anregungen bzw. Notizen und dem Lesen bzw. Betrachten von Darstellungen im Inhaltsbereich	$r = 0,058$ $p = 0,66$	$r = -0,15$ $p = 0,25$	$r = -0,21$ $p = 0,12$
Lesen mindestens einer eigenen Notiz	$r = 0,28*$ $p = 0,035$	$r = -0,079$ $p = 0,55$	$r = 0,18$ $p = 0,18$
Lesen mindestens einer lernstrategischen Anregung	$r = -0,11$ $p = 0,40$	$r = 0,15$ $p = 0,25$	$r = 0,21$ $p = 0,11$
Visuelle Aufmerksamkeit im Unterstützungsbereich	$r = 0,015$ $p = 0,91$	$r = 0,099$ $p = 0,45$	$r = 0,27*$ $p = 0,036$

* Der Zusammenhang ist signifikant auf dem Niveau 0,05.

11.7 Fazit

In der Hauptstudie wurde untersucht, wie sich die Verfügbarkeit von Selbst-kontrollfragen sowie die Darbietungsart kognitiver Unterstützungsangebote auf die Nutzungshäufigkeit der Unterstützungsangebote auswirken.

Hypothese 1a ging davon aus, dass die Verfügbarkeit von Selbstkontrollfragen eine Auswirkung auf die Nutzungshäufigkeit der Unterstützungsangebote hat und Ler-nende mit Selbstkontrollfragen die Unterstützungsangebote insgesamt häufiger nutzen als Lernende ohne Selbstkontrollfragen. In den deskriptiven Daten ließ sich tendenziell ein entsprechender Unterschied erkennen. Lernende mit Selbstkontroll-fragen nutzten die Unterstützungsangebote häufiger als Lernende ohne Selbstkontroll-fragen. Dies galt insbesondere bei der Häufigkeit des Festhaltens und Veränderns von Notizen. Lernende mit Selbstkontrollfragen hielten häufiger Notizen fest als Lernende ohne Selbstkontrollfragen. In den Fällen, in denen keine Notizen festgehalten oder verändert wurden, lasen Lernende mit Selbstkontrollfragen zumindest ihre eigenen

Notizen oder die lernstrategischen Anregungen häufiger durch oder sie richteten zumindest ihre visuelle Aufmerksamkeit häufiger auf den Unterstützungsbereich als Lernende ohne Selbstkontrollfragen. Die gefundenen Unterschiede erwiesen sich jedoch als statistisch nicht signifikant. Dies lässt sich möglicherweise auf die geringe Stichprobengröße und die vergleichsweise großen Streuungen in den Daten zurückführen (vgl. Leonhart, 2009). Auf Basis der vorliegenden Ergebnisse muss Hypothese 1a insgesamt abgelehnt werden.

Hypothese 1b ging davon aus, dass die Unterstützungsangebote umso häufiger genutzt werden, je häufiger die Selbstkontrollfragen verneint werden. Es zeigten sich jedoch keine bedeutsamen positiven Zusammenhänge zwischen den Häufigkeiten der unterschiedlichen Nutzungsformen und der Häufigkeit verneinter Selbstkontrollfragen. Hypothese 1b muss somit ebenfalls abgelehnt werden.

Hypothese 2 ging davon aus, dass die Art der Darbietung der Unterstützungsangebote eine Auswirkung auf die Nutzungshäufigkeit der Unterstützungsangebote hat und die Unterstützungsangebote umso häufiger genutzt werden, je offenkundiger sie von der Lernumgebung dargeboten werden. Die Ergebnisse der Studie bestätigen diese Vermutung. Es zeigten sich insbesondere zwischen der dynamischen und der zugeklappten Darbietung signifikante Unterschiede in der Häufigkeit des Festhaltens oder Veränderns von Notizen.

Aus den Ergebnissen der Studie geht außerdem hervor, dass die Lernumgebung insgesamt eine gute Gebrauchstauglichkeit aufweist. Dies gilt gleichermaßen für alle erstellten Varianten der Benutzerschnittstelle, wobei die Benutzerschnittstelle mit der statischen Darbietung der Unterstützungsangebote signifikant besser als die Benutzerschnittstellen mit der zugeklappten und der dynamischen Darbietung bewertet wurde. Die Unterschiede in der Bewertung der Gebrauchstauglichkeit standen jedoch nicht in Zusammenhang mit der Nutzungshäufigkeit der Unterstützungsangebote.

Die Darbietungsart der Unterstützungsangebote wirkte sich nicht auf die Lernergebnisse aus, obwohl die Unterstützungsangebote umso häufiger genutzt wurden, je offenkundiger sie von der Lernumgebung dargeboten wurden. Es kann aufgrund der Ergebnisse der Studie außerdem nicht davon ausgegangen werden, dass die häufigere Nutzung der Unterstützungsangebote insgesamt mit höheren Lernerfolgen einherging. Lediglich das erneute Durchlesen bereits festgehaltener Notizen stand in einem signifikant positiven Zusammenhang zum Erinnern der Lerninhalte. Es ergab sich jedoch ein signifikant positiver Einfluss der Selbstkontrollfragen auf die Lernergebnisse im Bereich des Anwendens.

12 Diskussion und Ausblick

Das Hauptziel der vorliegenden Arbeit war es, einen Beitrag zu der Frage zu leisten, mit welchen Gestaltungsmaßnahmen innerhalb einer multimedialen Lernumgebung die Nutzungshäufigkeit kognitiver Unterstützungsangebote gefördert werden kann. Bei der Entwicklung der Gestaltungsmaßnahmen wurde ein Modell der Nutzung kognitiver Unterstützungsangebote zugrunde gelegt, das sich aus fünf Schritten zusammensetzt (vgl. Aleven, Stahl, Schworm, Fischer & Wallace, 2003; Nelson-Le Gall, 1981):

1. Die Lernenden erkennen, dass sie Unterstützung benötigen.
2. Die Lernenden identifizieren potenzielle Unterstützungsangebote.
3. Die Lernenden entscheiden sich, Unterstützung in Anspruch zu nehmen.
4. Die Lernenden nutzen die gegebenen Funktionen der Unterstützungsangebote in einer Weise, so dass ihr Unterstützungsbedarf gedeckt wird.
5. Die Lernenden bewerten ob die Nutzung der Unterstützung erfolgreich war.

Diese fünf Schritte wurden als Ansatzpunkte gewählt, um die Nutzung kognitiver Unterstützungsangebote zu fördern. Es wurde davon ausgegangen, dass Lernende Unterstützungsangebote selten nutzen, weil sie sich ihres Unterstützungsbedarfs oft nicht bewusst sind. Um den Lernenden bei der Identifikation ihres Unterstützungs-bedarfs zu helfen wurden Selbstkontrollfragen entwickelt. Es wurde vermutet, dass die Verfügbarkeit der Selbstkontrollfragen insbesondere im Fall der Feststellung eines Unterstützungsbedarfs, zu einer häufigeren Nutzung der Unterstützungsangebote führt. Weiterhin wurde davon ausgegangen, dass Lernende Unterstützungsangebote selten nutzen, weil sie sich oft nicht darüber bewusst sind, dass die Lernumgebung Unterstützungsangebote zur Verfügung stellt. Um den Lernenden die Identifikation der Unterstützungsangebote zu erleichtern wurden unterschiedlich offenkundige Arten der Darbietung für Unterstützungsangebote entwickelt. Es wurde vermutet, dass die Unterstützungsangebote umso häufiger genutzt werden, je offenkundiger sie dargeboten werden.

Darüberhinaus wurde davon ausgegangen, dass eine schlechte Gebrauchs-tauglichkeit technischer Systeme die erfolgreiche Nutzung beeinträchtigen kann. Zur Untersuchung der Fragestellung wurde daher zunächst systematisch eine gebrauchs-taugliche Benutzerschnittstelle für eine multimediale Lernumgebung konzipiert und umgesetzt. Dabei wurden sowohl die Selbstkontrollfragen als auch die unter-schiedlichen Darbietungsarten für kognitive Unterstützungsangebote mitentwickelt. In drei Usability-Studien wurde die Gebrauchstauglichkeit der Benutzerschnittstelle formativ evaluiert. Nach jeder Studie wurde das Design der Benutzerschnittstelle über-arbeitet, um die gefundenen Bedienungsprobleme zu beseitigen. Anschließend wurden anhand dieser Benutzerschnittstelle in einer zweifaktoriellen experimentellen Studie untersucht, wie sich die Verfügbarkeit der Selbstkontrollfragen und die unterschiedlichen Arten der Darbietung auf die Nutzungshäufigkeit der kognitiven Unterstützungsangebote auswirken.

Bewertung der Benutzerschnittstelle

Die Gebrauchstauglichkeit der Benutzerschnittstelle wurde bereits in der ersten Usability-Studie überwiegend positiv bewertet. Die wenigen schwerwiegenden Bedienungsprobleme konnten durch eine anschließende Überarbeitung der Benutzerschnittstelle größtenteils ausgeräumt werden. In der zweiten Usability-Studie tauchten keine schwerwiegenden Bedienungsprobleme mehr auf. Die Gebrauchstauglichkeit wurde entsprechend höher als in der ersten Usability-Studie bewertet. In der dritten Usability-Studie konnte darüber hinaus gezeigt werden, dass die Varianten der Benutzerschnittstelle mit und ohne Selbstkontrollfragen sowie mit unterschiedlich offenkundigen Darbietungsarten der Unterstützungsangebote gleichermaßen gut bedienbar sind. Die unterschiedlichen Darbietungsarten und die Verfügbarkeit der Selbstkontrollfragen wirkten sich nicht signifikant auf die Bewertung der Gebrauchstauglichkeit aus.

Bei den Usability-Studien kann eingewendet werden, dass jeweils nur mit einer kleinen Stichprobe gearbeitet wurde, so dass möglicherweise in einer einzelnen Studie nicht alle vorhandenen Bedienungsprobleme eines Prototyps aufgedeckt wurden (Faulkner, 2003). Die Benutzerschnittstelle wurde jedoch mehreren iterativen Tests unterzogen. Insgesamt kann somit davon ausgegangen werden, dass nach allen drei Usability-Studien der größte Teil der Probleme aufgedeckt und ausgeräumt wurde (Dumas & Redish, 1999; Tullis & Albert, 2008). Da ausschließlich empirische Methoden zur Untersuchung der Gebrauchstauglichkeit zum Einsatz kamen, kann außerdem von einer hohen externen Validität der Ergebnisse ausgegangen werden (Sarodnick & Brau, 2011).

In der experimentellen Hauptstudie konnte schließlich anhand einer etwas größeren Stichprobe demonstriert werden, dass die Lernumgebung insgesamt eine gute Gebrauchstauglichkeit für alle entwickelten Varianten der Benutzerschnittstelle aufweist. Damit waren wichtige Voraussetzungen dafür geschaffen, dass die Lernenden sich bei der Benutzung der Lernumgebung und insbesondere der kognitiven Unterstützungsangebote auf die Ausführung der erforderlichen kognitiven Prozesse konzentrieren konnten. Die Nutzungshäufigkeit der Unterstützungsangebote konnte somit weitestgehend unbeeinflusst von potenziellen Bedienungsschwierigkeiten untersucht werden. Es zeigte sich dementsprechend kein signifikanter Zusammenhang zwischen der Bewertung der Gebrauchstauglichkeit und der Nutzungshäufigkeit der Unterstützungsangebote.

Einfluss der Selbstkontrollfragen auf die Nutzungshäufigkeit der Unterstützungsangebote

Die Verfügbarkeit der Selbstkontrollfragen hatte entgegen der Erwartung keinen signifikanten Einfluss auf die Nutzungshäufigkeit der kognitiven Unterstützungsangebote. Die entsprechenden Unterschiede in der Nutzungshäufigkeit zeigten sich lediglich tendenziell. Außerdem zeigte sich kein signifikanter positiver Zusammenhang zwischen der Häufigkeit verneinter Selbstkontrollfragen (d.h. Lernende gaben an, einen Aspekt noch nicht verstanden zu haben) und der Nutzungshäufigkeit der Unterstützungsangebote.

Angesichts der kleinen Stichprobe sollte das Ergebnis nicht überbewertet werden. Es ist möglich, dass sich in einer Replikation der Studie mit einer größeren Stichprobe signifikante Unterschiede beziehungsweise Zusammenhänge ergeben. Dennoch überrascht das Ergebnis zunächst. Im Modell von Nelson-Le Gall (1981) beziehungsweise Aleven, Stahl, Schworm, Fischer und Wallace (2003) wird die Identifikation des Unterstützungsbedarfs als kritischer Prozess bei der Nutzung von Unterstützungsangeboten angesehen. Es wird davon ausgegangen, dass Lernende Unterstützungsangebote unter anderem selten nutzen, weil sie sich ihres Unterstützungsbedarfs selten bewusst sind. Es wird daher vorgeschlagen metakognitive Kontrollprozesse in multimedialen Lernumgebungen explizit zu fördern (Schworm & Fischer, 2006) und den Lernenden beispielsweise Möglichkeiten der Selbstkontrolle anzubieten (Aleven et al., 2003). Die Selbstkontrollfragen stellen eine solche Möglichkeit der Selbstkontrolle dar und sollten den Lernenden dabei helfen, ihren Unterstützungsbedarf besser einzuschätzen.

Nelson-Le Gall (1981) sowie Aleven et al. (2003) weisen in ihrem Modell jedoch ebenfalls darauf hin, dass sich Lernende häufig nicht für die Nutzung von Unterstützungsangeboten entscheiden, auch wenn sie sich ihres Unterstützungsbedarfs bewusst sind. Auch in anderen Studien, in denen auf verschiedene Weise versucht wurde, metakognitive Kontrollprozesse zu fördern, ging die Förderung nicht immer mit einer häufigeren Nutzung der Unterstützungsangebote einher (Clarebout & Elen, 2009; Roll et al., 2011). Die Entscheidung zur Nutzung der Unterstützungsangebote beruht letztlich auf einer Abwägung der wahrgenommenen Kosten gegenüber dem wahrgenommenen Nutzen. Möglicherweise entschieden sich einige Lernende auch in der vorliegenden Untersuchung gegen eine Nutzung kognitiver Unterstützungsangebote, obwohl sie aufgrund der Selbstkontrollfragen einen Unterstützungsbedarf feststellten. Dabei könnten motivationale Faktoren eine Rolle gespielt haben.

In diesem Zusammenhang könnte eingewendet werden, dass sich einige Lernende möglicherweise von der automatischen Einblendung der Selbstkontrollfragen gestört fühlten und daher widerwillig reagierten (Bahr & Ford, 2011; Bailey et al., 2001). Aus den Ergebnissen der Studie lassen sich jedoch keine Hinweise dazu finden. Die Gebrauchstauglichkeit der Benutzerschnittstelle wurde auch in den Gruppen mit Selbstkontrollfragen hoch bewertet. Es zeigten sich keine signifikanten Unterschiede zu den Gruppen ohne Selbstkontrollfragen. Außerdem scheinen die Selbstkontrollfragen von vielen Lernenden tatsächlich beachtet worden zu sein. Dafür spricht die Beobachtung, dass Lernende mit Selbstkontrollfragen im Nachtest besser abschnitten als Lernende ohne Selbstkontrollfragen.

Diese Beobachtung lässt jedoch eine weitere mögliche Erklärung zu. Es ist denkbar, dass die Selbstkontrollfragen den Lernenden zwar dabei halfen eventuelle Lerndefizite festzustellen, die Lernenden aber nicht automatisch ein Lerndefizit mit einem Unterstützungsbedarf in Verbindung brachten. Möglicherweise stellten die Selbstkontrollfragen bereits eine ausreichende Hilfe dar, indem sie den Lernenden aufzeigten, wie die Lerndefizite durch erneute Rezeption der Lerninhalte bewältigt werden können. Dabei kann die spezifische Formulierung der Selbstkontrollfragen eine Rolle gespielt haben. Die Selbstkontrollfragen weisen auf das zentrale Konzept oder Phänomen einer Lerneinheit hin und geben somit ein Lernziel vor, an dem sich die Lernenden bei der Informationsverarbeitung orientieren können. Hinzu kommt, dass die Selbstkontrollfragen nicht explizit dazu aufforderten, bei einem erkannten Lerndefizit die kognitiven Unterstützungsangebote zu nutzen. Die Selbstkontrollfragen könnten daher für manche Lernende ein Anstoß gewesen sein, ein erkanntes Lerndefizit durch erneutes Betrachten oder Lesen der Lerninhalte selbständig zu lösen und ihre Aufmerksamkeit dabei gezielt auf bestimmte Informationen zu richten.

In einer Folgestudie könnte die Wirkungsweise der Selbstkontrollfragen genauer untersucht werden. Dabei könnte zum Beispiel durch die Methode des lauten Denkens in Erfahrung gebracht werden, ob sich die Lernenden von den Selbstkontrollfragen in einzelnen Fällen gestört fühlen und welche Schlussfolgerungen und Konsequenzen die Lernenden nach der Beantwortung einer Selbstkontrollfrage ziehen. Stellen sie überhaupt Lerndefizite fest? Bringen sie mit einem Lerndefizit einen Unterstützungsbedarf in Verbindung? Wie versuchen sie ein erkanntes Lerndefizit zu bewältigen? Erscheint es ihnen unter Umständen sinnvoller die Lernmaterialien noch einmal selbständig genauer zu studieren als die Unterstützungsangebote zu nutzen?

In der vorliegenden Arbeit konnte aufgrund der Verwendung von Blickbewegungsmessungen nicht mit der Methode des lauten Denkens gearbeitet werden. Das laute Denken beeinflusst unter Umständen den Verlauf der Blickbewegungen (Sarodnick & Brau, 2011).

Darüberhinaus könnte in einer Folgestudie untersucht werden, ob durch eine sprachlich deutlichere Hinführung der Selbstkontrollfragen auf die Unterstützungsangebote die Nutzungshäufigkeit der Unterstützungsangebote erhöht werden kann.

Einfluss der Darbietungsart auf die Nutzungshäufigkeit der Unterstützungsangebote

Die eingangs formulierte Erwartung zum Einfluss der Darbietungsart wurde bestätigt. Die Ergebnisse der experimentellen Hauptstudie belegen, dass eine offenkundige Darbietung kognitiver Unterstützungsangebote die Nutzungshäufigkeit deutlich erhöhen kann. Die Lernenden nutzten die Unterstützungsangebote signifikant häufiger, wenn sie dynamisch dargeboten wurden, als wenn sie zugeklappt dargeboten wurden. Dies galt insbesondere für die Häufigkeit des Festhaltens oder Veränderns von Notizen.

Die Ergebnisse der Studie liefern somit einen wichtigen Beitrag zu der Frage, warum optionale kognitive Unterstützungsangebote in multimedialen Lernumgebungen selten genutzt werden. In den meisten bisherigen Untersuchungen mussten optionale Unterstützungsangebote, ähnlich wie bei der zugeklappten Darbietung, über eine Schaltfläche von den Lernenden explizit aufgerufen oder aktiviert werden (z.B. Aleven & Koedinger, 2000, 2001; Bartholomé et al., 2006; Juarez Collazo et al., 2012; Martens et al., 1997; Narciss et al., 2007; Roll et al., 2011). Dadurch können die Lernenden die Unterstützungsangebote während des Lernprozesses wortwörtlich aus den Augen verlieren. Wenn den Lernenden jedoch nicht bewusst ist, dass Unterstützungsangebote zur Verfügung stehen, wird die Entscheidung zur Nutzung unwahrscheinlicher. Die Identifikation der Unterstützungsangebote ist insofern ein wichtiger Schritt bei der Nutzung von Unterstützungsangeboten in multimedialen Lernumgebungen (vgl. Aleven et al., 2003; Nelson-Le Gall, 1981). Eine offenkundige Darbietung, wie beispielsweise die dynamische Darbietung, kann diesen Schritt für die Lernenden erleichtern.

Aus den Ergebnissen der Studie kann jedoch nicht geschlossen werden, dass auf die Identifikation der Unterstützungsangebote automatisch eine Entscheidung zur Nutzung erfolgt. Bei der Beurteilung der Befunde ist zu berücksichtigen, dass die Studie in Einzelsitzungen in einer Laborsituation durchgeführt wurde und die Teilnehmer eine Aufwandsentschädigung erhielten. Möglicherweise versuchten die Teilnehmer, sich so zu verhalten, wie es ihrer Meinung nach erwünscht war. Es wäre zu prüfen, ob in einer realistischen Lernsituation, in der sich die Lernenden weniger beobachtet fühlen, ebenfalls signifikante Unterschiede in der Nutzungshäufigkeit auftreten. Dies könnte beispielsweise in einer Feldstudie im Rahmen einer virtuellen Lehrveranstaltung untersucht werden. In der vorliegenden Studie konnten aufgrund der Blickbewegungsmessungen lediglich Einzelsitzungen im Labor durchgeführt werden. In einer Feldstudie müsste auf die Blickbewegungsmessungen verzichtet und zur Erfassung der Nutzungshäufigkeit ausschließlich auf Logdaten zurückgegriffen werden.

Lernförderlichkeit der Selbstkontrollfragen und der Unterstützungsangebote

Über die Lernförderlichkeit der Selbstkontrollfragen und der Unterstützungsangebote wurden keine Hypothesen aufgestellt. Ihre Untersuchung stand nicht im Vordergrund der Arbeit. Entsprechend vorsichtig müssen die Ergebnisse zur Lernförderlichkeit beurteilt werden.

Die Verfügbarkeit der Selbstkontrollfragen hatte einen signifikant positiven Einfluss auf die Leistung im Nachtest. Dies galt insbesondere für das Anwenden der Lerninhalte. Das Ergebnis lässt sich möglicherweise darauf zurückführen, dass die Selbstkontrollfragen durch den Hinweis auf das zentrale Konzept oder Phänomen einer Lerneinheit ein Lernziel vorgaben, an dem sich die Lernenden bei der Informationsverarbeitung orientieren konnten. Beim Lernen in multimedialen Lernumgebungen ist die Spezifizierung von Lernzielen ein wichtiger metakognitiver Prozess, der den Lernenden somit zumindest erleichtert wurde (Bannert, 2003, 2004, 2007; Schnotz & Zink, 1997). Auch in der Untersuchung von Heiß et al. (2003) erwies sich die Angabe von Lernzielen als lernförderlich.

Die Darbietungsart der Unterstützungsangebote hatte hingegen keinen Einfluss auf die Lernergebnisse, obwohl Lernende bei dynamischer Darbietung die Unterstützungsangebote signifikant häufiger nutzten. Die häufigere Nutzung der Unterstützungsangebote ging insgesamt nicht mit höheren Lernerfolgen einher. Lediglich das erneute Durchlesen bereits festgehaltener Notizen stand in einem signifikant positiven Zusammenhang zum Erinnern der Lerninhalte.

Dieses Ergebnis ist nicht allzu überraschend. Auch in anderen Studien führte die häufigere Nutzung kognitiver Unterstützungsangebote nicht immer zu besseren Lernergebnissen (Clarebout & Elen, 2008, 2009). Die Lernförderlichkeit kognitiver Unterstützungsangebote hängt von unterschiedlichen Faktoren ab, deren Wechselwirkungen bislang wenig erforscht sind (Aleven et al., 2003; Clarebout & Elen, 2006). Die Nutzungshäufigkeit ist lediglich einer der beeinflussenden Faktoren. Ein weiterer entscheidender Faktor ist die Qualität der Nutzung. Hierbei ist zu berücksichtigen, dass die Lernenden in der vorliegenden Arbeit zuvor nicht durch eine entsprechende direkte Fördermaßnahme in die angemessene Nutzung der Unterstützungsangebote eingeführt wurden. Im Zentrum der Untersuchung stand die Häufigkeit der spontanen Nutzung der Unterstützungsangebote durch die Lernenden. Eine Einführung konnte somit nicht stattfinden. Es ist daher möglich, dass die Lernenden die Unterstützungsangebote nicht immer in angemessener Weise nutzen. Da die Lernförderlichkeit jedoch nicht im Vordergrund der Untersuchung stand, fand eine Überprüfung der Qualität der Nutzung nicht statt.

Ein weiterer möglicher Faktor ist die inhaltliche Gestaltung der Unterstützungsangebote. Es wurde vielfach darauf hingewiesen, kognitive Unterstützungsangebote möglichst instrumentell beziehungsweise funktionsorientiert zu gestalten und möglichst gut auf die Anforderungen der Lernaufgabe und die erforderlichen kognitiven Prozesse abzustimmen (Aleven & Koedinger, 2000, 2001; Aleven et al., 2003; Van der Meij & De Jong, 2011; Renkl, 2002; Roll et al., 2011; Schworm & Renkl, 2006). In der vorliegenden Arbeits orientierten sich die lernstrategischen Anregungen an dem Rahmenmodell von Kombartzky, Metz, Plötzner und Schlag (2009) zur Entwicklung von Strategien für das Lernen mit unterschiedlichen Darstellungsformaten. Das Rahmenmodell basiert auf den Theorien von Mayer (2005b) sowie Schnotz und Bannert (2003) und fokussiert auf die Selektion, die Organisation, die Integration und die Transformation von Informationen als grundlegende kognitive Prozesse. Diese Prozesse sollten durch die lernstrategischen Anregungen systematisch angeregt werden. Anders als in bisherigen Studien zu Lernstrategien, die auf diesem Rahmenmodell basierten und sich als erfolgreich erwiesen (z.B. Kombartzky, Plötzner, Schlag & Metz, 2010; Schlag & Plötzner, 2009; Schlag, 2011), beschränkten sich die lernstrategischen Anregungen jedoch auf Lerntechniken, die verbal ausgeführt werden konnten. Die computerbasierte Lernumgebung ermöglichte keine Markierungen von Stellen in Texten oder Bildern und keine Anfertigung von Zeichnungen. Möglicherweise sind aber gerade diese Lerntechniken zentrale Bestandteile der erfolgreichen Strategien (vgl. Schlag, 2011).

Darüberhinaus ist bislang nicht hinreichend geklärt, welchen Einfluss das Vorwissen der Lernenden auf die Lernförderlichkeit der Unterstützungsangebote hat. In der vorliegenden Arbeit brachten die Lernenden aller Versuchsgruppen praktisch kein relevantes Vorwissen zum Sachbereich mit. In manchen bisherigen Untersuchungen profitierten Lernende mit niedrigem Vorwissen nicht von kognitiven Unterstützungsangeboten im Gegensatz zu Lernenden mit hohem Vorwissen (Heiß et al., 2003; Horz et al., 2009; Schnotz & Heiß, 2009). In anderen Studien war es genau umgekehrt (Aleven et al., 2003; Renkl, 2002).

Insgesamt bleibt es eine weitgehend offene Frage, unter welchen Bedingungen die Nutzung kognitiver Unterstützungsangebote in multimedialen Lernumgebungen eine lernförderliche Wirkung hat. In nachfolgenden Studien könnten diese Bedingungen anhand der entwickelten Lernumgebung genauer untersucht werden. Insbesondere könnte der Frage nachgegangen werden, inwieweit eine Ausweitung der Handlungsmöglichkeiten innerhalb der computerbasierten Lernumgebung die Lernförderlichkeit der Unterstützungsangebote verbessert. Der Prototyp der Lernumgebung müsste dazu um Möglichkeiten der Markierung und Annotierung von Lerninhalten sowie zur Anfertigung von Zeichnungen erweitert werden. In bisherigen Lernumgebungen werden solche Möglichkeiten nur unzureichend umgesetzt.

Empfehlung zur Gestaltung kognitiver Unterstützungsangebote

Insgesamt kann aufgrund der Ergebnisse der vorliegenden Arbeit festgehalten werden, dass sich der Einsatz von Selbstkontrollfragen als Gestaltungsmaßnahme zur Förderung der Nutzung von Unterstützungsangeboten scheinbar nur bedingt eignet. Weitere Forschungsarbeiten zur konkreten Ausgestaltung der Selbstkontrollfragen sind nötig. Eine offenkundige Darbietung von kognitiven Unterstützungsangeboten kann jedoch die Wahrscheinlichkeit der Nutzung erhöhen. Müssen Unterstützungsangebote von den Lernenden selbsttätig aufgerufen werden, mindert das die Nutzungshäufigkeit hingegen deutlich.

Abschließend wird daher empfohlen, kognitive Unterstützungsangebote in multimedialen Lernumgebungen möglichst offenkundig darzubieten. Gleichzeitig sollte die Darbietung so unaufdringlich wie möglich erfolgen und den Lernenden die Entscheidung überlassen, wann sie auf die Unterstützungsangebote reagieren. Eine dynamische Vergrößerung des Unterstützungsbereichs zu Beginn des Besuchs einer Lerneinheit erweist sich dazu als besonders geeignet.

Kognitive Unterstützungsangebote sollten hingegen nicht so dargeboten werden, dass die Lernenden sie über eine Schaltfläche zunächst aufrufen oder aktivieren müssen. Ansonsten besteht die Gefahr, dass die Lernenden die Unterstützungsangebote übersehen oder während des Lernprozesses wortwörtlich aus den Augen verlieren. Der häufig gebrauchten Redewendung, im digitalen Zeitalter sei alles nur einen Klick weit weg, kann mit Bezug auf kognitive Unterstützungsangebote entgegnet werden: Ein Klick ist zu weit.

Literaturverzeichnis

Ainsworth, S. (1999). The functions of multiple representations. *Computers and Education, 1999*(33), 131–152.

Ainsworth, S. (2006). DeFT: A conceptual framework for considering learning with multiple representations. *Learning and Instruction,* (16), 183–198.

Ainsworth, S., Bibby, P. & Wood, D. (2002). Examining the effects of different multiple representational systems in learning primary mathematics. *Journal of the Learning Sciences, 11*(1), 25–61.

Aleven, V. & Koedinger, K. R. (2000). Limitations of student control: Do students know when they need help? In G. Gauthier, C. Frasson & K. VanLehn (Eds.), *Proceedings of the 5th international conference on intelligent tutoring systems* (pp. 292–303). London: Springer.

Aleven, V. & Koedinger, K. R. (2001). Investigations into help seeking and learning with a cognitive tutor. In R. Luckin (Ed.), *Papers of the AIED-2001 workshop on help provision and help seeking in interactive learning environments.*

Aleven, V., McLaren, B., Roll, I. & Koedinger, K. R. (2006). Toward meta-cognitive tutoring: A model of help-seeking with a cognitive tutor. *International Journal of Artificial Intelligence in Education, 16,* 101–130.

Aleven, V., Stahl, E., Schworm, S., Fischer, F. & Wallace, R. (2003). Help seeking and help design in interactive learning environments. *Review of Educational Research, 73*(3), 277–320.

Anderson, J. R. (1983). *The architecture of cognition.* Cambridge, MA: Harvard University Press.

Arbreton, A. (1998). Student goal orientation and help-seeking strategy use. In S. Karabenick (Ed.), *Strategic help seeking: Implications for learning and teaching* (pp. 95–116). Mahwah, NJ: Erlbaum.

Astleitner, H. (1995). Lernforschung in Informationsnetzen: Aspekte eines hypothetischen Rahmenmodells und Perspektiven empirischer Forschung. In R. Arbinger & R. S. Jäger (Hrsg.), *Zukunftsperspektiven empirisch-pädagogischer Forschung* (S. 336–351). Landau: Verlag Empirische Pädagogik.

Astleitner, H. (1997). *Lernen in Informationsnetzen: Theoretische Aspekte und empirische Analysen des Umgangs mit neuen Informationstechnologien aus erziehungswissenschaftlicher Perspektive.* Frankfurt am Main: Lang.

Azevedo, R. (2005). Using hypermedia as a metacognitive tool for enhancing student learning? The role of self-regulated learning. *Educational Psychologist, 40*(4), 199–209.

Babin, L.-M., Tricot, A. & Mariné, C. (2009). Seeking and providing assistance while learning to use information systems. *Computers & Education, 53*(4), 1029–1039.

Baddeley, A. D. (1986). *Working memory.* Oxford: Oxford University Press.

Bahr, S. G. & Ford, R. A. (2011). How and why pop-ups don't work: Pop-up prompted eye movements, user affect and decision making. *Computers in Human Behavior, 27*(2), 776–783.

Bailey, B. P., Konstan, J. A. & Carlis, J. V. (2000). Adjusting windows: Balancing information awareness with intrusion. *Proceedings of the 6th Conference on Human Factors and the Web* (pp. 39–83).

Bailey, B. P., Konstan, J. A. & Carlis, J. V. (2001). The effects of interruptions on task performance, annoyance and anxiety in the user interface. In M. Hirose (Ed.), *Proceedings of INTERACT* (pp. 593–601). IOS Press.

Ballstaedt, S.-P. (1997). *Wissensvermittlung: Die Gestaltung von Lernmaterial.* Weinheim: Beltz Psychologie-Verl.-Union.

Bangor, A., Kortum, P. T. & Miller, J. T. (2008). An empirical evaluation of the System Usability Scale. *International Journal of Human-Computer Interaction, 24*(6), 574–594.

Bannert, M. (2003). Effekte metakognitiver Lernhilfen auf den Wissenserwerb in vernetzten Lernumgebungen. *Zeitschrift für Pädagogische Psychologie, 17*(1), 13–25.

Bannert, M. (2004). Designing metacognitive support for hypermedia learning. In H. Niegemann, R. Brünken & D. Leutner (Eds.), *Instructional design for multimedia learning* (pp. 19–30). Münster: Waxmann.

Bannert, M. (2007). *Metakognition beim Lernen mit Hypermedien: Erfassung, Beschreibung und Vermittlung wirksamer metakognitiver Strategien und Regulationsaktivitäten.* Münster: Waxmann.

Bannert, M., Hildebrand, M. & Mengelkamp, C. (2009). Effects of a metacognitive support device in learning environments. *Computers in Human Behavior, 25*, 829–835.

Bannert, M. & Reimann, P. (2011). Supporting self-regulated hypermedia learning through prompts. *Instructional Science*, 1–19.

Bark, A. (2009). *Sportküstenschifferschein + Sportbootführerschein See*. Bielefeld: Delius Klasing.

Bartholomé, T., Stahl, E., Pieschl, S. & Bromme, R. (2006). What matters in help-seeking? A study of help effectiveness and learner-related factors. *Computers in Human Behavior*, *22*, 113–129.

Bodemer, D. & Plötzner, R. (2004). Encouraging the active processing of information during learning with multiple and interactive representations. In H. Niegemann, R. Brünken & D. Leutner (Eds.), *Instructional design for multimedia learning* (pp. 127–138). Münster: Waxmann.

Borsci, S., Federici, S. & Lauriola, M. (2009). On the dimensionality of the System Usability Scale: A test of alternative measurement models. *Cognitive processing*, *10*(3), 193–7.

Bortz, J. & Schuster, C. (2010). *Statistik für Human- und Sozialwissenschaftler*. Berlin: Springer.

Brooke, J. (1996). SUS - A quick and dirty usability scale. In P. W. Jordan, B. Thomas, B. A. Weerdmeester & A. L. McClelland (Eds.), *Usability evaluation in Industry*. London: Taylor and Francis.

Brünken, R., Seufert, T. & Zander, S. (2005). Förderung der Kohärenzbildung beim Lernen mit multiplen Repräsentationen. *Zeitschrift für Pädagogische Psychologie*, *19*(1/2), 61–75.

Buehl, M. (2008). Assessing the multidimensionality of students' epistemic beliefs across diverse cultures. In M. S. Khine (Ed.), *Knowing, knowledge and beliefs. Epistemological studies across diverse cultures* (pp. 65–112). New York: Springer.

Bush, V. (1945). As we may think. *The Atlantic Monthly*, (July), 1–14.

Carney, R. N. & Levin, J. R. (2002). Pictorial illustrations still improve students' learning from text. *Educational Psychology Review*, *14*(1), 5–26.

Chandler, P. & Sweller, J. (1991). Cognitive load theory and the format of instruction. *Cognition and Instruction*, *8*(4), 293–332.

Chen, C. & Rada, R. (1996). Interacting with hypertext: A meta-analysis of experimental studies. *Human-Computer Interaction*, *11*(2), 125–156.

Chen, Y.-C., Hwang, R.-H. & Wang, C.-Y. (2012). Development and evaluation of a Web 2.0 annotation system as a learning tool in an e-learning environment. *Computers & Education*, *58*(4), 1094–1105.

Chin, J. P., Diehl, V. A. & Norman, K. A. (1988). Development of an instrument measuring user satisfaction of the human-computer interface. In E. Soloway, D. Frye & S. B. Sheppard (Eds.), *Proceedings of the CHI '88 Conference: Human Factors in Computing Systems* (pp. 213–218). New York: ACM Press.

Cho, V., Cheng, T. C. E. & Lai, W. M. J. (2009). The role of perceived user-interface design in continued usage intention of self-paced e-learning tools. *Computers & Education, 53*(2), 216–227.

Clarebout, G. & Elen, J. (2006). Tool use in computer-based learning environments: towards a research framework. *Computers in Human Behavior, 22*(3), 389–411.

Clarebout, G. & Elen, J. (2008). The complexity of tool use in computer-based learning environments. *Instructional Science, 37*(5), 475–486.

Clarebout, G. & Elen, J. (2009). Benefits of inserting support devices in electronic learning environments. *Computers in Human Behavior, 25*(4), 804–810. Elsevier Ltd.

Clarebout, G., Elen, J., Lowyck, J., Van den Ende, J. & Van den Enden, E. (2004). KABISA: Evaluation of an open learning environment. In A.-M. Armstrong (Ed.), *Instructional Design in the Real World* (pp. 119–135). Hershey, PA: Information Science Publishing.

Clarebout, G., Horz, H., Elen, J. & Schnotz, W. (2011). Compensation mechanisms when interacting with learning aids. *World Journal of Education, 1*(1), 119–128.

Clarebout, G., Horz, H., Schnotz, W. & Elen, J. (2010). The relation between self-regulation and the embedding of support in learning environments. *Educational Technology Research and Development, 58*(5), 573–587.

Conklin, J. (1987). Hypertext: An introduction and survey. *Computer, 20*(9), 17–41.

Crowther, M. S., Keller, C. C. & Waddoups, G. L. (2004). Improving the quality and effectiveness of computer-mediated instruction through usability evaluations. *British Journal of Educational Technology, 35*(3), 289–303.

Davis, F. D. (1989). Perceived usefulness, perceived ease of use, and user acceptance of information technology. *MIS Quarterly, 13*(3), 319–340.

Dee-Lucas, D. & Larkin, J. H. (1995). Learning from electronic texts: Effects of interactive overviews for information access. *Cognition and Instruction, 13*(3), 431–468.

DeStefano, D. & LeFevre, J.-A. (2007). Cognitive load in hypertext reading: A review. *Computers in Human Behavior, 23*(3), 1616–1641.

Desurvivre, H. W. (1994). Faster, cheaper! Are usability inspection methods as effective as empirical testing? In J. Nielsen & R. L. Mack (Eds.), *Usability-Inspection Methods* (pp. 173–202). New York: John Wiley & Sons.

Dickhäuser, O., Butler, R. & Tönjes, B. (2007). Das zeigt doch nur, dass ich's nicht kann. *Zeitschrift für Entwicklungspsychologie und Pädagogische Psychologie, 39*(3), 120–126.

Dillon, A. (1996). Myths, misconceptions, and an alternative perspective on information usage and the electronic medium. In J.-F. Rouet, J. J. Levonen, A. Dillon & R. J. Spiro (Eds.), *Hypertext and Cognition* (pp. 25–42). Mahwah, NJ: Lawrence Erlbaum Associates.

Dillon, A. & Gabbard, R. (1998). Hypermedia as an educational technology: A review of the quantitative research literature on learner comprehension, control, and style. *Review of Educational Research, 68*(3), 322–349.

Dillon, A. & Jobst, J. (2005). Multimedia learning with hypermedia. In R. E. Mayer (Ed.), *The Cambridge Handbook of Multimedia Learning* (pp. 569–588). New York: Cambridge University Press.

DIN EN ISO 9241-11. (1999). Ergonomische Anforderungen für Bürotätigkeiten. Berlin: Beuth Verlag.

DIN EN ISO 9241-110. (2008). Ergonomische Anforderungen der Mensch-System-Interaktion - Teil 110: Grundsätze der Dialoggestaltung. Berlin: Beuth Verlag.

DIN EN ISO 9241-210. (2010). Ergonomie der Mensch-System-Interaktion - Teil 210: Prozess zur Gestaltung gebrauchstauglicher interaktiver Systeme. Berlin: Beuth Verlag.

Dumas, J. S. & Redish, J. C. (1999). *A practical guide to usability testing.* Exeter: Intellect.

Dutke, S. & Reimer, T. (2000). Evaluation of two types of online help for application software. *Journal of Computer Assisted Learning, 16*(4), 307–315.

Dweck, C. S. (1986). Motivational processes affecting learning. *American Psychologist, 41*(10), 1040–1048.

Eason, K. D. (1984). Towards the experimental study of usability. *Behaviour & Information Technology, 3*(2), 133–143.

Elliot, A. J. (1999). Approach and avoidance motivation and achievement goals. *Educational Psychologist, 34*(3), 169–189.

Ericsson, K. A. & Simon, H. A. (1984). *Protocol analysis: Verbal reports as data.* Cambridge, MA: MIT Press.

Faulkner, L. (2003). Beyond the five-user assumption: Benefits of increased sample sizes in usability testing. *Behavior Research Methods, Instruments & Computers, 35*(3), 379–383.

Fischer, F., Troendle, P. & Mandl, H. (2003). Using the internet to improve university education: Problem-oriented web-based learning with MUNICS. *Interactive Learning Environments, 11*(3), 193–214.

Fletcher, J. D. & Tobias, S. (2005). The multimedia principle. In R. E. Mayer (Ed.), *The Cambridge handbook of multimedia learning* (pp. 117–134). New York: Cambridge University Press.

Foltz, P. W. (1996). Comprehension, coherence and Strategies in Hypertext and Linear Text. In J.-F. Rouet, J. . J. Levonen, A. Dillon & R. J. Spiro (Eds.), *Hypertext and Cognition* (pp. 100–136). Hillsdale, N.J.: Lawrence Erlbaum Associates.

Friedrich, H. F. (2009). Lernen mit Texten. In R. Plötzner, T. Leuders & A. Wichert (Hrsg.), *Lernchance Computer: Strategien für das Lernen mit digitalen Medienverbünden* (S. 21–44). Münster: Waxmann.

Friedrich, H. F. & Mandl, H. (1997). Analyse und Förderung selbstgesteuerten Lernens. In F. E. Weinert & H. Mandl (Hrsg.), *Psychologie der Erwachsenenbildung* (S. 237–295). Göttingen: Hogrefe.

Friedrich, H. F. & Mandl, H. (2006). Lernstrategien: Zur Strukturierung eines Forschungsfeldes. In H. Mandl & H. F. Friedrich (Hrsg.), *Handbuch Lernstrategien* (S. 1–23). Göttingen: Hogrefe.

Fu, L., Salvendy, G. & Turley, L. (2002). Effectiveness of user testing and heuristic evaluation as a function of performance classification. *Behaviour Information Technology, 21*(2), 137–143.

Galbraight, B., Gehtland, J. & Almaer, D. (2006). *Ajax: Eine pragmatische Einführung in Web 2.0*. München: Carl Hanser Verlag.

Gamma, E., Helm, R. & Johnson, R. (1994). *Design Patterns: Elements of reusable object-oriented software*. Boston: Addison-Wesley.

Gediga, G., Hamborg, K.-C. & Düntsch, I. (1999). The IsoMetrics usability inventory: An operationalization of ISO 9241-10 supporting summative and formative evaluation of software systems. *Behaviour & Information Technology, 18*(3), 151–164.

Gediga, G., Hamborg, K.-C. & Willumeit, H. (1998). The IsoMetrics Manual. Osnabrück: Universität Osnabrück.

Gerdes, H. (1997). *Lernen mit Text und Hypertext*. Lengerich: Papst.

Gerjets, P., Scheiter, K. & Schuh, J. (2005). Instruktionale Unterstützungen beim Fertigkeitserwerb aus Beispielen in hypertextbasierten Lernumgebungen. *Zeitschrift für Pädagogische Psychologie, 19*(1/2), 23–38.

Gräsel, C. (2006). Lernstrategien in Lernumgebungen. In H. Mandl & H. F. Friedrich (Hrsg.), *Handbuch Lernstrategien* (S. 325–333). Göttingen: Hogrefe.

Gräsel, C., Fischer, F. & Mandl, H. (2001). The use of additional information in problem-oriented learning environments. *Learning Environments Research, 3*(3), 287–305.

Greene, J. A. & Azevedo, R. (2009). A macro-level analysis of SRL processes and their relations to the acquisition of a sophisticated mental model of a complex system. *Contemporary Educational Psychology, 34*(1), 18–29.

Hagemans, M. G., Van der Meij, H. & De Jong, T. (2012). The effects of a concept map-based support tool on simulation-based inquiry learning. *Journal of Educational Psychology, 105*(1).

Hammond, N. (1993). Learning with hypertext: Problems, principles and prospects. In A. Dillon & J. Richardson (Eds.), *Hypertext. A psychological perspective* (pp. 51–69). New York: Ellis Horwood.

Hannafin, M. J. (1991). Emerging technologies, ISD, and learning environments: Critial perspectives. *Educational Technology Research and Development, 40*(1), 49–63.

Hara, N. & Kling, R. (2000). Students' distress with a web-based distance education course: An ethnographic study of participants' experiences. *Information, Communication & Society, 3*(4), 557–579.

Hartley, K. & Bendixen, L. D. (2003). The use of comprehension aids in a hypermedia environment: Investigating the impact of metacognitive awareness and epistemological beliefs. *Journal of Educational Multimedia and Hypermedia, 12*(3), 275–289.

Hassenzahl, M., Burmester, M. & Koller, F. (2003). AttrakDiff: Ein Fragebogen zur Messung wahrgenommener hedonischer und pragmatischer Qualität. In J. Ziegler & G. Szwillus (Hrsg.), *Mensch & Computer 2003. Interaktion in Bewegung* (S. 187–196). Stuttgart, Leibzig: Teubner.

Hegner, M. (2003). Methoden zur Evaluation von Software. Bonn: Informationszentrum Sozialwissenschaften der Arbeitsgemeinsschaft Sozialwissenschaftlicher Institute e.V.

Heiß, A. (2007). *Desorientierung beim Lernen mit Hypermedien: Förderung struktureller und konzeptueller Orientierung.* Münster: Waxmann.

Heiß, A., Eckhardt, A. & Schnotz, W. (2003). Selbst- und Fremdsteuerung beim Lernen mit Hypermedien. *Zeitschrift für Pädagogische Psychologie, 17*(3/4), 211–220.

Herczeg, M. (2006). *Interaktionsdesign: Gestaltung interaktiver und multimedialer Systeme.* München: Oldenbourg.

Hessel, S. (2009). *Die Bedeutung von Usability und Cognitive Load auf die Informationssuche beim multimedialen Lernen.* Unveröffentlichte Dissertation, Technische Universität Chemnitz.

Hofer, B. K. & Pintrich, P. R. (1997). The development of epistemological theories: Beliefs about knowledge and knowing and their relation to learning. *Review of Educational Research, 67*(1), 88–140.

Hong, J.-C. & Hwang, M.-Y. (2012). Gender differences in help-seeking and supportive dialogue during on-line game. *Procedia - Social and Behavioral Sciences, 64*(2007), 342–351.

Horn, W., Lukesch, H., Mayrhofer, S. & Kornmann, A. (2004). PSB-R 6-13 Prüfsystem für Schul- und Bildungsberatung für 6. bis 13. Klassen. Revidierte Fassung. Göttingen: Hogrefe.

Horz, H., Winter, C. & Fries, S. (2009). Differential benefits of situated instructional prompts. *Computers in Human Behavior, 25*(4), 818–828.

Huet, N., Escribe, C., Dupeyrat, C. & Sakdavong, J.-C. (2011). The influence of achievement goals and perceptions of online help on its actual use in an interactive learning environment. *Computers in Human Behavior, 27*(1), 413–420.

Jacobson, M. J. & Spiro, R. J. (1995). Hypertext learning environments, cognitive flexibility, and the transfer of complex knowledge: An empirical investigation. *Journal of Educational Computing Research, 12*(4), 301–333.

Jeffries, R. & Desurvire, H. (1992). Usability testing vs. heuristic evaluation: was there a contest? *ACM SIGCHI Bulletin, 24*(4), 39–41.

Jonassen, D. H. (1993). Hypertext principles for text and courseware design. *Educational Psychologist, 21*(4), 269–292.

Jonassen, D. H. (1999). Designing constructivist learning environments. In C. M. Reigeluth (Ed.), *Instructional-Design Theories and Models* (pp. 215–239). Mahwah, NJ: Lawrence Erlbaum.

Jonassen, D. H. & Grabinger, R. S. (1990). Problems and issues in designing hypertext/hypermedia for learning. In D. H. Jonassen (Ed.), *Designing hypermedia for learning* (pp. 3–36). London: Springer.

Juarez Collazo, N. A., Elen, J. & Clarebout, G. (2012). Perceptions for tool use: In search of a tool use model. In T. Amiel & B. Wilson (Eds.), *Proceedings of World Conference on Educational Multimedia, Hypermedia and Telecommunications 2012* (pp. 2905–2912). Chesapeake, VA: AACE.

Kalyuga, S. (2005). The prior knowledge principle in multimedia learning. In R. E. Mayer (Ed.), *The Cambridge Handbook of Multimedia Learning* (pp. 325–337). New York: Cambridge University Press.

Kalyuga, S., Chandler, P. & Sweller, J. (2000). Incorporating learner experience into the design of multimedia instruction. *Journal of Educational Psychology*, *92*(1), 126–136.

Karabenick, S. A. (2011). Classroom and technology-supported help seeking: The need for converging research paradigms. *Learning and Instruction*, *21*(2), 290–296.

Karabenick, S. A. & Newman, Richard S. (2010). Seeking help as an adaptive response to learning difficulties: Person, situation, and developmental influences. In P. Peterson, E. Baker & B. McGaw (Eds.), *International Encyclopedia of Education* (pp. 653–659). Oxford: Elsevier.

Karat, C.-M., Campbell, R. & Fiegel, T. (1992). Comparison of empirical testing and walkthrough methods in user interface evaluation. In P. Bauersfeld, J. Bennett & G. Lynch (Eds.), *Proceedings of the SIGCHI conference on Human factors in computing systems CHI 92* (pp. 397–404). New York: ACM Press.

Kim, S., Brock, D. M., Orkand, A. & Astion, M. L. (2001). Design implications from a usability study of GramStain-Tutor. *British Journal of Educational Psychology*, *32*(5), 595–605.

Kintsch, W. & Van Dijk, T. A. (1978). Towards a model of text comprehension. *Psychological Review*, *85*(5), 363–394.

Kombartzky, U., Metz, B., Plötzner, R. & Schlag, S. (2009). Entwickeln von Strategien für das Lernen mit digitalen Medienverbünden: Ein konzeptuelles Rahmenmodell. In R. Plötzner, T. Leuders & A. Wichert (Hrsg.), *Lernchance Computer: Strategien für das Lernen mit digitalen Medienverbünden* (S. 109–122). Münster: Waxmann.

Kombartzky, U., Plötzner, R., Schlag, S. & Metz, B. (2010). Devloping and eveluating a strategy for learning from animations. *Learning and Instruction*, *20*, 424–433.

Kuhlen, R. (1991). *Hypertext - Ein nicht-lineares Medium zwischen Buch und Wissensbank.* Berlin: Springer.

Larkin, J. H. & Simon, H. (1987). Why a diagram is (sometimes) worth ten thousand words. *Cognitive Science*, *11*, 65–99.

Leonhart, R. (2009). *Lehrbuch Statistik*. Bern: Hans Huber.

Levie, W. H. & Lentz, R. (1982). Effects of text illustrations: A review of research. *Educational Communication and Technology Journal, 30*(4), 195–232.

Lewis, J. R. & Sauro, J. (2009). The factor structure of the system usability scale. *Proceedings of the Human Computer Interaction International Conference.*

Low, R. & Sweller, J. (2005). The modality-principle in multimedia learning. In R. E. Mayer (Ed.), *The Cambridge Handbook of Multimedia Learning* (pp. 147–158). New York: Cambridge University Press.

Lowe, R. K. (2003). Animation and learning: selective processing of information in dynamic graphics. *Learning and Instruction, 13*(2), 157–176.

Lust, G., Elen, J. & Clarebout, G. (2013). Regulation of tool-use within a blended course: Student differences and performance effects. *Computers & Education, 60*(1), 385–395.

Mäkitalo-Siegl, K. (2011). Computer-supported collaborative inquiry learning in differently structured classroom scripts. *Learning and Instruction, 21*(2), 257–266.

Mandl, H. & Friedrich, H. F. (Hrsg.). (2006). *Handbuch Lernstrategien*. Göttingen: Hogrefe.

Mandl, H., Gruber, H. & Renkl, A. (2002). Situiertes Lernen in multimedialen Lernumgebungen. In L. J. Issing & P. Klimsa (Hrsg.), *Information und Lernen mit Multimedia und Internet* (S. 139–150). Weinheim: Beltz.

Marchand, G. & Skinner, E. a. (2007). Motivational dynamics of children's academic help-seeking and concealment. *Journal of Educational Psychology, 99*(1), 65–82.

Martens, R. L., Valcke, M. M. A. & Portier, S. J. (1997). Interactive learning environments to support independent learning: The impact of discernability of embedded support devices. *Computers & Education, 28*(3), 185–197.

Mayer, R. E. (2001). *Multimedia learning*. New York: Cambridge University Press.

Mayer, R. E. (2005a). Cognitive theory of multimedia learning. *The Cambridge handbook of multimedia learning* (pp. 31–48). New York: Cambridge University Press.

Mayer, R. E. (2005b). Introduction to multimedia learning. In R. E. Mayer (Ed.), *The Cambridge Handbook of Multimedia Learning*. New York: Cambridge University Press.

Mayer, R. E. (Ed.). (2005c). *The Cambridge handbook of multimedia learning*. New York: Cambridge University Press.

Mayer, R. E. & Moreno, R. (2003). Nine ways to reduce cognitive load in multimedia learning. *Educational Psychologist, 38*(1), 43–52.

Mayes, J. T. & Fowler, C. J. (1999). Learning technology and usability: A framework for understanding courseware. *Interacting with Computers, 11*, 485–497.

Mayhew, D. (1999). *The usability engineering lifecycle: A practioner's handbook for user interface design.* San Diego: Morgan Kaufmann.

McDonald, S. & Stevenson, R. J. (1996). Disorientation in hypertext: the effects of three text structures on navigation performance. *Applied ergonomics, 27*(1), 61–8.

McDonald, S. & Stevenson, R. J. (1998). Navigation in hyperspace: An evaluation of the effects of navigational tools and subject matter expertise on browsing and information retrieval in hypertext. *Interacting with Computers, 10*(2), 129–142.

Mcknight, C., Dillon, A. & Richardson, J. (1996). User centred design of hypertext/hypermedia for education. In D. H. Jonassen (Ed.), *Handbook of Research on Educational Communications and Technology* (pp. 622–633). New York: Macmillan.

Van der Meij, J. & De Jong, T. (2011). The effects of directive self-explanation prompts to support active processing of multiple representations in a simulation-based learning environment. *Journal of Computer Assisted Learning, 27*(5), 411–423.

Mercier, J. & Frederiksen, C. (2008). The structure of the help-seeking process in collaboratively using a computer coach in problem-based learning. *Computers & Education, 51*(1), 17–33.

Van Meter, P. & Garner, J. (2005). The Promise and Practice of Learner-Generated Drawing: Literature Review and Synthesis. *Educational Psychology Review, 17*(4), 285–325.

Mohageg, M. F. (1992). The influence of hypertext linking structures on the efficiency of information retrieval. *Human Factors, 34*, 351–367.

Möller, J. & Müller-Kalthoff, T. (2000). Lernen mit Hypertext: Effekte von Navigationshilfen und Vorwissen. *Zeitschrift für Pädagogische Psychologie, 14*(2), 116–123.

Müller-Kalthoff, T. (2006). *Vorwissen und Navigationshilfen beim Hypertextlernen.* Münster: Waxmann.

Müller-Kalthoff, T. & Möller, J. (2005). Zum Effekt unterschiedlicher Navigationshilfen beim Lernen mit Hypertexten. *Zeitschrift für Pädagogische Psychologie, 19*(1/2), 49–60.

Narciss, S., Proske, A. & Koerndle, H. (2007). Promoting self-regulated learning in web-based learning environments. *Computers in Human Behavior, 23*, 1126–1144.

Naumann, A. (2004). *Wissenserwerb und Informationssuche mit Hypertexten: Die Bedeutung von Strukturierung, Navigationshilfen und Arbeitsgedächtnisbelastung.* Unveröffentlichte Dissertation, Technische Universität Chemnitz.

Nelson-Le Gall, S. (1981). Help-Seeking: An understudied problem-solving skill in children. *Developmental Review, 1*(3), 224–246.

Nelson-Le Gall, S. (1985). Help-seeking behavior in learning. *Review of Research in Education, 12*, 55–90.

Newman, R. S. & Schwager, M. T. (1995). Students' help seeking during problem solving: Effects of grade, goal, and prior achievement. *American Educational Research Journal, 32*(2), 352–376.

Niegemann, H. M., Domagk, S., Hessel, S., Hein, A., Hupfer, M. & Zobel, A. (2008). Usability. *Kompendium multimediales Lernen* (S. 419–453). Berlin: Springer.

Nielsen, J. (1994). *Usability engineering.* San Diego: Morgan Kaufmann.

Nielsen, J. & Landauer, T. K. (1993). A mathematical model of the finding of usability problems. In S. Ashlund & K. Mullet (Eds.), *Bridges between worlds* (pp. 206–213). Reading, MA: Addison-Wesley.

Van Nimwegen, C., Pouw, M. & Van Oostendorp, H. (1999). The influence of structure and reading-manipulation on usability of hypertexts. *Interacting with Computers, 12*(1), 7–21.

Overschmidt, H. & Gliewe, R. (2009). *Das Bodenseeschifferpatent A+D.* Bielefeld: Delius Klasing.

Paivio, A. (1986). *Mental representations.* New York: Oxford University Press.

Peirce, C. S. (1906). Prolegomena to an apology pragmaticism. *The Monist, 16*(4), 492–546.

Perkins, D. N. (1985). The fingertip effect: How information-processing technology shapes thinking. *Educational Researcher, 14*(7), 11–17.

Pituch, K. A. & Lee, Y. (2006). The influence of system characteristics on e-learning use. *Computers & Education, 47*(2), 222–244.

Plass, J. L., Chun, D. M., Mayer, R. E. & Leutner, D. (1998). Supporting visual and verbal learning preferences in a second-language multimedia learning environment. *Journal of Educational Psychology, 90*(1), 25–36.

Plötzner, R. (2012). Informationskompetenz und Lernen mit Multimedia und Hypermedia. In Sühl-Strohmenger (Hrsg.), *Handbuch Informationskompetenz* (S. 146–155). Berlin: De Gruyter Saur.

Plötzner, R. & Härder, J. (2001). Unterstützung der Verabeitung externer Repräsentationen am Beispiel des Lernens mit Hypertexten. *Unterrichtswissenschaft, 29*, 367–384.

Plötzner, R., Leuders, T. & Wichert, A. (Hrsg.). (2009). *Lernchance Computer: Strategien für das Lernen mit digitalen Medienverbünden.* Münster: Waxmann.

Plötzner, R., Lippitsch, S., Galmbacher, M., Heuer, D. & Scherrer, S. (2009). Students' Difficulties in Learning Physics from Dynamic and Interactive Visualizations. *Computers in Human Behavior, 25*, 56–65.

Polson, P. G., Lewis, Clayton, Rieman, John & Wharton, Cathleen. (1992). Cognitive walkthroughs: a method for theory-based evaluation of user interfaces. *International Journal of ManMachine Studies, 36*(5), 741–773.

Prümper, J. & Anft, M. (1993). Die Evaluation von Software auf Grundlage des Entwurfs zur internationalen Ergonomie-Norm ISO 9241 Teil 10 als Beitrag zur partizipativen Systemgestaltung - ein Fallbeispiel. In K. H. Rödiger (Hrsg.), *Software-Ergonomie '93 - Von der Benutzeroberfläche zur Arbeitsgestaltung* (S. 145–156). Stuttgart: Teubner.

Prümper, J. & Anft, M. (2010a). ISONORM 9241/110-S (Kurzform). Retrieved December 19, 2012, from http://people.f3.htw-berlin.de/Professoren/Pruemper/instrumente/ISONORM 9241-110-S.pdf

Prümper, J. & Anft, M. (2010b). ISONORM 9241/110 (Langfassung). Retrieved December 19, 2012, from http://people.f3.htw-berlin.de/Professoren/Pruemper/instrumente/ISONORM 9241-110-L.pdf

Puustinen, M. & Rouet, J.-F. (2009). Learning with new technologies: Help seeking and information searching revisited. *Computers & Education, 53*(4), 1014–1019.

Puustinen, M., Volckaert-Legrier, O., Coquin, D. & Bernicot, J. (2009). An analysis of students' spontaneous computer-mediated help seeking: A step toward the design of ecologically valid supporting tools. *Computers & Education, 53*(4), 1040–1047.

Rayner, K. (1998). Eye movements in reading and information processing: 20 years of research. *Psychological bulletin, 124*(3), 372–422.

Reinmann, G. & Mandl, H. (2006). Unterrichten und Lernumgebungen gestalten. In A. Krapp & B. Weidenmann (Hrsg.), *Pädagogische Psychologie* (S. 613–658). Weinheim: Beltz.

Renkl, A. (2002). Worked-out examples: Instructional explanations support learning by self-explanations. *Learning and Instruction, 12*(5), 529–556.

Richter, M. & Flückiger, M. (2010). *Usability Engineering kompakt.* Heidelberg: Spektrum.

Roll, I., Aleven, V., McLaren, B. M. & Koedinger, K. R. (2011). Improving students' help-seeking skills using metacognitive feedback in an intelligent tutoring system. *Learning and Instruction, 21,* 267–280.

Rubin, J. & Chisnell, D. (2008). *Handbook of usability testing.* Indianapolis: Wiley.

Ryan, A. M., Gheen, M. H. & Midgley, C. (1998). Why do some students avoid asking for help? An examination of the interplay among students' academic efficacy, teachers' social-emotional role, and the classroom goal structure. *Journal of Educational Psychology, 90*(3), 528–535.

Ryan, A. M. & Pintrich, P. R. (1997). "Should I ask for help?" The role of motivation and attitudes in adolescents' help seeking in math class. *Journal of Educational Psychology, 89*(2), 329–341.

Ryan, A. M., Pintrich, P. R. & Midgley, C. (2001). Avoiding seeking help in the classroom: Who and why? *Educational Psychology Review, 13*(2), 93–114.

Ryan, A. M. & Shin, H. (2011). Help-seeking tendencies during early adolescence: An examination of motivational correlates and consequences for achievement. *Learning and Instruction, 21*(2), 247–256. Elsevier Ltd.

Saffer, D. (2010). *Designing for interaction: Creating smart applications and devices.* Berkeley, CA: New Riders.

Salomon, G. (1984). Television is "easy" and print is "tough": The differential investment of mental effort in learning as a function of perceptions and attributions. *Journal of Educational Psychology, 76,* 42–50.

Sarodnick, F. & Brau, H. (2011). *Methoden der Usability Evaluation.* Bern: Verlag Hans Huber.

Scheiter, K. & Gerjets, P. (2007). Learner control in hypermedia environments. *Educational Psychology Review, 19*(3), 285–307.

Schlag, S. (2011). *Kognitive Strategien zur Förderung des Text- und Bildverstehens beim Lernen mit illustrierten Sachtexten: Theoretische Konzeptualisierung und empirische Prüfung.* Berlin: Logos.

Schlag, S. & Plötzner, R. (2009). Lernen mit informierenden Bildern in Texten. In R. Plötzner, T. Leuders & A. Wichert (Hrsg.), *Lernchance Computer* (S. 123–140). Münster: Waxmann.

Schnotz, W. (1994). *Aufbau von Wissenstrukturen: Untersuchungen zur Kohärenzbildung beim Wissenserwerb.* Weinheim: Beltz.

Schnotz, W. & Bannert, M. (1999). Einflüsse der Visualisierungsform auf die Konstruktion mentaler Modelle beim Text- und Bildverstehen. *Zeitschrift für Experimentelle Psychologie, 46*(3), 217–236.

Schnotz, W. & Bannert, M. (2003). Construction and interference in learning from multiple representations. *Learning and Instruction,* (13), 141–156.

Schnotz, W., Bannert, M. & Seufert, T. (2001). Lernen mit Multimedia: Pädagogische Verheißungen aus kognitionspsychologischer Sicht. In R. K. Silbereisen (Hrsg.), *Bericht über den 42. Kongreß der Deutschen Gesellschaft für Psychologie* (S. 457–467). Göttingen: Hogrefe.

Schnotz, W. & Heiß, A. (2009). Semantic scaffolds in hypermedia learning environments. *Computers in Human Behavior, 25*(2), 371–380.

Schnotz, W. & Zink, T. (1997). Informationssuche und Kohärenzbildung beim Wissenserwerb mit Hypertext. *Zeitschrift für Pädagogische Psychologie, 11*, 95–108.

Schnupp, P. (1992). *Hypertext.* München: Oldenbourg.

Scholten-Theuerzeit, G. & Görlich, S. (2007). Usability mit Erstklässlern: Warum Gebrauchstauglichkeitsuntersuchungen besonders bei Erstlernern wichtig sind. *Bildungsforschung, 4*(1), 1–19.

Schorr, T., Gerjets, P. & Scheiter, K. (2003). Analyzing effects of goal competition and task difficulty in multiple-task performance: Volitional action control within ACT-R. *Proceedings of the 25th Annual Meeting of the Cognitive Science Society* (pp. 1053–1058).

Schraw, G. & Dennison, R. S. (1994). Assessing metacognitive awareness. *Contemporary Educational Psychology, 19*, 460–475.

Schudnagis, M. & Womser, C. (2002). Multimediale Lernsysteme softwareergonomisch gestalten: Das Projekt SELIM. In M. Herczeg, W. Prinz & H. Oberquelle (Hrsg.), *Mensch und Computer 2002* (S. 215–224). Stuttgart: Teubner.

Schulmeister, R. (2002). Taxonomie der Interaktivität von Multimedia – Ein Beitrag zur aktuellen Metadaten-Diskussion. *Informationstechnik und Technische Informatik, 44*(4), 193–199.

Schulmeister, R. (2007). *Grundlagen hypermedialer Lernsysteme: Theorie - Didaktik - Design.* München: Oldenbourg.

Schuyten, G. & Dekeyser, H. M. (2007). Preference for textual information and acting on support devices in multiple representations in a computer based learning environment for statistics. *Computers in Human Behavior, 23*(5), 2285–2301.

Schwamborn, A., Thillmann, H., Opfermann, M. & Leutner, D. (2011). Cognitive load and instructionally supported learning with provided and learner-generated visualizations. *Computers in Human Behavior, 27*(1), 89–93.

Schwonke, R., Ertelt, A., Otieno, C., Renkl, A., Aleven, V. & Salden, R. J. C. M. (2013). Metacognitive support promotes an effective use of instructional resources in intelligent tutoring. *Learning and Instruction, 23*, 136–150.

Schwonke, R., Nückles, M., Hauser, S., Berthold, K. & Renkl, A. (2005). Computergestütztes Schreiben von Lernprotokollen. *Zeitschrift für Medienpsychologie, 17*(2), 42–53.

Schworm, S. & Fischer, F. (2006). Academic help seeking. In H. Mandl & H. F. Friedrich (Hrsg.), *Handbuch Lernstrategien.* Göttingen: Hogrefe.

Schworm, S. & Gruber, H. (2012). E-learning in universities: Supporting help-seeking processes by instructional prompts. *British Journal of Educational Technology, 43*(2), 272–281.

Schworm, S. & Renkl, A. (2006). Computer-supported example-based learning: When instructional explanations reduce self-explanations. *Computers & Education, 46*(4), 426–445.

Seel, N. M. (1991). Lernumgebungen und institutionell-organisatorische Bedingungen des Instruktionsdesigns. *Unterrichtswissenschaft, 19*(4), 350–364.

Seufert, T. (2003a). *Wissenserwerb mit multiplen Repräsentationen. Wirksamkeit und Kohärenzbildungshilfen.* Berlin: Logos.

Seufert, T. (2003b). Kohärenzbildung beim Wissenserwerb mit multiplen Repräsentationen. In K. Sachs-Hombach (Hrsg.), *Was ist Bildkompetenz?* (S. 117–131). Wiesbaden: Deutscher Universitäts-Verlag.

Seufert, T. (2009). Lernen mit multiplen Repräsentationen: Gestaltungs- und Verarbeitungsstrategien. In R. Plötzner, T. Leuders & A. Wichert (Hrsg.), *Lernchance Computer* (S. 45–67). Münster: Waxmann.

Shapiro, A. M. (1998). Promoting active learning: The role of System structure in learning from hypertext. *Human-Computer Interaction, 13*, 1–35.

Sharp, H., Rogers, Y. & Preece, J. (2002). *Interaction design: Beyond human-computer interaction*. New York: Wiley.

Shin, E. C., Schallert, D. L. & Savenye, W. C. (1994). Effects of learner control, advisement, and prior knowledge on young students' learning in a hypertext environment. *Educational Technology Research and Development, 42*(1), 33–46.

Shneiderman, B. & Kearsley, G. (1989). *Hypertext Hands-On! An introduction to a new way of organizing and accessing information*. Reading, MA: Addison-Wesley.

Shneiderman, B. & Plaisant, C. (2010). *Designing the user interface: Strategies for effective human-computer interaction*. Upper Saddle River, NJ: Addison-Wesley.

Simon, B., Treiblmaier, H. & Neumann, G. (2008). Elektronische Lernumgebungen in Bildungseinrichtungen: Eine Diskussion kritischer Erfolgsfaktoren. *Zeitschrift für Betriebswirtschaft, 78*(7-8), 715–733.

Simpson, A. & McKnight, C. (1990). Navigation in hypertext: structural cues and mental maps. In R. McAleese & C. Green (Eds.), *Hypertext: State of the Art*. Oxford: Intellect.

Snyder, C. (2003). *Paper prototyping*. San Francisco: Morgan Kaufmann.

Soloway, Elliot, Scala, N., Jackson, S. L., Klein, J., Quintana, C., Reed, J., Spitulnik, J., et al. (1996). Learning theory in practice: case studies of learner-centered design. *Proceedings of the CHI conference on Human factors in computing systems common ground - CHI '96* (pp. 189–196). New York: ACM Press.

Spiro, R. J., Coulson, R. L., Feltovich, P. J. & Anderson, D. K. (1988). Cognitive flexibility theory: Advanced knowledge acquisition in ill-structured domains. *10th Annual Conference of the Cognitive Science Society* (pp. 375–383). Hillsdale, N.J.: Erlbaum.

Squires, D. & Preece, J. (1996). Usability and learning: Evaluating the potential of educational software. *Computers and Education, 27*(1), 15–22.

Stahl, E. & Bromme, R. (2009). Not everybody needs help to seek help: Surprising effects of metacognitive instructions to foster help-seeking in an online-learning environment. *Computers & Education, 53*(4), 1020–1028.

Stanton, N. A., Taylor, R. G. & Tweedie, L. A. (1992). Maps as navigational aids in hypertexts environments. *Journal of Educational Multimedia and Hypermedia, 1*(4), 431–444.

Staub, F. C. (2006). Notizenmachen: Funktionen, Formen und Werkzeugcharakter von Notizen. In H. Mandl (Hrsg.), *Handbuch Lernstrategien* (S. 59–71). Göttingen: Hogrefe.

Streblow, L. & Schiefele, U. (2006). Lernstrategien im Studium. In H. Mandl & H. F. Friedrich (Hrsg.), *Handbuch Lernstrategien* (S. 352–364). Göttingen: Hogrefe.

Tergan, S.-O. (2002). Hypertext und Hypermedia: Konzeption, Lernmöglichkeiten, Lernprobleme und Perspektiven. In J. Issing & P Klimsa (Hrsg.), *Information und Lernen mit Multimedia und Internet* (S. 99–112). Weinheim: Beltz.

Tidwell, J. (2006). *Designing interfaces: patterns for effective interaction design.* Beijing: O'Reilly.

Tselios, N. K., Avouris, N. M., Dimitracopoulou, A. & Daskalaki, S. (2001). Evaluation of distance-learning environments: Impact of usability on student performance. *International Journal of Eduational Telecommunications, 7*(4), 355–378.

Tullis, T. & Albert, B. (2008). *Measuring the user experience: Collecting, analyzing and presenting usability metrics.* Amsterdam: Morgan Kaufmann.

U.S. Dept. of Health and Human Services (Ed.). (2006). *Research-based web design & usability guidelines.* Washington: Government Printing Office.

Unz, D. (2000). *Lernen mit Hypertext. Informationssuche und Navigation.* Münster: Waxmann.

Vermunt, J. (1992). *Leerstijlen en sturen van leerprocessen in het hoger onderwijs [Lernstile und Steuerung von Lernprozessen im Hochschulbereich].* Lisse: Swets & Zeitlinger.

Virzi, R. A. (1992). Refining the test phase of usability evaluation: How many subjects is enough? *Human Factors, 34*(4), 457–468.

Waniek, J., Naumann, A. & Krems, J. (2001). Vergleich von Wissenserwerb und Navigationsstrategien bei linearen Texten und Hypertexten. In W. Frindte, T. Koehler, P. Marquet & E. Nissen (Hrsg.), *IN-TELE 99 - Internet based teaching and learning 99* (S. 309–314). Frankfurt am Main: Peter Lang Verlag.

Wassermann, B., Hardt, A. & Zimmermann, G. (2012). Generic gaze interaction events for web browsers using the eye tracker as input device. In A. Mille, F. Gandon, J. Misselis, M. Rabinovich & S. Staab (Eds.), *Proceedings of the 21st international conference on World Wide Web.* New York: ACM.

Weidenmann, B. (1989). When good pictures fail. An information processing approach to the effects of illustration. *Knowledge acquisition from text and pictures* (pp. 151–171). Amsterdam, New York: North Holland.

Weidenmann, B. (2006). Lernen mit Medien. In A. Krapp & B. Weidenmann (Hrsg.), *Pädagogische Psychologie* (S. 425–476). Weinheim: Beltz.

Weidenmann, B. (2010). Multimedia, Multicodierung und Multimodalität beim Online-Lernen. In L. J. Issing & Paul Klimsa (Hrsg.), *Online-Lernen: Planung, Realisation,*

Anwendung und Evaluation von Lehr- und Lernprozessen online (S. 73–86). Weinheim: Beltz.

Whalley, P. (1990). Models of hypertext structure and learning. In D. H. Jonassen & H. Mandl (Eds.), *Designing hypermedia for learning* (pp. 61–67). Berlin: Springer.

Wharton, C., Rieman, J., Lewis, C. & Polson, P. (1994). The cognitive walkthrough method: A practitioner's guide. In Robert L. Mack & J. Nielsen (Eds.), *Usability inspection methods* (pp. 105–140). New York: John Wiley & Sons.

Wild, K.-P. & Schiefele, U. (1994). Lernstrategien im Studium: Ergebnisse zur Faktorenstruktur und Reliabilität eines neuen Fragebogens. *Zeitschrift für Differentielle und Diagnostische Psychologie, 15*(4), 185–200.

Winne, P. H. & Hadwin, A. F. (1998). Studying as Self-Regulated Learning. In D. J. Hacker, J. Dunlosky & Graesser (Eds.), *Metacognition ind Education Theory and Practice* (pp. 277–304). Mahwah, NJ: Erlbaum.

Winters, F. I., Greene, J. A. & Costich, C. M. (2008). Self-regulation of learning within computer-based learning environments: A critical analysis. *Educational Psychology Review, 20*(4), 429–444.

Wirth, J. (2005). Selbstreguliertes Lernen in komplexen und dynamischen Situationen. Die Nutzung von Handlungsdaten zur Erfassung verschiedener Aspekte der Lernprozess-regulation. In C. Artelt & B. Moschner (Hrsg.), *Lernstrategien und Metakognition* (S. 99–126). Münster: Waxmann.

Wirth, J. & Leutner, D. (2006). Selbstregulation beim Lernen in interaktiven Lernumgebungen. In H. Mandl & H. F. Friderich (Hrsg.), *Handbuch Lernstrategien* (S. 172–184). Göttingen: Hogrefe.

Wittrock, M. C. (1990). Generative processes of comprehension. *Educational Psychologist, 24*, 345–376.

Wood, D. (2001). Scaffolding, contingent tutoring, and computer-supported learning. *Journal of Artificial Intelligence in Education, 12*, 280–292.

Wood, H. & Wood, D. (1999). Help seeking, learning and contingent tutoring. *Computers and Education, 33*, 153–169.

Xie, H. I. & Cool, C. (2006). Toward a better understanding of help seeking behavior: An evaluation of help mechanisms in two IR systems. *Proceedings of the 69th American Society of Information Science Annual Meeting.*

Zaharias, P. & Poylymenakou, A. (2009). Developing a usability evaluation method for e-Learning applications: Beyond functional usability. *International Journal of Human-Computer Interaction, 25*(1), 75–98.

Zumbach, J. & Mohraz, M. (2008). Cognitive load in hypermedia reading comprehension: Influence of text type and linearity. *Computers in Human Behavior*, *24*(3), 875–887.

Abbildungsverzeichnis

Tabellenverzeichnis

Anhang

Anhang A: Fragebogen zu soziodemographischen Daten und Vorerfahrungen

Liebe Teilnehmerin, lieber Teilnehmer,

bevor Sie nun mit dem Test des Lernsystems beginnen, möchte ich ein bisschen mehr über Ihr Studium und Ihre Computer- und Internetnutzung erfahren. Die Daten werden nur für wissenschaftliche Zwecke verwendet und anonym ausgewertet.

Alter				
Muttersprache				
Geschlecht	Männlich		Weiblich	
Ich bin	Linkshänder		Rechtshänder	
Fachsemester				
Studienfächer				

Durchschnittlich verbrachte Zeit am Computer pro Tag		0 – 1 Stunde
		1 – 2 Stunden
		2 – 3 Stunden
		Mehr als 3 Stunden

Durchschnittlich verbrachte Zeit im Internet pro Tag		0 – 1 Stunde
		1 – 2 Stunden
		2 – 3 Stunden
		Mehr als 3 Stunden

Ich habe Erfahrung mit den folgenden Betriebssystemen		Windows 7
		Windows Vista
		Windows XP
		Mac OS 10
		Linux/Unix

Ich betreibe eine eigene Homepage/ einen eigenen Blog.		ja
		nein

	Häufig				Nie
Ich nutze Computerprogramme zum Lernen					
Ich lese Zeitungen/Zeitschriften im Internet					

Die folgenden Programme nutze ich	Häufig				Nie
Lernmanagementsysteme					
Studip					
Moodle					
Ilias					
Drupal					
Sonstige					
....					
Mediaplayer					
Windows Media Player					
Itunes					
WinAmp					
Sonstige					
....					
Internetplattformen					
Youtube					
MySpace					
ZDF Mediathek					
ARD Mediathek					
Sonstige					
....					
Digitale Enzyklopädien					
Wikipedia					
Wissen.de					
Brockhaus Multimedial					
Microsoft Encarta					
Sonstige					
....					

Anhang B: Fragebögen zur subjektiven Schwierigkeit der Aufgaben in den Usability Studien 1 und 2

Aufgabe 1

	Sehr leicht				Sehr schwer
	1	2	3	4	5
Die Übersicht über die Informationen auf dem Bildschirm zu bekommen fiel mir …					
Zu erkennen, was ich mit den verschiedenen Elementen auf dem Bildschirm machen konnte fiel mir …					

Ergänzende Kommentare (z.B. warum fiel etwas besonders schwer/besonders leicht?):

…

Aufgabe 2

	Sehr leicht				Sehr schwer
	1	2	3	4	5
Das erste Kapitel zu finden fiel mir …					
Den Text zu lesen fiel mir …					

Ergänzende Kommentare (z.B. warum fiel etwas besonders schwer/besonders leicht?):

…

Aufgabe 3

	Sehr leicht				Sehr schwer
	1	2	3	4	5
Die Lerneinheit über die Chromomen zu finden fiel mir …					
Die passenden Bilder zu finden fiel mir …					
Den Vergleich zwischen zwei Bildern durchzuführen fiel mir …					

Ergänzende Kommentare (z.B. warum fiel etwas besonders schwer/besonders leicht?):

…

Aufgabe 4

	Sehr leicht				Sehr schwer
	1	2	3	4	5
Die gesuchte Animation zu finden fiel mir...					
Die gesuchte Animation anzuschauen fiel mir...					
Ergänzende Kommentare (z.B. warum fiel etwas besonders schwer/besonders leicht?):					

...

Aufgabe 5

	Sehr leicht				Sehr schwer
	1	2	3	4	5
Die gewünschte Information zu finden fiel mir...					
Ergänzende Kommentare (z.B. warum fiel etwas besonders schwer/besonders leicht?):					

...

Aufgabe 6

	Sehr leicht				Sehr schwer
	1	2	3	4	5
Die passende Lerneinheit zu dem angegebenen Prozess zu finden fiel mir ...					
Ergänzende Kommentare (z.B. warum fiel etwas besonders schwer/besonders leicht?):					

...

Aufgabe 7

	Sehr leicht				Sehr schwer
	1	2	3	4	5
Die passende Lerneinheit zu finden fiel mir...					
Den Text zu lesen fiel mir ...					
Eine passende Mikroskopaufnahme zu finden fiel mir ...					
Die im Text genannten Strukturen im Bild zu finden fiel mir ...					

Ergänzende Kommentare (z.B. warum fiel etwas besonders schwer/besonders leicht?):

...

Aufgabe 8

	Sehr leicht				Sehr schwer
	1	2	3	4	5
Die passende Lerneinheit zu finden fiel mir ...					
Die Animation zu finden fiel mir ...					
Die Animation zu betrachten fiel mir ...					
Eine passende Mikroskopaufnahme zu finden fiel mir ...					
Die im Text genannten Strukturen im Bild zu finden fiel mir ...					

Ergänzende Kommentare (z.B. warum fiel etwas besonders schwer/besonders leicht?):

...

Aufgabe 9

	Sehr leicht				Sehr schwer
	1	2	3	4	5
Die Animation an der richtigen Stelle zu stoppen fiel mir …					
Zum Ende der Animation zu navigieren fiel mir...					

Ergänzende Kommentare (z.B. warum fiel etwas besonders schwer/besonders leicht?):

...

Aufgabe 10

	Sehr leicht				Sehr schwer
	1	2	3	4	5
Mich durch die restlichen Phasen zu klicken fiel mir …					
Direkt zu der Lerneinheit über die Keimzelle zu springen fiel mir ...					

Ergänzende Kommentare (z.B. warum fiel etwas besonders schwer/besonders leicht?):

...

Anhang C: Fragebogen zur Gesamtbewertung der Usability

Vielen Dank, dass Sie an unserem Usability-Test teilgenommen haben! Zum Abschluss möchten wir Sie bitten, die Benutzerschnittstelle insgesamt anhand der folgenden Fragen zu bewerten.

Index	Frage	Stimmt nicht				Stimmt
		-2	-1	0	1	2
L. 1	Ich habe die Bedienung des Lernprogramms schnell verstanden.					
L. 2	Die Anordnung der Informationen auf dem Bildschirm erscheint mir sinnvoll.					
L. 3	Um das Lernprogramm bedienen zu können muss ich mir viele Details merken.					
L. 4	Das Lernprogramm ist so gestaltet, dass die Bedienung durch Ausprobieren erlernt werden kann.					
L. 5	Die Abfolge von Bedienungsschritten zur Erreichung eines Ziels erscheint mir logisch.					
A. 1	Auf dem Bildschirm finde ich alle Informationen, die ich benötige.					
A. 2	Das Lernprogramm eignet sich gut dazu umfangreiche Inhalte zu lernen.					
A. 3	Die Darstellung der Informationen auf dem Bildschirm unterstützt mich beim Lernen.					
A. 4	Es müssen zu viele Bedienungsschritte zur Erreichung eines Ziels ausgeführt werden.					
A. 5	Wichtige Funktionen werden vom Programm so angeboten, dass ich sie leicht auffinden kann.					
S. 1	Die vom Programm verwendeten Symbole sind schlecht erkennbar.					
S. 2	Die vom Programm verwendeten Begriffe und Bezeichnungen sind leicht verständlich.					
S. 3	Das Programm bietet mir ausreichende visuelle Hinweise, um mich in der Bedienung zu unterstützen.					
S. 4	Es ist für mich im Voraus unmittelbar ersichtlich, was die Ausführung eines Bedienungsschritts bewirken wird.					
S. 5	Die Bedeutung der vom Programm verwendeten Symbole ist unverständlich.					

Index	Frage	Stimmt nicht -2	-1	0	1	Stimmt 2
T. 1	Das Lernprogramm bietet mir gute Bedienungsmöglichkeiten, um mich in den Lerninhalten zu bewegen.					
T. 2	Das Lernprogramm reagiert zu langsam auf meine Befehle.					
T. 3	Ich empfinde die Bedienung des Programms als umständlich.					
E. 1	Das Ausführen einer Funktion führt immer zu dem von mir zuvor erwarteten Ergebnis.					
E. 2	Die im Lernprogramm verwendeten Begriffe und visuellen Hinweise werden einheitlich benutzt.					
E. 3	Das Lernprogramm erschwert das Lernen durch eine uneinheitliche Gestaltung.					
F. 1	Mache ich bei der Bedienung mal einen Fehler, kann ich den Fehler leicht korrigieren.					
F. 2	Bei einer Fehlersituation bietet das Lernprogramm verständliche und hilfreiche Informationen.					
F. 3	Bei der Benutzung des Lernprogramms treten schwere Fehler auf.					
O. 1	Ich bin mir meist bewusst, an welcher Stelle im Kurs ich mich gerade befinde.					
O. 2	Mir ist oft nicht klar, ob ich an einer Stelle im Kurs schon einmal gewesen bin.					
O. 3	Ich bin mir oft nicht sicher, wie ich zu einer bestimmten Stelle im Kurs gelangt bin.					
O. 4	Ich weiß in der Regel schon, welche Inhalte des Kurses ich schon gesehen habe.					
O. 5	Ich wähle oft Inhalte aus, um mich zu vergewissern, ob ich den Inhalt bereits gesehen habe.					
O. 6	Oftmals muss ich einen Inhalt nochmals überfliegen, um zu erkennen, ob ich ihn bereits gesehen habe.					

Index	Frage	Stimmt nicht -2	-1	0	1	Stimmt 2
M. 1	Die Texte sind auf dem Bildschirm gut lesbar.					
M. 2	Die verwendeten Abbildungen sind zu klein.					
M. 3	Auf den verwendeten Abbildungen sind auch Details noch gut erkennbar.					
M. 4	Die verwendeten Videos und Animationen sind zu klein.					
M. 5	In den verwendeten Videos und Animationen sind auch Details noch gut zu erkennen.					
M. 6	Die Klangqualität ist schlecht.					

Ergänzende Kommentare:

Anhang D: Aufgaben für die dritte Usability-Studie

Gruppe S-F
1. Verschaffen Sie sich einen Überblick über die angebotenen Informationen auf dem Bildschirm und machen Sie sich kurz mit der Navigation und der Medienleiste vertraut. Betrachten Sie danach die lernstrategischen Anregungen auf der rechten Seite des Bildschirms und versuchen Sie herauszufinden, welche Funktionen Ihnen in diesem Bereich zur Verfügung stehen. Sie dürfen die Funktionen gerne ausprobieren.
2. Beginnen Sie nun beim ersten Kapitel des Kurses ("Aufbau der Zelle"). Lesen Sie den Text und betrachten Sie das Bild. Berücksichtigen Sie die lernstrategischen Anregungen und halten Sie ein paar Notizen dazu fest. Versuchen Sie eine möglichst spezifische Beschreibung der Anregungen vom Lernprogramm zu erhalten.
3. Wechseln Sie zum Kapitel „Mitose/Prophase". Schauen Sie sich das Video über die Prophase an. Berücksichtigen Sie die lernstrategischen Anregungen und halten Sie ein paar Notizen dazu fest.
4. Gehen Sie weiter zum Kapitel „Mitose/Prometaphase". Suchen Sie die Mikroskopaufnahme zur Prometaphase und öffnen Sie diese. Betrachten Sie die Aufnahme und lesen Sie den Text. Berücksichtigen Sie die lernstrategischen Anregungen und halten Sie ein paar Notizen dazu fest.
5. Gehen Sie auf direktem Weg zurück zum ersten Kapitel des Kurses. Löschen Sie Ihre Notizen aus dem ersten Kapitel.

Gruppe S+F
1. Verschaffen Sie sich einen Überblick über die angebotenen Informationen auf dem Bildschirm und machen Sie sich kurz mit der Navigation und der Medienleiste vertraut. Betrachten Sie danach die lernstrategischen Anregungen auf der rechten Seite des Bildschirms und versuchen Sie herauszufinden, welche Funktionen Ihnen in diesem Bereich zur Verfügung stehen. Sie dürfen die Funktionen gerne ausprobieren.
2. Beginnen Sie nun beim ersten Kapitel des Kurses ("Aufbau der Zelle"). Lesen Sie den Text und betrachten Sie das Bild. Berücksichtigen Sie die lernstrategischen Anregungen und halten Sie ein paar Notizen dazu fest. Versuchen Sie eine möglichst spezifische Beschreibung der Anregungen vom Lernprogramm zu erhalten.
3. Wechseln Sie zum Kapitel „Mitose/Prophase". Möglicherweise stellt Ihnen das System zunächst eine Kontrollfrage zur bisherigen Lerneinheit. Geben Sie die richtige Antwort (Sie bekommen die richtige Lösung von der Versuchsleiterin). Schauen Sie sich das Video über die Prophase an. Berücksichtigen Sie die lernstrategischen Anregungen und halten Sie ein paar Notizen dazu fest.
4. Gehen Sie weiter zum Kapitel „Mitose/Prometaphase". Möglicherweise stellt Ihnen das System zunächst eine Kontrollfrage zur bisherigen Lerneinheit. Geben Sie diesmal zunächst eine falsche Antwort (Sie

erfahren die richtige Lösung von der Versuchsleiterin). Folgen Sie der Empfehlung des Systems sich nochmal mit der vorherigen Lerneinheit zu befassen. Rufen Sie danach erneut das Kapitel „Mitose/Prometaphase" auf. Beantworten Sie jetzt die Frage richtig. (Sie erfahren die richtige Lösung von der Versuchsleiterin).Suchen Sie die Mikroskopaufnahme zur Prometaphase und öffnen Sie diese. Betrachten Sie die Aufnahme und lesen Sie den Text.Berücksichtigen Sie die lernstrategischen Anregungen und halten Sie ein paar Notizen dazu fest.

5. Gehen Sie auf direktem Weg zurück zum ersten Kapitel des Kurses. Möglicherweise stellt Ihnen das System zunächst eine Kontrollfrage zur bisherigen Lerneinheit. Beantworten Sie die Frage nicht.
6. Löschen Sie Ihre Notizen aus dem ersten Kapitel.

Gruppe D-F

1. Verschaffen Sie sich einen Überblick über die angebotenen Informationen auf dem Bildschirm und machen Sie sich kurz mit der Navigation und der Medienleiste vertraut. Betrachten Sie danach die lernstrategischen Anregungen auf der rechten Seite des Bildschirms und versuchen Sie herauszufinden, welche Funktionen Ihnen in diesem Bereich zur Verfügung stehen. Sie dürfen die Funktionen gerne ausprobieren.
2. Beginnen Sie nun beim ersten Kapitel des Kurses ("Aufbau der Zelle"). Lesen Sie den Text und betrachten Sie das Bild. Berücksichtigen Sie die lernstrategischen Anregungen und halten Sie ein paar Notizen dazu fest. Versuchen Sie eine möglichst spezifische Beschreibung der Anregungen vom Lernprogramm zu erhalten.
3. Wechseln Sie zum Kapitel „Mitose/Prophase". Schauen Sie sich das Video über die Prophase an. Berücksichtigen Sie die lernstrategischen Anregungen und halten Sie ein paar Notizen dazu fest. Wenn sich der Bereich der Anregungen vergrößert hat, versuchen Sie, ihn wieder zu verkleinern.
4. Gehen Sie weiter zum Kapitel „Mitose/Prometaphase". Suchen Sie die Mikroskopaufnahme zur Prometaphase und öffnen Sie diese. Betrachten Sie die Aufnahme und lesen Sie den Text. Berücksichtigen Sie die lernstrategischen Anregungen und halten Sie ein paar Notizen dazu fest.
5. Gehen Sie auf direktem Weg zurück zum ersten Kapitel des Kurses. Löschen Sie Ihre Notizen aus dem ersten Kapitel.

Gruppe D+F

1. Verschaffen Sie sich einen Überblick über die angebotenen Informationen auf dem Bildschirm und machen Sie sich kurz mit der Navigation und der Medienleiste vertraut. Betrachten Sie danach die lernstrategischen Anregungen auf der rechten Seite des Bildschirms und versuchen Sie herauszufinden, welche Funktionen Ihnen in diesem Bereich zur Verfügung stehen. Sie dürfen die Funktionen gerne ausprobieren.
2. Beginnen Sie nun beim ersten Kapitel des Kurses ("Aufbau der Zelle"). Lesen Sie den Text und betrachten Sie das Bild. Berücksichtigen Sie die

lernstrategischen Anregungen und halten Sie ein paar Notizen dazu fest. Versuchen Sie eine möglichst spezifische Beschreibung der Anregungen vom Lernprogramm zu erhalten.

3. Wechseln Sie zum Kapitel „Mitose/Prophase". Möglicherweise stellt Ihnen das System zunächst eine Kontrollfrage zur bisherigen Lerneinheit. Geben Sie die richtige Antwort (Sie bekommen die richtige Lösung von der Versuchsleiterin). Schauen Sie sich das Video über die Prophase an. Berücksichtigen Sie die lernstrategischen Anregungen und halten Sie ein paar Notizen dazu fest.Wenn sich der Bereich der Anregungen vergrößert hat, versuchen Sie ihn wieder zu verkleinern.

4. Gehen Sie weiter zum Kapitel „Mitose/Prometaphase". Möglicherweise stellt Ihnen das System zunächst eine Kontrollfrage zur bisherigen Lerneinheit. Geben Sie diesmal zunächst eine falsche Antwort (Sie erfahren die richtige Lösung von der Versuchsleiterin). Folgen Sie der Empfehlung des Systems sich nochmal mit der vorherigen Lerneinheit zu befassen. Rufen Sie danach erneut das Kapitel „Mitose/Prometaphase" auf. Beantworten Sie jetzt die Frage richtig. (Sie erfahren die richtige Lösung von der Versuchsleiterin). Suchen Sie die Mikroskopaufnahme zur Prometaphase und öffnen Sie diese. Betrachten Sie die Aufnahme und lesen Sie den Text. Berücksichtigen Sie die lernstrategischen Anregungen und halten Sie ein paar Notizen dazu fest.

5. Gehen Sie auf direktem Weg zurück zum ersten Kapitel des Kurses. Möglicherweise stellt Ihnen das System zunächst eine Kontrollfrage zur bisherigen Lerneinheit. Beantworten Sie die Frage nicht. Löschen Sie Ihre Notizen aus dem ersten Kapitel.

Anhang E: Fragebogen zur subjektiven Schwierigkeit der Aufgaben in der Usability-Studie 3

Gruppe S-F: Aufgabe 1

	Sehr leicht				Sehr schwer
	1	2	3	4	5
Die Übersicht über die Informationen auf dem Bildschirm zu bekommen fiel mir …					
Die Navigation durch das System fiel mir …					
Die Bedienung der Medienleiste fiel mir …					
Zu erkennen welche Funktionen mir im Bereich der lernstrategischen Anregungen zur Verfügung stehen fiel mir …					

Ergänzende Kommentare (z.B. warum fiel etwas besonders schwer/besonders leicht?)

…

Gruppe S-F: Aufgabe 2

	Sehr leicht				Sehr schwer
	1	2	3	4	5
Eine Notiz festzuhalten fiel mir …					
Die spezifischen Anregungen zu finden fiel mir …					

Ergänzende Kommentare (z.B. warum fiel etwas besonders schwer/besonders leicht?):

…

Gruppe S-F: Aufgabe 3

	Sehr leicht				Sehr schwer
	1	2	3	4	5
Das Video zu finden fiel mir ...					
Eine Notiz festzuhalten fiel mir ...					

Ergänzende Kommentare (z.B. warum fiel etwas besonders schwer/besonders leicht?):

...

Gruppe S-F: Aufgabe 4

	Sehr leicht				Sehr schwer
	1	2	3	4	5
Die Mikroskopaufnahme zu finden fiel mir ...					
Eine Notiz festzuhalten fiel mir ...					

Ergänzende Kommentare (z.B. warum fiel etwas besonders schwer/besonders leicht?):

...

Gruppe S-F: Aufgabe 5

	Sehr leicht				Sehr schwer
	1	2	3	4	5
Meine Notizen zu löschen fiel mir ...					

Ergänzende Kommentare (z.B. warum fiel etwas besonders schwer/besonders leicht?):

...

Gruppe S+F: Aufgabe 1

	Sehr leicht				Sehr schwer
	1	2	3	4	5
Die Übersicht über die Informationen auf dem Bildschirm zu bekommen fiel mir …					
Die Navigation durch das System fiel mir …					
Die Bedienung der Medienleiste fiel mir …					
Zu erkennen welche Funktionen mir im Bereich der lernstrategischen Anregungen zur Verfügung stehen fiel mir …					

Ergänzende Kommentare (z.B. warum fiel etwas besonders schwer/besonders leicht?)

…

Gruppe S+F: Aufgabe 2

	Sehr leicht				Sehr schwer
	1	2	3	4	5
Eine Notiz festzuhalten fiel mir …					
Die spezifischen Anregungen zu finden fiel mir …					

Ergänzende Kommentare (z.B. warum fiel etwas besonders schwer/besonders leicht?):

…

Gruppe S+F: Aufgabe 3

	Sehr leicht				Sehr schwer
	1	2	3	4	5
Das Video zu finden fiel mir …					
Eine Notiz festzuhalten fiel mir …					

Ergänzende Kommentare (z.B. warum fiel etwas besonders schwer/besonders leicht?):

…

Gruppe S+F: Aufgabe 4

	Sehr leicht				Sehr schwer
	1	2	3	4	5
Nach der falschen Beantwortung der Kontrollfrage zurück zur vorherigen Lerneinheit zu kommen fiel mir...					
Nach der richtigen Beantwortung der Kontrollfrage zurück zur gewünschten Lerneinheit zu kommen fiel mir...					
Die Mikroskopaufnahme zu finden fiel mir ...					
Eine Notiz festzuhalten fiel mir ...					

Ergänzende Kommentare (z.B. warum fiel etwas besonders schwer/besonders leicht?):

...

Gruppe S+F: Aufgabe 5

	Sehr leicht				Sehr schwer
	1	2	3	4	5
Die Kontrollfrage zu überspringen fiel mir...					
Meine Notizen zu löschen fiel mir ...					

Ergänzende Kommentare (z.B. warum fiel etwas besonders schwer/besonders leicht?):

...

Gruppe D-F: Aufgabe 1

	Sehr leicht				Sehr schwer
	1	2	3	4	5
Die Übersicht über die Informationen auf dem Bildschirm zu bekommen fiel mir …					
Die Navigation durch das System fiel mir …					
Die Bedienung der Medienleiste fiel mir …					
Zu erkennen welche Funktionen mir im Bereich der lernstrategischen Anregungen zur Verfügung stehen fiel mir …					

Ergänzende Kommentare (z.B. warum fiel etwas besonders schwer/besonders leicht?)

…

Gruppe D-F: Aufgabe 2

	Sehr leicht				Sehr schwer
	1	2	3	4	5
Eine Notiz festzuhalten fiel mir …					
Die spezifischen Anregungen zu finden fiel mir …					

Ergänzende Kommentare (z.B. warum fiel etwas besonders schwer/besonders leicht?):

…

Gruppe D-F: Aufgabe 3

	Sehr leicht				Sehr schwer
	1	2	3	4	5
Das Video zu finden fiel mir …					
Eine Notiz festzuhalten fiel mir …					
Den Anregungsbereich zu verkleinern fiel mir…					

Ergänzende Kommentare (z.B. warum fiel etwas besonders schwer/besonders leicht?):

…

Gruppe D-F: Aufgabe 4

	Sehr leicht				Sehr schwer
	1	2	3	4	5
Die Mikroskopaufnahme zu finden fiel mir …					
Eine Notiz festzuhalten fiel mir …					

Ergänzende Kommentare (z.B. warum fiel etwas besonders schwer/besonders leicht?):

…

Gruppe D-F: Aufgabe 5

	Sehr leicht				Sehr schwer
	1	2	3	4	5
Meine Notizen zu löschen fiel mir …					

Ergänzende Kommentare (z.B. warum fiel etwas besonders schwer/besonders leicht?):

…

Gruppe D+F: Aufgabe 1

	Sehr leicht				Sehr schwer
	1	2	3	4	5
Die Übersicht über die Informationen auf dem Bildschirm zu bekommen fiel mir …					
Die Navigation durch das System fiel mir …					
Die Bedienung der Medienleiste fiel mir …					
Zu erkennen welche Funktionen mir im Bereich der lernstrategischen Anregungen zur Verfügung stehen fiel mir …					

Ergänzende Kommentare (z.B. warum fiel etwas besonders schwer/besonders leicht?)

…

Gruppe D+F: Aufgabe 2

	Sehr leicht				Sehr schwer
	1	2	3	4	5
Eine Notiz festzuhalten fiel mir ...					
Die spezifischen Anregungen zu finden fiel mir ...					

Ergänzende Kommentare (z.B. warum fiel etwas besonders schwer/besonders leicht?):

...

Gruppe D+F: Aufgabe 3

	Sehr leicht				Sehr schwer
	1	2	3	4	5
Nach der Beantwortung der Kontrollfrage weiter zur gewünschten Lerneinheit zu kommen fiel mir ...					
Das Video zu finden fiel mir ...					
Eine Notiz festzuhalten fiel mir ...					
Den Anregungsbereich zu verkleinern fiel mir...					

Ergänzende Kommentare (z.B. warum fiel etwas besonders schwer/besonders leicht?):

...

Gruppe D+F: Aufgabe 4

	Sehr leicht				Sehr schwer
	1	2	3	4	5
Nach der falschen Beantwortung der Kontrollfrage zurück zur vorherigen Lerneinheit zu kommen fiel mir...					
Nach der richtigen Beantwortung der Kontrollfrage zurück zur gewünschten Lerneinheit zu kommen fiel mir...					
Die Mikroskopaufnahme zu finden fiel mir ...					
Eine Notiz festzuhalten fiel mir ...					

Ergänzende Kommentare (z.B. warum fiel etwas besonders schwer/besonders leicht?):

...

Gruppe D+F: Aufgabe 5

	Sehr leicht				Sehr schwer
	1	2	3	4	5
Die Kontrollfrage zu überspringen fiel mir...					
Meine Notizen zu löschen fiel mir ...					

Ergänzende Kommentare (z.B. warum fiel etwas besonders schwer/besonders leicht?):

...

Anhang F: Vollständige Problemliste aus der dritten Usability-Studie

Beschreibung des Problems	Kategorie	n	Betroffene Teilnehmer
Anregungen			
Notizfelder zu Anregungen können inhaltlich nicht sinnvoll ausgefüllt werden	Aufgabenangemessenheit	24	20 (83,33 %)
Anregungen werden nicht verstanden	Selbstbeschreibungsfähigkeit	24	14 (58,33 %)
Vergrößerung des Anregungsbereichs wirkt verwirrend	Steuerbarkeit	12	7 (58,33 %)
Schaltfläche zum Verkleinern des Anregungsbereichs wird schwer gefunden	Selbstbeschreibungsfähigkeit	12	3 (25 %)
Es wird vermutet, man hätte die Vergrößerung des Anregungsbereichs selbst ausgelöst	Selbstbeschreibungsfähigkeit	12	5 (41,67 %)
Anregungen können inhaltlich nicht klar unterschieden werden	Selbstbeschreibungsfähigkeit	24	6 (25 %)
Es wird nicht erkannt, dass die Notizen automatisch gespeichert werden	Selbstbeschreibungsfähigkeit	24	6 (25 %)
Möglichkeit Notizen auszudrucken ist erwünscht	Aufgabenangemessenheit	24	6 (20 %)
Formatierungsmöglichkeiten in Notizfeldern erwünscht	Aufgabenangemessenheit	24	5 (20,83 %)
Nutzen der Anregungen ist nicht ersichtlich	Selbstbeschreibungsfähigkeit	24	5 (20,83 %)
Anregungen vergrößern sich im Hintergrund, wenn ein Kapitelwechsel zu früh erfolgt und eine Selbstkontrollfrage erscheint	Fehlerrobustheit	6	2 (33,33 %)
Es wird ein Feedback zu den eingegebenen Notizen erwartet	Erwartbarkeit	24	1 (4,17 %)
Schaltfläche zum Löschen der Notizen ist erwünscht	Steuerbarkeit	24	3 (12,5 %)
Übersicht über alle Notizen ist erwünscht	Aufgabenangemessenheit	24	3 (12,5 %)
Es wird versucht, Bilder oder Bildteile in die Notizfelder zu ziehen	Erwartbarkeit	24	3 (12,5 %)
Möglichkeit spezifische Anregungen aufzuklappen wird nicht bemerkt	Selbstbeschreibungsfähigkeit	24	2 (8,33 %)
Vergrößerung der Anregungen wird nicht bemerkt	Selbstbeschreibungsfähigkeit	12	1 (8,33 %)
Möglichkeit Anordnung der Anregungen zu verändern ist erwünscht	Steuerbarkeit	24	1 (4,17 %)
Weitere Notizfelder sind erwünscht	Aufgabenangemessenheit	24	1 (4,17 %)
Möglichkeit eigene Anregungen zu formulieren ist erwünscht	Steuerbarkeit	24	1 (4,17 %)
Selbstkontrollfragen			
Schaltfläche „Antwort abschicken" wird links statt rechts erwartet	Erwartbarkeit	12	9 (75 %)

Beschreibung des Problems	Kategorie	n	Betroffene Teilnehmer
Die korrekte Antwort ist je nach Lerneinheit im Hintergrund noch zu sehen	Fehlerrobustheit	12	2 (16,67 %)
Die Beschriftung der Schaltflächen mit „Weiter..." und „Zurück..." passt intuitiv nicht zur Frage, besser wäre „Ja, weiter..." und „Nein, zurück..."	Erwartbarkeit	12	2 (16,67 %)
Es ist unklar, dass die Selbstkontrollfragen inhaltlich der jeweils vorausgegangenen Lerneinheit zugeordnet sind	Selbstbeschreibungsfähigkeit	12	2 (16,67 %)
Selbstkontrollfragen werden als störend empfunden, sollten abgeschaltet werden können	Steuerbarkeit	12	2 (16,67 %)
Radiobuttons sind zu klein	Steuerbarkeit	12	1 (8,33 %)
Navigation			
Farbliche Kennzeichnung von bereits besuchten Lerneinheiten ist erwünscht	Orientierung	24	7 (29,17 %)
Aufklappbare Kapitel sind zu optisch zu weit eingerückt und wirken daher wie Unterpunkte	Orientierung	24	3 (12,50 %)
Wirkungsweise der Schaltfläche „Zurück" in der Navigationsleiste ist unklar (Zurück zu letzter Lerneinheit oder Zurück zu letzter Ansicht im Inhaltsbereich)	Erwartbarkeit	24	2 (8,33 %)
Schrift in der Navigation ist zu klein	Selbstbeschreibungsfähigkeit	24	1 (4,17 %)
Rückgängig-Schaltfläche ist erwünscht	Steuerbarkeit	24	1 (4,17 %)
Medienleiste			
Es wird erwartet, dass nur die Informationseinheiten in der Medienleiste aufgeführt werden, die nicht bereits im Inhaltsbereich angezeigt werden	Erwartbarkeit	24	2 (8,33 %)
Es wird versucht, den Text in der Vorschau zu lesen	Selbstbeschreibungsfähigkeit	24	2 (8,33 %)
Es wird versucht Repräsentationen vom Inhaltsbereich zurück in die Medienleiste zu ziehen	Erwartbarkeit	24	1 (4,17 %)
Inhaltsbereich			
Vergrößerung durch Zoomfunktion sollte noch stärker ausfallen	Aufgabenangemessenheit	24	6 (25 %)
Verlinkung zwischen Text und Bild ist erwünscht	Aufgabenangemessenheit	24	1 (4,17 %)
Zoomfunktion bewirkt Überlagerung des Textes durch das Bild	Aufgabenangemessenheit	24	1 (4,17 %)
Markierfunktion für Texte ist erwünscht	Aufgabenangemessenheit	24	3 (12,5 %)
Bei Animationen sind visuelle Hinweise erwünscht	Qualität der multimedialen Inhalte	24	2 (8,33 %)
Es wird erwartet, Informationseinheiten im Inhaltsbereich direkt von Feld zu Feld ziehen zu können	Erwartbarkeit	24	2 (8,33 %)
Bilder sind zu klein	Qualität der multimedialen Inhalte	24	2 (8,33 %)

Beschreibung des Problems	Kategorie	n	Betroffene Teilnehmer
Bilder sind teilweise unscharf	Qualität der multimedialen Inhalte	24	1 (4,17 %)
Mehr frei belegbare Felder im Inhaltsbereich sind erwünscht	Steuerbarkeit	24	1 (4,17 %)

Anhang G: Teilnehmer-Datenblatt

Allgemeine Daten

Geschlecht	
Alter	
Studienfach	
Fachsemester	
Brille/Kontaktlinsen	

Kalibrierung des Eye-Trackers zu Beginn der Lernphase

Abweichung x	
Abweichung y	
Getracktes Auge	

Rekalibrierung des Eye-Trackers nach .... Minuten

Abweichung x	
Abweichung y	

Validierung des Eye-Trackers am Ende der Lernphase

Abweichung x	
Abweichung y	

Sonstige Bemerkungen:

Anhang H: Fragebogen zur Benutzerzufriedenheit

Bitte geben Sie für jede der folgenden Aussagen an, wie stark Sie zustimmen. Sie können einen Wert zwischen 0 und 4 angeben. 0 bedeutet, dass Sie überhaupt nicht zustimmen; 4 bedeutet, dass Sie völlig zustimmen. Sie können auch die Werte 1, 2, und 3 verwenden, um teilweise Zustimmung zu signalisieren.

Bitte beachten Sie, dass sich die Aussagen allein auf das Programm und dessen Bedienung beziehen, und nicht auf den Lerninhalt (Segeln).

	Ich stimme überhaupt nicht zu				Ich stimme völlig zu
	0	1	2	3	4
Ich würde das Programm gerne öfter benutzen.					
Das Programm ist komplizierter als nötig.					
Das Programm ist einfach zu benutzen.					
Ich benötige die Unterstützung eines Technikers, um das Programm benutzen zu können.					
Die verschiedenen Funktionen im Programm sind gut integriert.					
Das Programm hat zu viele Inkonsistenzen.					
Ich kann mir vorstellen, dass die meisten Leute sehr schnell lernen, das Programm zu benutzen.					
Das Programm ist umständlich zu benutzen.					
Ich bin mir in der Benutzung des Programms sehr sicher.					
Ich musste viele Dinge lernen, bevor ich das Programm benutzen konnte.					
Es macht mir Spaß, das Programm zu benutzen.[1]					

---

[1] Zusätzliche Frage, die nicht in den Summenscore einberechnet wurde.

Anhang I: Nachtest zum Segeln

Was haben Sie über das Segeln gelernt?

1. Aus welchen Kräften setzt sich die an einem Boot angreifende Gesamtkraft ^E1 zusammen?

2. Kreuzen Sie an welches Boot am schnellsten segelt. ^A7

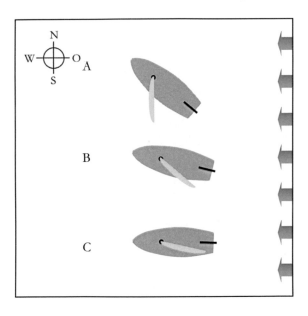

3. Warum muss ein Boot kreuzen um ein im Wind liegendes Ziel zu ^V5 erreichen?

4. Wie kann ein Segler die Widerstandskraft, die auf sein Boot wirkt ^V1 verringern?

5. Zeichnen Sie alle Kräfte ein, die auf das Boot wirken. E8

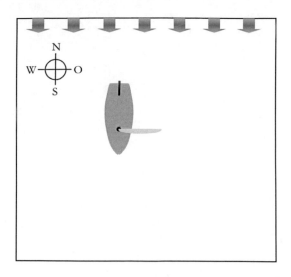

6. Das Segel ist so gestellt, dass das Boot möglichst schnell segelt. Zeichnen A3
Sie ein, aus welcher Richtung der Wind bläst.

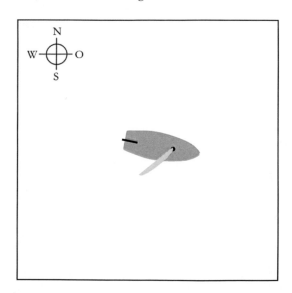

7. Was ist die Ursache dafür, dass ein Boot vor dem Wind segelt? V2

8. Zeichnen Sie alle Kräfte ein, die auf das Boot wirken. A1

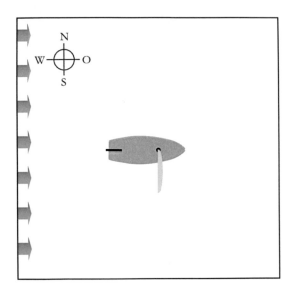

9. Das Boot befindet sich an Position 1. Kreuzen Sie die Richtung an, in die V7 das Boot segeln muss, um möglichst schnell zu sein.

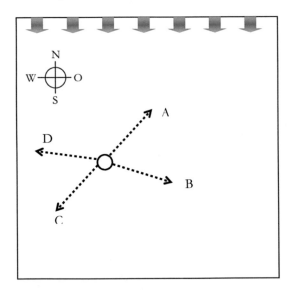

10. Wie würde sich der Betrag der effektiven Vortriebskraft verändern, wenn ^V8
das Segel dicht an den Bootskörper herangeholt würde?

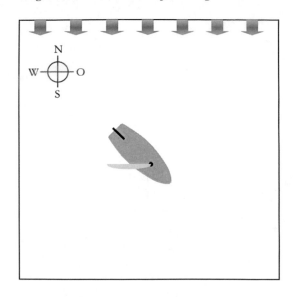

11. Zeichnen Sie ein, wie die Gesamtkraft auf das Boot wirkt. ^E5

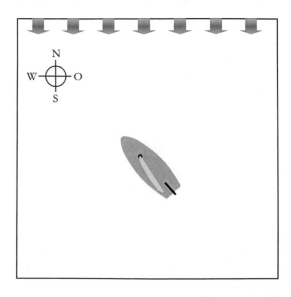

12. Wann beginnt das Segel eines Bootes zu flattern? E6

13. Zeichnen Sie alle Kräfte ein, die auf das Boot wirken. A8

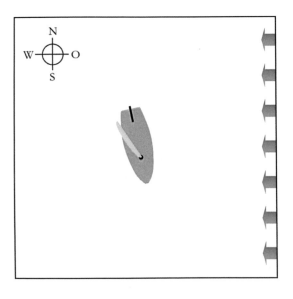

14. Aus welchen Kräften setzt sich die an einem Boot angreifende E2
Widerstandskraft zusammen?

15. Zeichnen Sie ein Boot mit Segel ein, das am Wind segelt.

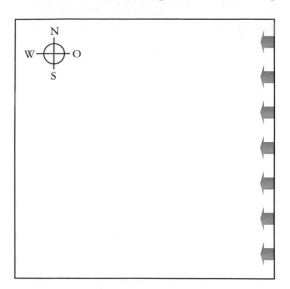

16. Zeichnen Sie ein, wie die Querkraft auf das Boot wirkt.

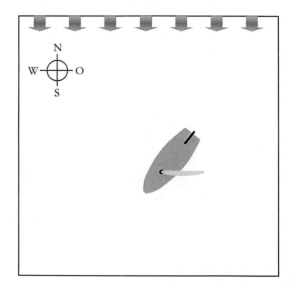

17. Warum segelt ein Boot mit halbem Wind vergleichsweise schnell?

18. Das Boot befindet sich an Position 1. Es soll zuerst zur Position 2 segeln und anschließend wieder zurück zur Position 1. Zeichnen Sie den kürzest möglichen Weg ein, den das Boot segeln kann.

A5

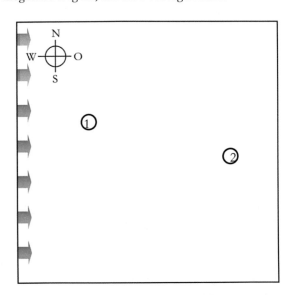

19. Zeichnen Sie ein Boot mit Segel ein, das vor dem Wind segelt.

E3

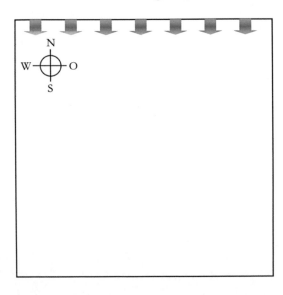

20. Zeichnen Sie das Segel so ein, dass das Boot mit halbem Wind segelt. E4

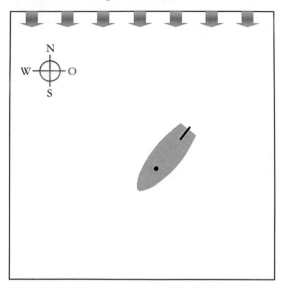

21. Warum segelt ein Boot am Wind nur sehr langsam?

V4

22. Zeichnen Sie das Segel ein. A4

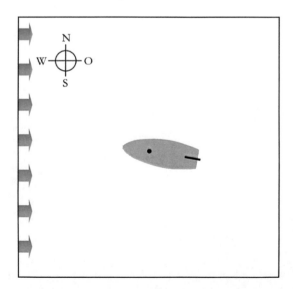

23. Wie würde sich der Betrag der Querkraft ändern, wenn sich das Boot im Uhrzeigersinn langsam in den Wind drehen würde? V6

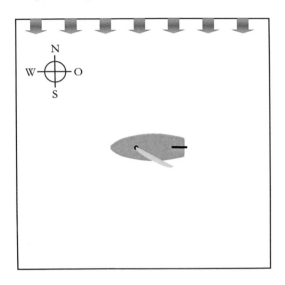

24. Die Zeichnung zeigt den kürzest möglichen Weg, den ein Boot segeln konnte, um sein Ziel zu erreichen. Zeichnen Sie ein aus welcher Richtung der Wind bläst. A6

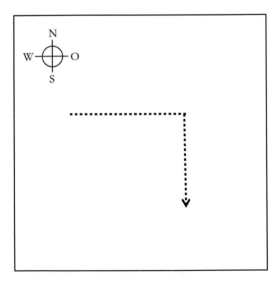

In der Reihe „*Wissensprozesse und digitale Medien*",
herausgegeben von Friedrich W. Hesse, sind bisher erschienen:

17	Maria Tulis	Individualisierung im Fach Mathematik: Effekte auf Leistung und Emotionen
		978-3-8325-2594-1, 2010, 299 S. 40.00 €
18	Steffi Zander	Motivationale Lernervoraussetzungen in der Cognitive Load Theory
		978-3-8325-2628-3, 2010, 236 S. 38.00 €
19	Sabine Schlag	Kognitive Strategien zur Förderung des Text- und Bildverstehens beim Lernen mit illustrierten Sachtexten. Theoretische Konzeptualisierung und empirische Prüfung
		978-3-8325-2992-5, 2011, 194 S. 39.50 €
20	Anja Hawlitschek	Spielend lernen. Didaktisches Design digitaler Lernspiele zwischen Spielmotivation und Cognitive Load
		978-3-8325-3391-5, 2013, 239 S. 39.00 €
21	Tatjana Ruf	Gestaltung kognitiver Unterstützungsangebote in multimedialen Lernumgebungen. Entwicklung einer gebrauchstauglichen Benutzerschnittstelle und empirische Evaluation der Nutzung
		978-3-8325-3609-1, 2013, 253 S. 45.00 €

Alle erschienenen Bücher können unter der angegebenen ISBN im Buchhandel oder direkt beim Logos Verlag Berlin (www.logos-verlag.de, Fax: 030 - 42 85 10 92) bestellt werden.